Giuliano Conconi

Roma
Le origini del mito

Storie antiche e dimenticate
da Enea a Tarquinio il Superbo

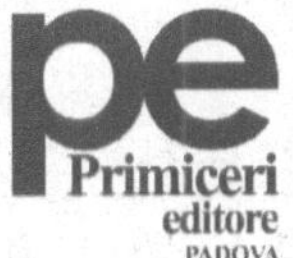

Primiceri
editore
PADOVA

Copertina: Jacques-Louis David, *Le Sabine,* olio su tela
Musée du Louvre, Parigi, 1794-1799

"Ma quando nel Natale del 1829 (avevo allora quasi otto anni) [mio padre] mi regalò la Storia universale per ragazzi *del dott. Georg Ludwig Jerrer e vi trovai illustrato l'incendio di Troia, con le immani mura, le porte Scee ed Enea fuggiasco che portava sulle spalle il padre Anchise e per mano il piccolo Ascanio, allora con un grido di gioia dissi: - Padre, ti sei sbagliato! Jerrer deve avere visto Troia, altrimenti non avrebbe potuto illustrarla. -*
- Figlio mio - rispose, - questa è pura immaginazione. -
Quando però gli domandai se Troia avesse davvero posseduto mura così gigantesche come quelle illustrate, egli annuì.
Allora dissi: - Padre, se tali mura sono realmente esistite, non possono essersi dissolte, ma certamente giacciono sotto polvere e detriti secolari. -
Egli sostenne logicamente l'opposto, ma io restai della mia convinzione, e alla fine stabilimmo che un giorno sarei andato a scavare l'antica Troia."

H. Schliemann

Prefazione

di Mirko Rizzotto

Che la lettura di questo nuovissimo *Roma. Le origini del mito* di Giuliano Conconi mi avrebbe procurato un grande interesse e coinvolgimento potevo aspettarmelo già dopo le prime pagine, data la fluida cifra stilistica dell'Autore e la sua approfondita conoscenza delle fonti, assai bene esplicitata dalle note, ma che essa potesse anche far fluire alla memoria ricordi di un passato personale che credevo ormai lontano è stato per il sottoscritto un'autentica sorpresa. Difatti, man mano che sfogliavo, sempre più rapito, le pagine che narravano della rocambolesca fuga di Enea da Troia in fiamme, e di Romolo, e dei primi re dell'Urbe, mi si presentò, quasi prepotentemente, il ricordo di una lettura su di un testo scolastico, in cui era riportato un brano tratto dalle opere di Liutprando, vescovo di Cremona nel X secolo, il quale, inviato dall'imperatore sassone Ottone alla corte di Niceforo Foca, imperatore romano d'Oriente, dopo aver subito una serie di oltraggi, dileggi ed aperte provocazioni, sbottò durante un banchetto: «Oh, voialtri Greci, voi che vi vantate di discendere da quei Romani, il cui capostipite, Romolo, fu un bastardo ed un fratricida, da quei Romani la cui origine è stata un semplice coacervo di schiavi fuggiaschi, di assassini, di debitori insolventi! Noi, che per derisione voi chiamate Longobardi (…), noi non nutriamo per voi che che disprezzo, a tal punto che non esiste un insulto peggiore, rivolto ad un nemico odiato, che quello di Romano!»[*].
Come nella fiaba esopica della volpe e dell'uva, molto spesso chi disprezza lo fa perché non può avere l'oggetto della sua derisione; nel caso specifico, a Liutprando e al suo signore Ottone, non veniva riconosciuto l'ambito *status* di Romani, bensì quello, infamante, di "barbari", e da qui ecco l'origine di un tale odio e rancore.
All'epoca della mia giovinezza, la lettura di quel brano mi spinse a

---

[*]G. Schlumberger, *Niceforo Foca. Un Imperatore bizantino del X secolo*, Primiceri Editore, Padova 2021, p. 427, in questa stessa collana.

volerne sapere di più su di Romolo, e l'incontro con le fonti, Tito Livio e Dionigi di Alicarnasso *in primis*, mi aprì un mondo fatto di divinità che intervenivano nel corso della Storia, eroismi, stratagemmi geniali, intrighi e grandi, epiche battaglie.

L'archeologia, come nel felice esempio dello Schliemann scopritore di Troia ricordato nelle prime pagine di questo libro, ha dato vieppiù maggiori conferme all'effettiva base storica di molte di queste leggende, e ciò ci persuade della veridicità del detto secondo cui "i fatti hanno la testa dura", e con il favore del tempo fanno piazza pulita delle teorie e delle scuole di pensiero nichiliste, che riducono a mero mito o peggio ancora alla favola quanto i Romani dell'età delle guerre puniche studiavano come effettivamente avvenuto.

Siamo realisti: la filologia e molte altre scienze ausiliarie ci hanno dato moltissimo in termini di conoscenza, evidenziando anche le "gonfiature" che le famiglie patrizie facevano dei propri remotissimi avi e delle loro gesta, gonfiature confluite poi negli annalisti e nei loro scritti; ma da qui a sostenere che sia tutto da rimuovere e da trattare al massimo con sufficienza ce ne corre, e il passo ad aderire alla pericolosissima ed insinuante ideologia della *cancel culture*, oggi imperante, è molto più breve di quanto si possa immaginare. Ecco perché non si può non felicitarsi con Conconi per questa sua nuova, apprezzatissima fatica, la cui comparsa va fortunatamente a colmare una lacuna altrimenti sconcertante nel panorama editoriale italiano di questo particolare periodo.

Ma c'è dell'altro. In modo molto significativo ed intelligente, l'Autore si domanda, in apertura d'opera, perché personaggi ed eventi della storia mitica di Roma, che pure non solo ispirarono un grande numero di opere d'arte in ogni secolo, ma giunsero persino a modellare il modo di pensare stesso dei Romani, anche di quelli più colti, come Cicerone e Seneca, vengano così smaccatamente trascurati o affrontati in modo superficiale dai programmi scolastici. Come mai potremmo sperare, aggiungo io, di giungere a cogliere il vero pensiero e l'intima essenza degli Antichi, se a priori eliminiamo questa parte fondamentale della loro – ed in ultima analisi anche della nostra – formazione culturale?

Nella mia ventennale esperienza di docente non ho mai esitato a chiudere i libri di testo fiaccamente proposti dai programmi ministeriali di anno in anno e, attingendo alle mie conoscenze e letture pregresse, ho presentato ai miei studenti queste figure e questi fatti proprio così come li raccontavano i Romani ai loro pupilli, ventidue secoli or sono. Il risultato mi ha *sempre* moralmente ripagato: i vuoti nomi imparati a mo' di pappagallo dei sette re di Roma diventavano di nuovo persone vive ed in carne ed ossa, gli assedi ad oscure località del Lazio occasioni per emozionarsi, il duello fra gli Orazi ed i Curiazi un motivo di vero e proprio "tifo da stadio", con tanto di apprensione e tensione, sciolta solo dall'esito finale del racconto.

A che pro tutto questo? Semplicemente per inculcare in quelle menti l'amore per la Storia, per il nostro passato, vera chiave per interpretare e comprendere un po' di più il nostro presente, e sperare di affrontare il futuro, per quanto ostico esso, in questo non semplice periodo, possa apparire.

Come Enea osservò malinconicamente le rovine fumanti di Troia, veleggiando verso un destino che lui non poteva che vedere corrusco ma che in realtà si rivelò luminosissimo, anche noi affrontiamo questo emozionante viaggio alla riscoperta del mitico passato di Roma con interesse, piacere e ottimismo. In fin dei conti, come si diceva, "i fatti hanno la testa dura".

Introduzione

Quest'opera ripercorre sette secoli di storia e di mito, dall'arrivo di Enea nel Lazio intorno al 1200 a. C. sino alla morte di Tarquinio il Superbo nel 496 a. C.

Un viaggio in un tempo dimenticato, mille anni prima dell'impero, degli spettacoli del Colosseo, delle gesta di Cesare e degli scritti di Cicerone.

Avventure straordinarie ormai quasi dimenticate, tra luoghi cancellati dalle mappe, combattimenti all'ultimo sangue, condottieri, assassini, spie, eroi, sacrifici, amori, tradimenti.

Mi sono chiesto il motivo per il quale vicende che in passato hanno ispirato opere di grandi artisti oggi siano così trascurate e poco conosciute, a partire dai programmi scolastici.

Ho provato a rispondermi che, forse, in un'epoca come la nostra, tutto ciò che non è verificato né verificabile non viene più preso in considerazione.

Del resto, l'archeologia non può che darci semplici indizi sul periodo trattato in questo libro.

Anche le fonti storico-letterarie aiutano poco: rare, lacunose, rimaneggiate e tutte successive, e di molto, rispetto agli avvenimenti dei quali si occupano.

Possiamo "aggrapparci" giusto a pochissimi autori, i quali si sono dati la briga di ricostruire il Natale dell'Urbe. Ma anche i vari Tito Livio, Dionigi di Alicarnasso, Plutarco sono vissuti molti secoli dopo Enea e Romolo e a loro volta si sono dovuti rifare ad altri autori e ad altre fonti, probabilmente di seconda mano e spesso contraddittorie tra loro.

Non deve stupirci quindi che, ancora oggi, si brancoli nel buio.

In un'oscurita impossibile da attraversare senza munirsi della torcia degli antichi, la cui fiamma proietta sulle pareti immagini di difficile comprensione e interpretazione, a volte mostruose e fantastiche.

Molti sono gli interrogativi ai quali, nei secoli, si è cercato di dare risposta, seguendo l'evoluzione degli studi archeologici, storici, linguistici.

Si è partiti col credere ai miti in modo quasi dogmatico.

Si è passati alla vivisezione dei racconti tradizionali con il puro scopo di smontarli pezzo per pezzo per trovarvi una "presunta verità", diversa da quella tramandata.

Infine, in tempi recenti, si tende a rivalutare il poco che ci è pervenuto, riabilitando, dove possibile, il mito.

Il lettore non deve quindi fare l'errore di pensare che io, ingenuamente, creda a tutto ciò che possiamo ritrovare negli scritti di duemila anni fa. Semplicemente, il mio racconto delle origini si prefigge lo scopo di riportare, in chiave contemporanea e con qualche licenza narrativa, la versione delle fonti.

Per meglio chiarire il concetto, utilizzo come esempio la fondazione di Roma.

In quest'opera narro le gesta di Romolo e del nutrito gruppo di fuoriusciti da Alba Longa al suo seguito, il loro insediarsi nei pressi del Palatino, la cerimonia del 21 aprile dell'anno 754 - 753 a. C.

Ebbene sono perfettamente consapevole che l'Urbe non è nata "da un giorno all'altro": la data del 21 aprile 753 a. C. potrebbe essere "convenzionale", l'agglomerato abitativo potrebbe essersi formato negli anni a seguito alla fusione di varie comunità locali sparse sui sette colli, Romolo potrebbe non essere esistito.

Ma sono consapevole anche del fatto che Dionigi di Alicarnasso e Tito Livio, sprovvisti com'erano di qualsiasi mezzo di indagine, basandosi su testi e tradizioni oggi perdute, hanno fornito una versione che è perfettamente compatibile con i ritrovamenti archeologici.

Pensiamo agli scavi effettuati nel 1948 sul Palatino, grazie ai quali sono stati riportati alla luce i resti di ben tre capanne risalenti al 750 a. C. Perché non immaginare che in quelle semplici abitazioni risiedessero alcuni dei coloni latini provenienti da Alba Longa al seguito di Romolo?

Del resto, nell'assenza quasi totale di dati, possiamo scegliere di trattare i primi secoli della storia di Roma tramite la formulazione di una serie di ipotesi, aiutandoci con un po' di immaginazione oppure, come pare sia diventato comune fare, possiamo scegliere di "saltare in blocco" tutto il periodo, limitandoci ad accennare vagamente all'esistenza di un "periodo regio" e di un "mito delle origini".

Oggi, dopo quasi tremila anni, dei sette re non rimane che una stanca filastrocca composta da nomi che ormai suonano quasi buffi, e ci si sente un po' bambini nel cantilenare l'elenco che inizia con Romolo e termina con Tarquinio il Superbo.

Eppure... stiamo ricordando le gesta di quei monarchi che diedero il via alla più grande civiltà dell'umanità! Quei signori della guerra che conquistarono l'intero Lazio con pochi e primitivi mezzi!

Da queste riflessioni, oltre che dal desiderio di studiare nel dettaglio periodi così lontani e dimenticati, nasce l'idea di scrivere il libro che avete tra le mani. In esso tento di raccontare più che il mito delle origini, "le origini del mito".

Del mito che fu Roma.

Nello scrivere le vicende di Numa Pompilio, Tullo Ostilio, Anco Marzio e di tutti gli altri, come già detto mi sono abbeverato direttamente alle fonti antiche. Esaminati i resoconti degli autori classici ho cercato poi la versione che potesse risultare maggiormente coerente con dei fatti "verosimilmente accaduti", cercando di dare una spiegazione razionale anche a episodi tramandati come leggendari.

Mi sono divertito a scovare la storia dietro ai miti, chiedendomi, tra i numerosi temi affrontati, cosa sappiamo della città di Alba Longa, della lupa, dei reali motivi che portarono al rapimento delle Sabine, di cosa celasse la leggenda dell'amore tra Numa e la ninfa Egeria, della fine "maledetta" di Tullo Ostilio e molto altro ancora.

Nessuno degli avvenimenti principali riportati è frutto della mia fantasia. Altro non ho fatto che accendere i riflettori su personaggi come Alladio, Tiberino, Osto Ostilio, Mezio Curzio, Atto Navio, oltre che descrivere battaglie combattute in un tempo remoto, con eserciti costituiti da cittadini invece che da soldati di professione, armati di strumenti rudimentali e non con la spada tipicamente associata ai Romani, quel gladio che verrà introdotto solo successivamente.

Non ho infine mancato di avventurarmi in terreni insidiosi, provando a ricostruire le date degli eventi principali anche quando non menzionate dagli autori antichi, sempre tenendo come punto di riferimento la fondazione di Roma invece del tradizionale "avanti e dopo Cristo".

Per farla breve, spero che quest'opera possa far felici quei lettori che, come il sottoscritto, si sono spesso chiesti, aprendo un testo su Roma antica e vedendo che la trattazione iniziava dalle guerre puniche:

"E prima? Cosa accadde prima?"

Prima non solo dell'impero, ma anche della repubblica, del periodo regio, della fondazione stessa, ripercorrendo luoghi, secoli, civiltà e giungendo in un'epoca in cui l'Urbe non era altro che una lontana e oscura profezia soltanto accennata nel ventesimo canto dell'*Iliade*.

Il mio racconto si apre con Omero, fonte epica per eccellenza, e con l'elemento più "mitico" che si possa immaginare: quelle divinità antropomorfe animate da desideri, sentimenti e passioni che si divertivano a giocare con il destino degli esseri umani.

Eppure, gli dèi che osservano gli eroi dall'alto del monte Olimpo, costituiscono solo l'inizio di un *climax* discendente che si prefigge l'obiettivo di ipotizzare una "storia dei primi secoli di Roma" priva dell'elemento leggendario.

Perché, se è vero che nessun Poseidone ha sottratto Enea dalla pugna, è anche vero che Omero o addirittura un altro prima di lui, si inventò questo episodio, giunto fino a noi e sopravvissuto ai millenni.

Leggere tra le righe degli antichi, scovare le storie degli uomini dietro a quelle dei miti, indagare i criteri secondo i quali la tradizione ci ha consegnato eventi incredibili (nel senso letterale della loro totale mancanza di credibilità) in voluta sostituzione di situazioni ordinarie: sono questi gli scopi che mi sono prefissato.

La stessa città di Troia, ritenuta per secoli luogo di fantasia, oggi viene considerata come realmente esistita, anche per merito di colui che per primo volle ricercare delle verità dietro ai miti: Heinrich Schliemann[1]. Egli fu guidato dall'intuizione, fino a che ritrovò il sito dove effettivamente era ubicata una grande città, identificabile con Ilio e forse addirittura precedente all'epoca cantata da Omero. Fu una scoperta clamorosa, specialmente considerando i mezzi a disposizione dello studioso.

---

[1] Di Schliemann è la frase in apertura del presente lavoro, tratta da H. Schliemann, *Autobiografia*, in *Alla scoperta di Troia*, Newton Compton, Roma 1995, p. 20.

Ne seguirono gli scavi di Micene, Tirinto, Pellana, Pilos, che portarono alla luce testimonianze coerenti con quanto narrato nell'epica.

Le indagini continuano ancora oggi: pensiamo alle recenti scoperte dell'archeologo greco Papadopoulos, il quale sarebbe riuscito laddove Schliemann si era dovuto arrendere: è del 2010 l'annuncio del ritrovamento, sull'isola di Itaca, dei resti di un palazzo miceneo databile intorno al XIII secolo a. C. Si tratta forse del palazzo di Ulisse? Non è detto, ovviamente. Tuttavia, ci troviamo davanti alla reggia di un capo miceneo vissuto proprio negli anni in cui viene collocata la guerra di Troia.

Non possiamo quindi rispondere affermativamente alla domanda sull'esistenza di Ulisse ma possiamo affermare che, alla luce dei ritrovamenti attuali, è verosimile che "un Ulisse" sia realmente esistito.

Del pari, anche in Italia è stato possibile rinvenire la tomba di Enea nei luoghi menzionati dalle fonti. L'Heroon è addirittura ora visitabile a Pratica di Mare, l'antica Lavinium. Si tratta di un tumulo sepolcrale di diciotto metri di diametro, situato nei pressi del fiume Numico e contenente armi e oggetti di un corredo funebre appartenuto a un re risalente a prima della fondazione di Roma. Ancora una volta dunque, è la conferma che, se non proprio "quell'Enea" comunque "un Enea" è davvero vissuto. Le vicende che hanno dato origine alla più grande civiltà dell'umanità, dunque, in quale percentuale sono composte dal mito e in quale dalla storia? Dove finisce la verità e dove inizia la bugia? E quale verità si cela dietro la bugia?

CAPITOLO I
MITI DAL *LATIUM VETUS*

Nessuno tocchi Enea

440° ante Urbem conditam

Gli dèi ridevano, seduti sugli imponenti troni di pietra, ansiosi di assistere all'eccitante spettacolo di sangue e morte che gli eserciti degli Achei e dei Troiani, schierati sulla piana di Ilio, stavano inconsapevolmente preparando per loro.

Migliaia di scudi, lance e spade riflettevano la luce del sole, che irradiava uomini, cavalli, carri. Bagliori in un silenzio interrotto solo dai lievi sussurri di morte, portati dall'infausta voce del vento.

I guerrieri, immobili come pietrificati dalle Gòrgoni, stavano già combattendo con la mente.

Un gelido sudore imperlava le loro fronti: tensione, sgomento, terrore dell'Ade.

Ma anche brama primordiale di sangue, voglia di mostrare il proprio valore, desiderio di venire cantati dai poeti, per sempre.

Morte in cambio di immortalità.

Mani come tenaglie, strette sulle impugnature delle armi: il soffio vitale tutto nelle dita.

L'anima stessa concentrata sulla punta della lama.

Quanto mancava ancora al grido di battaglia? Quanto al lancio del primo giavellotto?

Tra gli dèi capricciosi e impazienti, fu Apollo a rompere gli indugi e a infondere a Enea, figlio della dea Afrodite e del principe Anchise, una fiducia in sé così grande da fargli compiere la prima mossa.

Lancia di bronzo in pugno e volto protetto dall'imponente elmo, egli puntò il guerriero dei guerrieri: Achille, figlio del mortale Peleo e della ninfa Teti.

Questi rimase sorpreso dal coraggio del Troiano, tanto da rimproverargli la sua audacia. Pretendeva di affrontare il più forte combattente del mondo? La sua smania era forse giustificata dal voler diventare, vinta la guerra, re di Troia al posto dei legittimi successori di Priamo?

Enea non aveva voglia di parlare di Paride, così come di Ettore.

Non voleva ricordare a se stesso di aver vissuto una vita intera coperto dall'altrui ombra. Discendente di Assararco, anch'egli vantava una stretta parentela con il mitico fondatore, Ilo.

Non era già chiara la sua nobiltà, non era già lampante che per diritto di nascita non doveva cedere il passo a nessuno, tra le mura di Troia? Eppure, sentiva che il campo di battaglia sarebbe stato un'ulteriore conferma. Sì, ne era certo: prendendo la vita di Achille sarebbe divenuto il membro più importante della sua casata.

Enea silenziò i pensieri e sferrò un potente colpo con la lancia. L'eroe acheo, stranamente, si bloccò: perché davanti al Troiano esitava? Era paura, quella strana luce che gli brillava negli occhi?
Un istante.
Forse solo un'illusione.
L'incertezza di Achille, se vi era stata, era durata meno del tempo necessario al movimento del suo braccio. Aveva alzato lo scudo e si era protetto, rendendo vano l'attacco di Enea.
L'animo del campione acheo era di nuovo saldo, le membra scattanti.
Passò al contrattacco.
Le armi del figlio di Anchise non poterono nulla contro quelle dell'avversario, forgiate da Efesto. Andarono in pezzi.
E così, mentre uno si preparava a sferrare il colpo di grazia, l'altro, rimasto inerme, non trovava di meglio che afferrare un grosso masso per tentare una disperata e primitiva difesa.
Il Troiano era ormai spacciato ma la lancia bronzea dell'Acheo si conficcò al suolo senza colpire nessuno, perché più nessuno era lì: Enea era scomparso all'improvviso, tratto in salvo da Poseidone.

Il dio dei mari non era intervenuto senza una ragione: sapeva, perché così voleva il Fato, che Enea davvero avrebbe superato Ettore al potere, regnando anch'egli.
Ma non quel giorno, e non sui Troiani, ormai destinati al tramonto.
Era tra genti di cui nessuno aveva ancora sentito parlare che la gloria attendeva, paziente, il figlio di Anchise.

Non sulla città di Ilio, avversa a Zeus e prossima alla rovina e all'oblio, egli avrebbe regnato, ma in terre selvagge e sconosciute, ai confini del mondo.

Ultima fermata: Laurentum

433° ante Urbem conditam

La guerra di Troia, dopo dieci lunghi anni, si era conclusa.

Ettore era stato ucciso.

Odisseo si era introdotto all'interno delle possenti mura grazie allo stratagemma del cavallo di legno.

La città era stata data in pasto alle fiamme dagli Achei trionfanti. Poemi gemmati dal poema, monarchi e guerrieri avevano iniziato i loro ritorni verso casa.

Omero, che aveva narrato le incredibili vicende della guerra, fu anche il primo a presentare lo straordinario resoconto del viaggio del signore di Itaca. Odisseo e gli altri vincitori, dopo così tante primavere trascorse lontano dai propri affetti e dalla propria terra, fecero rotta verso i rispettivi paesi natii.

Eppure, i Greci non furono i soli a prendere la via del mare in quei giorni. Alcuni superstiti troiani erano riusciti ad abbandonare in tempo Ilio e stavano già veleggiando verso il futuro.

Virgilio[2], mille anni dopo Omero, si incaricò di narrarci le gesta di Enea con l'*Eneide*, il racconto della fuga[3] dell'eroe dopo che la sua

---

[2] Publio Virgilio Marone (*Andes*, nei pressi di Mantova, 70 a. C. - Brindisi 19 a. C.) con la sua Eneide diventa per noi fonte di un periodo pressoché sconosciuto. L'intento della sua opera non fu storiografico bensì epico, poetico e letterario. Tuttavia, oggi Virgilio è, per noi, visione *"della preistoria d'Italia, in un vasto quadro che abbraccia tutto il Mediterraneo e fonde in una sintesi meravigliosa Oriente ed Occidente, civiltà straniere ed italiche, vicende di popoli e di re, di prìncipi e di guerrieri, di umili soldati rimasti per sempre ignoti e di grandi personaggi mitologici. Tutto, in questa vasta scena che abbraccia l'umano e il divino, il passato e il futuro di tanti popoli del mondo antico, si armonizza e confluisce verso la grande meta fissata dal Fato fin dall'eternità: Roma, la città dalle umili origini che darà al mondo la pace e alla pace - norma di legge eterna - e che per la prima volta nella storia della travagliata umanità imporrà ai popoli il rispetto della legge e l'ordine civile"* (Virgilio, *Eneide*, a cura di A. Bacchielli, G. B. Paravia & C., Torino 1963, p. 9).

[3] Secondo una diversa tradizione (alla quale pare strizzare l'occhio Tito Livio) Enea non sarebbe propriamente fuggito dal nemico ma, insieme con il connazionale Antenore e i loro seguiti, sarebbe stato allontanato dagli stessi Troiani affinché si salvasse, libero di cercarsi un'altra patria. Questo perché sarebbe stato promotore di

patria era stata ridotta a un cumulo di macerie. Il principe troiano, ormai profugo di guerra, caricandosi sulle forti spalle l'anziano Anchise e trascinando per mano il figlioletto Iulo Ascanio, aveva viaggiato dalla Macedonia a Cartagine, dalle coste della Sicilia a quelle della Campania. E, alla fine, insieme con i suoi uomini, gli ultimi rappresentanti di una fiera civiltà, era approdato sulle coste italiche[4].

Sbarcati nei pressi di Laurentum, importante centro del *Latium Vetus*, Enea e il suo seguito decisero di fermare le proprie peregrinazioni e stabilirsi lì, in quel luogo dalla vegetazione rigogliosa, tra boschi e corsi d'acqua.
La zona era accogliente, ricca di selvaggina e alberi da frutto. L'ideale per chi aveva visto terminare le provviste proprio il giorno in cui aveva messo piede sulla spiaggia.
La profezia che tempo addietro aveva predetto a Enea che il suo viaggio sarebbe terminato nel posto in cui lui e i suoi uomini sarebbero stati così affamati da dover addirittura mangiare le mense, ovvero i piatti di farro essiccato che si utilizzavano come stoviglie, si stava avverando.
I Troiani non ebbero altra scelta che placare i crampi dello stomaco con quello che trovarono nei paraggi, inclusi i prodotti di alcuni campi coltivati.
Il bisogno rese ciechi quegli uomini tanto provati da essersi ridotti a uno stato quasi bestiale.
Non erano ladri, Enea e i suoi.
Erano solo stremati.

---

una corrente favorevole alla stipula di un trattato di pace, in cambio della restituzione di Elena.
[4] Quest'epoca fu così oscura che oggi la leggenda prevale sulla storia.
Eppure, Virgilio non è l'unico a raccontarci la fuga di Enea da Troia e il suo approdo nel Lazio. La versione è confermata da Dionigi di Alicarnasso, altra fonte primaria per questo mio lavoro. Si deve aggiungere poi l'opera di Stesicoro di Imera (VI secolo a. C.), autore del poema *La distruzione di Troia*, il cui testo non ci è pervenuto ma del quale conosciamo parte della trama grazie alle illustrazioni della *Tabula Iliaca Capitolina*, a esso ispirata. Va infine citato lo storico Ellanico di Lesbo (V secolo a. C.) la cui opera ci è nota solo perché riassunta da Dionigi.

Raccolsero ciò che trovarono, senza preoccuparsi di commettere un furto a danno della popolazione locale.

Il *Latium Vetus* era infatti già abitato da genti sulla cui origine non vi è chiarezza, tanto da perdersi nei meandri della storia, anzi, prima, della preistoria.
Genti che abitavano quella località sin dall'inizio dei tempi: *ab origine*.
Gli Aborigeni, questo era il nome dei residenti, rimasero nascosti a osservare increduli quanto stava accadendo proprio davanti ai loro occhi, alla luce del sole: degli stranieri, persone mai viste prima, si stavano avidamente sfamando con parte del raccolto!
Il furto disperato venne interpretato erroneamente come aggressione, razzia, devastazione di campi. Per l'epoca si trattava di una dichiarazione di guerra.
Non c'era altro tempo da perdere, bisognava avvisare il re.
Si doveva correre con urgenza da Latino.

Latino: condottiero, abile guerriero, capo carismatico.
Egli regnava per diritto divino: sosteneva di essere niente meno che il figlio di Fauno[5], la divinità protettrice di quei sacri boschi.
Ricevute con preoccupazione le rimostranze del suo popolo, non poteva certo restare inerte mentre degli invasori saccheggiavano i suoi domìni.

---

[5] Sui genitori di Latino la tradizione varia enormemente. Da Esiodo ad Apollodoro a Virgilio, c'è chi vuole l'antico re del Lazio figlio di Ulisse e Circe, chi di Ulisse e Calipso, chi di Telemaco, chi del dio Fauno e della dea italica Marica.
Dionigi attribuisce la paternità del mitico monarca addirittura a Ercole, dando credito alla tradizione romana legata al culto dell'eroe.
Io ho scelto di seguire la versione virgiliana. Latino, che sicuramente si impose sui suoi rivali grazie alla forza fisica e al carisma, ebbe facile gioco a definirsi "proprietario" e signore di tutte quelle terre spacciandosi per il figlio di Fauno, divinità dei boschi, e della ninfa Marica, legata ai torrenti. Entrambi i "genitori" del re erano davvero venerati a Laurentum, villaggio che tra l'altro prendeva il nome dall'imponente lauro, altro dato che ci permette di capire una volta di più come la natura avesse un forte impatto sulle credenze religiose.
Del resto, i successori di Enea, e quindi della figlia di Latino, Lavinia, ebbero tutti nomi attinenti all'ambiente boschivo: da Silvio "nato dai boschi" fino ad arrivare alla madre di Romolo, Rea Silvia.

Il suo potere si reggeva sulla protezione che egli dava a coloro che credevano fosse un semidio: come poteva permettere che dei vagabondi venuti dal mare rubassero dalla sua terra?

Il figlio di Fauno non aveva molta scelta.

Da buon pastore, avrebbe dovuto proteggere le sue greggi scacciando i lupi famelici.

Con le buone o, se necessario, con le cattive.

L'ospite di Latino

Quella sera, gli uomini di Enea, rientrati alle navi con gli stomaci finalmente pieni, caddero in un sonno profondo.

Tanto dolce era stato addormentarsi, tanto traumatico fu il risveglio, tra le urla aborigene. Decine di Laurentini erano schierati in prossimità delle navi: agitavano bastoni appuntiti, gridavano insulti, scagliavano pietre.

I Troiani, percepito il pericolo, avvezzi alla disciplina militare, si organizzarono in un attimo. Il tempo di allacciare le corazze logore e impugnare le lance e furono pronti allo scontro.

La lotta si consumò sul bagnasciuga.

Enea guidò Pallante, gli inseparabili Eurialo e Niso, i giganteschi Pandaro e Bizia e tutti gli altri reduci della guerra di Troia, verso una scontata vittoria[6].

Il successo non portò euforia né adrenalina nei profughi di Ilio, i quali tornarono alle navi demotivati e con il cuore pesante.

Non erano approdati nel Lazio per imporsi con le armi né per depredare e uccidere innocenti. Non volevano essere conquistatori

---

[6] Le fonti riportano la vicenda in maniera differente.

Già Tito Livio, nel libro I della sua *Ab Urbe condita* (*Storia di Roma dalla sua fondazione*), dà atto di due possibili versioni dei fatti. Nella prima, lo storico ipotizza una battaglia tra Troiani e abitanti del luogo, con sconfitta di Latino e proposta di pace, accolta di buon grado da Enea e suggellata dal matrimonio con Lavinia. Nella seconda versione invece ci racconta che forse non ci fu nessuno scontro, ma Latino si fece semplicemente avanti, a eserciti schierati sul bagnasciuga, chiedendo di parlamentare con Enea.

Virgilio, dal canto suo, esclude una qualsiasi battaglia tra i due popoli e ci racconta di come Ilioneo si fosse recato alla reggia di Latino per supplicarlo affinché accogliesse tra la sua gente lui e i suoi compagni, ormai allo stremo delle forze e senza riserve di cibo.

Dionigi invece riporta di come Latino andò incontro ai Troiani, con tutto il suo esercito, in seguito alle proteste degli Aborigeni preoccupati delle razzie dei nuovi arrivati, ma subito, incontrato Enea, siglò un accordo di pacifica convivenza tra le due popolazioni. Del resto, secondo quanto si legge nelle *Antichità Romane* la guerra tra i Rutuli e gli Aborigeni era già in atto al tempo dell'arrivo di Enea, e Latino era in cerca di guerrieri valorosi da reclutare.

Nell'incertezza delle fonti, prendendomi qualche licenza, ho unito le tre versioni creandone una "mista".

ma trovare una terra di pace, dove prosperare e garantire un futuro ai propri figli.

Così, poche ore dopo, mentre il re aborigeno era intento a organizzare una controffensiva guidata da lui in persona, Enea pensò di inviare il suo miglior diplomatico, Ilioneo, al fine di intavolare trattative.
Latino, avvisato della richiesta di negoziare, ebbe un'improvvisa illuminazione e capì che un'antica profezia era sul punto di realizzarsi.
Il monarca di Laurentum chiese alla sua guardia personale di uscire dalla sala del trono, per rimanere solo.
Aveva bisogno di silenzio.
Avrebbe atteso l'inviato di Enea rivisitando nella sua mente due prodigi che avevano inquietato la popolazione nel recente passato e dei quali forse solo ora era riuscito a comprendere appieno il significato.
Colui che si professava un semidio lasciò fluire liberamente i pensieri e ricordò.

Ricordò di quando, due anni prima, il più grande e antico lauro, che sorgeva al centro del palazzo reale e aveva dato il nome alla città, era stato preso di mira da uno sciame d'api. Per gli indovini il segno era stato chiaro: da lì a poco un popolo straniero li avrebbe invasi.
Ricordò di quando alcune settimane dopo questo presagio, durante un sacrificio pubblico, officiato da lui stesso, i capelli di sua figlia Lavinia si erano accesi all'improvviso per un potente bagliore di luce, simile a una fiamma. Il riflesso aveva illuminato la facciata della reggia, proiettando un'immagine funesta, che dava la sensazione di un incendio. Soltanto un effetto ottico, poiché la ragazza non mostrava alcuna ferita. Tuttavia, gli indovini erano entrati in allarme poiché, se da un lato interpretavano il prodigio come gloria futura per la principessa, dall'altro non escludevano che proprio questa gloria, in qualche modo, avrebbe portato alla fine del regno.
Latino, in seguito ai due misteriosi episodi, non aveva più trovato pace, tanto da sentire il bisogno di chiedere consiglio al padre Fauno.

Ricordò di quando, in una serena notte d'autunno, insieme agli indovini del villaggio, si era recato nel sacro bosco e aveva sacrificato cento pecore.

Al suo ritorno, alla reggia, il capo aborigeno aveva annunciato che il suono del vento tra le foglie aveva modulato delle parole di senso compiuto: non poteva che trattarsi della voce del padre.

Il messaggio, sussurratogli nell'oscurità, era il seguente: se egli avesse dato in sposa la figlia Lavinia a uno straniero giunto sulle coste del Lazio, avrebbe garantito gloria imperitura a sé e alla sua discendenza.

Le meditazioni di Latino furono interrotte dall'ingresso nella sala di Ilioneo.

Il messo dei Troiani venne fatto accomodare e poté raccontare al suo ospite la caduta di Troia, le imprese dei fuggitivi, il loro peregrinare per terra e per mare. La loro voglia di vivere in pace nel ricordo della madrepatria ormai perduta.

Al monarca tutto fu finalmente chiaro: lo sciame di api, il bagliore incendiario, il destino di Lavinia, l'enigma di Fauno.

Quando Ilioneo arrivò a supplicarlo, proponendogli la fedeltà sua e dei suoi compagni in cambio dell'ospitalità, egli, con un gesto della mano, lo interruppe.

- Ilioneo, puoi fermarti. Non mi servono altri dettagli. Tu e i tuoi compagni avete dimostrato il vostro valore battendo i miei uomini. Scorgo una grande nobiltà d'animo che vi ha portato a presentarvi in pace al mio cospetto.

Comprendo perché avete rubato dai nostri campi: la sopravvivenza ha avuto la meglio sulla ragione.

Sei stato schietto con me, lo apprezzo e lo sarò altrettanto.

Ho bisogno di combattenti come voi, Ilioneo.

Quella che a voi sembra una terra di pace e prosperità è in realtà flagellata da cruenti scontri. Devi sapere che esistono altri popoli, ai confini dei miei domìni, che bramano il mio trono.

Unitevi a me.

Combattete per me.

Grazie al vostro appoggio sarò imbattibile.

In cambio, accetterò le vostre scuse e vi concederò la mia ospitalità, oltre a cibo e terra da coltivare.

Se il vostro capo, che mi hai detto essere questo Enea, vorrà mettere a disposizione mia, signore di queste terre, i suoi talenti, potrete stabilirvi qui.

Torna alle navi, ora, e riferisci la mia volontà. -

Quando il giorno seguente il figlio di Anchise si presentò a palazzo, Latino realizzò che il momento profetizzato da Fauno era finalmente giunto.

Non era forse nell'attesa di questo misterioso straniero che egli si era rifiutato di dare in sposa sua figlia al vicino Turno, signore dei bellicosi Rutuli, che più e più volte ne aveva chiesta la mano, con la benedizione di sua moglie, la regina Amata?

La decisione era presa: i Troiani avrebbero potuto stabilirsi presso i suoi domìni e, per favorire l'unione tra le due popolazioni, egli avrebbe offerto al loro capo la mano di sua figlia Lavina[7].

---

[7] La storia potrebbe, in questa fase, già fare capolino tre le righe del mito. Le indagini archeologiche sono sempre più propense a scorgere un fondo di verità nelle imprese di Enea e di Latino. Del resto, nel XIII secolo a. C. l'età del bronzo stava ormai lasciando spazio a quella del ferro. I Dori, a oriente, avevano fatto la loro comparsa sulla scena, e Micenei e Achei, invasi e sconfitti, erano stati cacciati dalle loro case. Chi si era salvato era stato costretto a fuggire, aveva affrontato dei veri e propri "viaggi della speranza" nel Mediterraneo ed era approdato in lidi lontani, tra cui Lazio e Campania.

Turno, signore dei Rutuli

432° ante Urbem conditam

Nel *Latium Vetus* si era da tempo stabilito anche un altro popolo, sulla cui origine non vi è chiarezza: i Rutuli[8].

Fieri guerrieri, vivevano a stretto contatto con le città sia di Caere, governata dallo spietato Mezenzio, sia di Laurentum; pare che Turno fosse di origine aborigena, niente meno che il nipote della regina Amata.

Proprio Amata, la moglie di Latino, per molti anni, aveva alimentato in lui la speranza di ottenere il comando supremo: il re, alla fine, avrebbe dovuto concedere al potente nipote la figlia in sposa.

Era solo questione di tempo, aveva sempre sostenuto la regina, poiché il figlio di Fauno non aveva altra scelta, se voleva difendere la città del grande lauro dalle pressioni esterne.

Rassicurato da queste parole, fino a che Lavinia era rimasta senza altri validi pretendenti, Turno non si era rassegnato, nonostante i rifiuti ricevuti.

La principessa era bella, certo.

Ma la passione del Rutulo bruciava più per il potere che per il sentimento: egli bramava la ragazza non per le sue forme o per il dolce viso, ma perché rappresentava il punto nodale degli equilibri politici di tutto il Lazio. Poche altre fanciulle potevano vantare una dote del genere: Turno sapeva che, prendendo in sposa Lavinia, sarebbe divenuto in breve tempo e senza spargere una sola goccia di sangue, signore incontrastato di due popoli e due città.

Senza contare che il matrimonio gli avrebbe garantito una stabile alleanza con gli Etruschi di Mezenzio, già in forte espansione nella regione, i quali caldeggiavano la soluzione.

Se Ardea avesse incluso tra i suoi possedimenti Laurentum, anche Caere avrebbe accresciuto il suo prestigio attraendo a sé nuovi

---

[8] Appiano di Alessandria, storico del II secolo d. C., nella sua *Storia Romana* descrive i Rutuli come facenti parte del popolo etrusco. Gli scavi effettuati ad Ardea, capitale di quell'antico regno, non dirimono la questione: sono state infatti riportate alla luce iscrizioni in etrusco ma anche in latino.

commerci e guadagnando la supremazia tra le comunità tirrene, in rapida crescita in quegli anni.

Gli Aborigeni erano deboli, schiacciati da molteplici forze nemiche e giunti alla fine del loro percorso storico.

Come se non bastasse, erano anche divisi in due fazioni.

Una, guidata dalla regina Amata, che caldeggiava un'alleanza dal sapore di resa incondizionata con i Rutuli.

L'altra, portata avanti da Latino, che non ammetteva compromessi: il re era guidato dalla ferrea volontà di mantenere l'indipendenza dei suoi sudditi.

La situazione sullo scacchiere di quello che oggi è il centro Italia era poi ulteriormente complicata dalla minaccia dei Sabini, genti guerriere guidate dal mitico re Clauso.

Essi, appena scesi dagli Appennini e migrati nel Lazio, con la loro ferocia e forza bruta stavano conquistando sempre maggiore spazio[9].

In questo contesto di fragili equilibri, l'alleanza tra Aborigeni e Troiani non poteva passare inosservata.

Turno, venuto a sapere dell'imminente celebrazione del rito nuziale, perse definitivamente le speranze di mettere le mani su Laurentum.

Il signore dei Rutuli si sentì raggirato e profondamente ferito nell'orgoglio. Mai, in tutta la sua vita, aveva subìto un affronto simile. Latino aveva preferito a lui, il figlio di Dauno e della ninfa Venilla, un profugo di Ilio! Uno sconfitto, un parente di quel Paride che anni prima, giunto in Grecia, aveva, contro ogni sacralità dell'ospitalità, sottratto la sposa a uno dei più potenti capi degli Achei!

---

[9] Virgilio nell'*Eneide* ci racconta di una partecipazione di re Clauso a fianco di Turno nella guerra contro Enea.

Probabilmente ai tempi dell'arrivo dei Troiani in Italia, e ce lo conferma lo storico Strabone, i Sabini presenti nel Lazio erano la generazione successiva di coloro i quali avevano da pochi anni sconfitto gli Umbri sugli Appennini. Re Clauso, al tempo, per celebrare la vittoria, aveva consacrato tutti i nuovi nati al dio della guerra, organizzando la più grande primavera sacra conosciuta. Una nuova generazione di giovani sabini si era così messa in moto verso l'alto Lazio, pare al seguito di un toro, animale sacro, incaricato di indicare la via. Impegnati in una migrazione epocale, popolazione ancora sconosciuta e ostile a tutti, difficilmente riesco a vederli alleati di qualcuno e coinvolti nel conflitto tra Turno e Latino.

Turno sentiva di non avere altra opzione: poiché non poteva regnare sulle terre di Latino con la pace, le avrebbe conquistate con la guerra.

L'attacco dei Rutuli

Il re rutulo volle regolare subito i conti con i Troiani.

Sapeva bene che erano loro gli avversari più pericolosi: andavano attaccati per primi.

Turno architettò una mossa a sorpresa durante l'assenza di Enea, ancora alla reggia per i festeggiamenti nuziali, e condusse personalmente l'assalto contro le imbarcazioni ormeggiate lungo la costa, dimore provvisorie dei nuovi arrivati.

I fuoriusciti di Ilio, presi alla sprovvista, caddero nel panico e inizialmente subirono la furia nemica, tanto che, dopo un solo giorno di scontri, si ritrovarono sotto assedio e isolati.

Il piano di Turno stava funzionando: i Troiani erano rimasti soli, senza il proprio condottiero, privati della possibilità di chiedere aiuto agli alleati. Ogni collegamento tra loro e la città del grande lauro era stato interrotto dalla cintura umana costituita dai Rutuli, intenti nella costruzione del proprio accampamento, che si estendeva già dai boschi sacri di Fauno sino quasi al bagnasciuga.

I Troiani, più preparati alla battaglia, si ritrovarono in numero molto inferiore a quello dei nemici.

Per di più erano rimasti senza la guida di Enea e di Latino.

Qualcuno doveva al più presto avvisare i due condottieri.

Quella stessa notte, i valorosi Eurialo e Niso si offrirono volontari in una missione dal sapore suicida.

Avrebbero tentato di attraversare il campo rutulo di soppiatto, per correre dai propri comandanti, passando per i boschi.

Il momento pareva opportuno: calate le tenebre, gli assedianti, inebriati dalla vittoria riportata nel primo giorno di guerra, si erano ingenuamente concessi una serata di bagordi.

I due Troiani attesero la fine dei canti, dei brindisi e delle urla di festa per poter agire indisturbati.

Fatte fuori le sentinelle, trovarono gli altri inermi, addormentati o ubriachi. Ne fecero strage, tagliando più gole possibili, mentre riuscivano a superare l'accampamento.

Proprio mentre i due valorosi amici stavano per entrare nella selva, ormai sicuri di avercela fatta, si imbatterono in Volcente.

Il vicecomandante e braccio destro di Turno si stava dirigendo proprio al campo rutulo, alla guida del reparto di cavalleria, costituito dai trecento migliori guerrieri, accorsi come rinforzo per sferrare l'attacco del giorno successivo.
Volcente dapprima sembrò non fare caso ai due.
Lì superò, passandogli accanto a soli pochi metri di distanza, proseguendo in direzione opposta.
Tuttavia, una volta giunto nei pressi dell'accampamento, si accorse all'istante che qualcosa non andava: le guardie erano state sgozzate!
Il comandante non ci mise molto a collegare gli eventi.
Ordinò ai suoi cavalieri di catturare gli uomini incontrati poco prima e si lanciò egli stesso all'inseguimento.
La velocità dei cavalli, oltre che la migliore conoscenza dei luoghi, gli permise di raggiungerli in breve tempo.
Quando Volcente fu abbastanza vicino a Eurialo, scagliò con tutta la forza che aveva nel possente braccio destro la lancia.
Centro!
Trafitto alla schiena!
Il giovane troiano venne sbalzato in avanti per la potenza dell'urto e rovinò sul manto erboso, morto.
Niso, alla vista del corpo esanime del migliore amico, pazzo di rabbia girò su se stesso e si lanciò contro il comandante rutulo.
Non gli importava più dei suoi compagni, intrappolati nelle navi.
Non aveva in quel momento neppure più alcun interesse a portare avanti la missione affidatagli.
Bramava solo la sua vendetta.
Niso mozzò una zampa al cavallo del suo avversario, facendo cadere Volcente.
Senza esitare si lanciò contro il suo corpo, che aveva appena terminato di ruzzolare, e trafisse al petto il comandante dei cavalieri, uccidendolo. L'amico fraterno di Eurialo aveva vinto ma aveva agito accecato dall'odio, senza considerare che altri trecento guerrieri erano sulle sue tracce.
Non fece neppure in tempo a rialzarsi e gustare la vendetta: numerose lame lo trapassarono.
Niso, gli occhi spalancati per la sorpresa, si accasciò sul cadavere del nemico, cadavere egli stesso.
Venne portato, insieme con il compagno, al campo rutulo.

Macabri trofei.
Per ordine di Turno, prima i due corpi furono smembrati, poi vennero messi in bella mostra, come monito per i Troiani.

Il successivo attacco dei Rutuli fu però respinto.
Gli uomini di Enea non erano certo rimasti con le mani in mano, durante quelle ore.
Approfittando delle difficoltà avversarie, avevano iniziato a fortificare lo spazio antistante le navi, rendendolo inaccessibile dall'esterno se non da un'unica porta, sorvegliata dai giganteschi Bizia e Pandaro. I colossi a guardia dell'ingresso riuscirono a fermare i guerrieri di Turno, facendone strage.
Da lì non si poteva passare, questo ormai era chiaro, né esisteva uomo tra gli assedianti che potesse cambiare le sorti della battaglia.
O, forse, uno c'era.
Turno si fece avanti, deciso ad affrontare quella coppia di guardiani dalla statura eccezionale.
Neppure dei lottatori di quel calibro si sarebbero aspettati di incontrare un combattente tanto valido: la furia del re fece cadere prima Bizia e poi Pandaro, che morì con il cranio spaccato a metà da un colpo di spada.
Ma il sacrificio non fu vano.
Il Rutulo, impegnato nell'estenuante doppio duello, non si era accorto di essere rimasto l'unico sul campo: tutti i suoi uomini erano stesi al suolo morti o gravemente feriti, oppure si erano dati alla fuga.
Così, suo malgrado, quando vide la carica dei Troiani rivolta contro lui solo, dovette ritirarsi di gran fretta per aver salva la vita.

Lo scontro appena concluso aveva creato le condizioni per un capovolgimento di fronte.
Ora gli assediati vivevano un momento favorevole e stavano riuscendo a farsi largo nel campo nemico, rimasto sguarnito, per congiungersi finalmente con l'esercito aborigeno, guidato da re Latino e da Enea, i quali, sopraggiunti con forze fresche al seguito, avevano aperto un nuovo fronte.

Le sorti della guerra mutarono radicalmente.

Gli aggrediti si trasformarono negli aggressori e i Rutuli si ritrovarono accerchiati, vittime della loro stessa strategia.

Senza Volcente alla guida, la cavalleria non brillò per valore.

Turno perse la battaglia decisiva e non poté fare altro che togliere l'assedio, ritirarsi, e permettere ai pochi uomini che gli erano rimasti di mettersi in salvo.

Gli Aborigeni riuscirono a ricongiungersi ai Troiani tra urla di giubilo, abbracci e complimenti reciproci.

Ma i canti di trionfo lasciarono quasi subito il posto a lugubri lamenti funebri dedicati al re e a sua moglie.

Latino era spirato a causa delle ferite riportate durante lo scontro decisivo.

Amata, invece, si era tolta la vita impiccandosi nel sacro bosco di Fauno, affranta per la sconfitta del nipote e per la perdita di tante vite umane, ultima delle quali quella del marito.

La nascita dei Latini

Enea, in seguito alle nozze, era diventato il legittimo successore al trono del defunto Latino.

La profezia si era avverata, il figlio di Anchise era stato incoronato monarca lontano da Ilio.

Re degli Aborigeni per diritto, ancora solo un capo e un punto di riferimento per i Troiani, meri ospiti di Laurentum.

Servivano maggiore uniformità di comando e unità di intenti: il regno doveva nascere su basi solide.

Enea lo capì: gli Aborigeni erano un popolo al tramonto e i Troiani non potevano continuare a portare il nome di una città lontana e che per giunta era stata distrutta anni prima. Senza contare che, per sopravvivere, si sarebbero dovuti unire in matrimonio con le genti autoctone.

Perché dunque, pensò, non creare un solo popolo?

La guerra, il dolore, la vittoria avevano già unito le due comunità nella sostanza, mancava solo una forma adeguata.

Così, poiché gli abitanti del luogo non potevano essere chiamati Troiani, né i profughi da Ilio volevano abbandonare le loro origini per intrufolarsi tra coloro che consideravano stranieri e troppo distanti per cultura, si decise di coniare un nuovo nome.

Enea, in omaggio al suo predecessore, stabilì che tutti i suoi sudditi si sarebbero chiamati indistintamente "Latini".

Nessuno doveva sentirsi più ospite di nessun altro e chi lo avesse desiderato avrebbe potuto stabilirsi in una nuova città, fondata dal re in persona per celebrare la sua presa di potere: Lavinium, in onore di Lavinia, sua sposa e sua regina.

Aborigeni e Troiani furono contenti di unirsi fraternamente nei Latini e lavorarono duramente per dare vita al nuovo centro abitato. Furono mesi positivi ma non spensierati: nel cuore di tutti pesava il timore che presto i venti di guerra sarebbero tornati a soffiare sul *Latium Vetus*.

Turno, infatti, non era morto.

Era solo stato sconfitto una prima volta.

Il Rutulo si era rivolto a Mezenzio affinchè lo aiutasse a preparare la rivincita. Fu necessario qualche anno ma alla fine il monarca di Caere riuscì a mettere insieme un esercito abbastanza numeroso da poter competere con i Latini, rinati dalle proprie ceneri e più forti che mai.

In questo lasso di tempo, Enea regnò indisturbato, consolidò il suo potere ed edificò interamente Lavinium, la nuova capitale, circondandola di possenti fortificazioni difensive e arricchendola con templi.

In particolare, quello dedicato ai Penati, statuette votive rappresentanti gli spiriti protettori degli antenati troiani, custodite gelosamente per tutti quegli anni dall'anziano padre Anchise.

Nell'anno 427° prima della fondazione di Roma, Turno, sostenuto dall'alleato tirreno, si decise finalmente a farsi avanti ancora una volta. Considerevoli forze etrusche si ammassarono nei pressi della roccaforte dedicata a Lavinia, per tentare di espugnarla.

Vennero allestiti due grandi accampamenti: quello di Turno e del figlio di Mezenzio, Lauso, nei pressi della città, e quello del re di Caere poco distante, su una collina, al riparo dagli scontri ma in un punto che permetteva di controllare la situazione.

Il re dei Latini capì che non gli sarebbe convenuto farsi cingere d'assedio e, forse memore di ciò che era accaduto nella passata guerra, portò il suo esercito in campo aperto, nei pressi del fiume Numico, deciso ad affrontare la minaccia in uno scontro diretto.

L'eroe troiano intendeva impegnarsi in una grande battaglia per definire, una volta per tutte, chi fosse il migliore.

Due eserciti a confronto, senza coinvolgere donne, anziani e bambini: muscoli contro muscoli, lance contro scudi, come in un agone sportivo.

Come imponeva l'onore.

Gli avversari presero la rincorsa, si potevano udire grida di battaglia in greco, in latino, in etrusco.

Infine, l'urto, tremendo, assordante.

Rumore di ferraglia, gemiti dei caduti nelle prime file.

Quando lo scontro fu all'apice della sua violenza, Enea si mise a cercare il diretto rivale, facendosi largo nella mischia, mozzando arti dei nemici come fossero erbacce colpevoli di rendergli faticoso il passaggio.

Si staccò dai suoi uomini, alcuni dei quali aveva già visto cadere. Era intenzionato a risolvere la questione con Turno, in un duello tra re, per mettere in fuga il nemico e risparmiare la vita ai suoi uomini.

Finalmente, il Troiano trovò chi cercava.

Si gettò con un balzo su di lui per affrontarlo.

Tale fu il suo impeto che neppure un guerriero tanto abile come Turno poté resistere. Dopo un breve scambio di colpi, il re dei Rutuli venne ferito gravemente a una spalla e si trovò impotente davanti a Enea, mai stato grande con la armi in pugno come quel giorno.

Lo sconfitto, vistosi perduto, supplicò la grazia.

Egli, disse, non temeva la morte, dopo averne dispensata tanta sui campi di battaglia. Semplicemente non voleva che il suo anziano padre soffrisse per la dipartita dell'amato figlio.

Enea, ricordò per un attimo il defunto Anchise e il suo cuore si intenerì. Esitò dallo sferrare il colpo decisivo per qualche secondo, giusto il tempo di riconoscere, indossato dal nemico, il balteo dell'amico Pallante, sottrattogli dopo che era stato ucciso nella precedente guerra.

Il dolore fece calare un velo sugli occhi di Enea, tanto da oscurargli la ragione. Colui che aveva vissuto come un uomo giusto e pio, divenuto cieco per la rabbia, affondò con tutta la violenza di cui disponeva la spada nel petto dell'avversario inerme, che spirò immediatamente.

Non contento, il re dei Latini si accanì sul cadavere del nemico, ormai totalmente dimentico del concetto di pietà.

Morì così, macellato dalla furia di Enea, Turno, fiero e indomito capo dei Rutuli.

Qualcuno trovi Enea!

Il tramonto allungava le ombre sul campo di battaglia, rendendo ancor più raccapriccianti le scomposte espressioni dipinte sui volti dei cadaveri.

La prima sanguinosa giornata di scontri stava per chiudersi, era il momento di recuperare le spoglie dei propri fratelli d'arme per chi fosse ancora in forze e di tornare al riparo per chi fosse stremato oppure ferito.

Il buio, tuttavia, non aveva ancora avvolto le forme: rimaneva il tempo per un ultimo, fulmineo quanto rabbioso, scontro, che venne vinto dagli Etruschi, guidati da Lauso.

Alla fine, i due schieramenti si ritirarono davvero: i Tirreni presso i propri accampamenti e i Latini dentro le mura, desiderosi di riposo ma anche in attesa di proseguire le ostilità grazie alle dita di rosa di Aurora, il mattino successivo.

Gli uomini di Enea rientrarono a Lavinium preoccupati: il nemico pareva soverchiante, grazie alla straordinaria potenza etrusca.

Unica nota positiva, la morte di Turno, per mano di Enea.

Bisognava festeggiare Enea, quella sera: l'uomo pio, il figlio premuroso, il padre esemplare, il re giusto.

Meritava un brindisi, dovevano ubriacarsi per onorare l'eroe impavido che, nonostante le possenti fortificazioni costruite a difesa della città, aveva deciso di uscire ad affrontare il nemico in campo aperto.

Enea, l'uccisore del temibile capo dei Rutuli, che da solo aveva sconfitto Pallante e i giganteschi Pandaro e Pizia.

Ma… dove era finito Enea?

Era stato visto mentre trafiggeva il petto del rivale, fuori di sé, come posseduto da Nemesi e Ares, impressionante nella sua armatura incrostata dal sangue dei nemici.

Era forse stato colpito, all'ultimo? Si trovava forse ancora là fuori, in mezzo ai cadaveri, svenuto?

- Qualcuno trovi Enea! -

Un manipolo di guerrieri fu inviato a cercarlo.

Invano.

Il re dei Latini era scomparso.

La notte tolse la visibilità, la luce del mattino cancellò la speranza.

Qualcuno sostenne che l'eroe era stato ferito e, scivolato nel vicino fiume Numicio, era annegato. Ma una fine del genere non poteva essere accettata per colui che aveva combattuto quasi alla pari con Achille e attraversato i mari per fondare una nuova civiltà.

Sicuramente, si vociferò, era asceso al cielo, per diventare una nuova divinità. Ecco svelato il mistero! Ecco perché il suo corpo non si trovava! Il re non era morto, si era solo "trasferito" tra i Numi[10]!

Il panico si diffuse ugualmente tra le schiere dei Latini: come avrebbero fatto il giorno successivo? Chi li avrebbe condotti in battaglia?

La soluzione era una sola: affidarsi al sangue del suo sangue, Iulo Ascanio. Il giovane principe, fattosi uomo, era divenuto un ottimo combattente, tuttavia, non se la sentì di imitare la spregiudicatezza del padre e, quando si fece giorno, ordinò ai suoi uomini di rimanere all'interno delle mura. Tre lunghi anni spesi a fortificare, perché dunque non attendere rinforzi al sicuro?

Ascanio mandò messaggeri a Laurentum per ottenere aiuti dall'esterno. Sarebbe uscito allo scoperto solo nel momento in cui i nemici si fossero ritrovati con i Laurentini alle spalle.

Le mura e le palizzate erette sotto la guida del padre potevano reggere a lungo, eppure il morale degli assedianti stava tornando alto: Mezenzio era certo di poter tenere in scacco la città per tutto il tempo necessario.

Come sarebbero sopravvissuti gli abitanti di Lavinium se non fossero giunti nuovi guerrieri a supporto?

---

[10] Enea fu il mitico fondatore della civiltà latina e la sua morte, come vedremo in seguito, è, nel mito, simile a quella del fondatore della civiltà romana, Romolo. Entrambi i condottieri scomparvero improvvisamente in mezzo ai loro guerrieri, che rimasero spaesati non trovandone il corpo.

In entrambi i casi abbiamo due versioni riportate dalla storiografia antica: quella del "mito" e quella della "storia".

La versione mitica parla di un prodigio, una scomparsa dovuta all'assunzione in cielo dei condottieri, non semplicemente morti ma chiamati dalle divinità per divenire parte del loro consesso. Enea e Romolo avevano ottenuto il massimo sulla terra, non potevano che continuare la loro opera dal cielo, proteggendo i loro uomini con mezzi ultraterreni, per l'eternità.

La versione "storica", invece, riporta una morte violenta e per omicidio (in battaglia e per congiura).

I Laurentini non tardarono ad arrivare, ma gli Etruschi si erano organizzati anche contro eventuali sorprese da tergo. Contrattaccarono così rapidamente e con tale forza che Ascanio reputò inutile tentare una qualsiasi sortita: se avesse abbandonato le fortificazioni, non avrebbe comunque fatto in tempo a riunirsi con i rinforzi, già decimati, e si sarebbe trovato in trappola.

La fortezza latina ora si trovava non solo sotto assedio e isolata, ma anche senza speranza di ricevere aiuti.

Il principe, nel panico, inviò un'offerta di pace ragionevole all'avversario, ma ebbe in risposta delle condizioni inaccettabili: Mezenzio pretendeva la resa incondizionata, l'invio a Caere di un gran numero di uomini come schiavi oltre a una copiosa fornitura annuale di vino.

Ascanio, riferendo le pretese nemiche ai compagni, dichiarò che mai si sarebbe umiliato tanto da accettare simili vessazioni. Avrebbe tuttavia dato il via a una abbondante produzione di vino, ma non certo per gli Etruschi. Tutto il prodotto della vendemmia dell'ultimo raccolto sarebbe stato offerto in dono a Giove, affinché li conducesse alla vittoria. Probabilmente era il ventitré aprile di quel 426 prima della fondazione di Roma, poiché in seguito, sempre in quel giorno, si sarebbe celebrata, anche nella tradizione romana, la festa del vino, denominata *Vinalia*[11].

L'assedio, intanto, proseguiva.

---

[11] L'episodio trova riscontro anche in altre fonti come Plinio il Vecchio, il quale cita e si rifà a sua volta a Varrone nella sua *Storia naturale* e come Ovidio, che lo menziona nei suoi *Fasti*.
Del resto, già quasi mezzo millennio prima della fondazione di Roma i popoli italici conoscevano la vite, anche se selvatica e a crescita spontanea. Le popolazioni del *Latium Vetus* erano in grado di produrre una prima tipologia di vino.
Testimonianze ci sono anche nel diritto romano: già dalla fondazione di Roma, Romolo promulgò una delle sue primissime leggi: lo *ius osculi*, ovvero il diritto, riservato esclusivamente al *pater familias*, di punire con severe pene corporali la donna che fosse stata trovata in possesso delle chiavi della "cantina dei vini" o che, accusata di aver bevuto, non avesse superato la "prova del bacio". Assai probabile che il vino fosse, almeno fino a tutta l'età regia, un bene di lusso non prodotto "in serie" con coltivazioni ben organizzate ma riservato esclusivamente ai benestanti di sesso maschile.

Ascanio sapeva che era necessario trovare un'idea brillante per uscire dalla situazione in cui si era cacciato.

Studiò un piano non molto originale e del tutto simile a quello messo in atto solo meno di un lustro prima dai Troiani, braccati dai Rutuli sul bagnasciuga di Laurentum.

Incredibilmente, lo stratagemma funzionò, e meglio della volta precedente. Il giovane figlio di Enea condusse all'esterno delle mura, in una notte senza luna, i migliori tra i suoi uomini.

Il manipolo uccise le sentinelle e penetrò nell'accampamento vicino alle fortificazioni, dove riposavano i guerrieri più abili degli Etruschi, capeggiati dall'inesperto e giovane figlio di Mezenzio, Lauso[12].

Molti passarono a miglior vita nel sonno con la gola tagliata ma, col trascorrere dei minuti, qualcuno si accorse della mattanza e iniziò a urlare e a correre per accendere i bracieri.

Una parte dei guerrieri etruschi cercò di reagire, ma nella confusione e nel buio anche chi tentava di combattere si trovava nell'impossibilità di difendersi, ferito per errore anche dei propri compagni che menavano fendenti alla cieca, in preda al panico.

Tale fu la confusione che i sopravvissuti si diedero alla fuga in modo scomposto, ciascuno pensando unicamente a salvare se stesso, poiché nessuno era più in grado di distinguere gli amici dai nemici.

Qualcuno cercò riparo nel campo principale, quello dove era acquartierato il re di Caere, più arretrato rispetto alla zona degli scontri.

Una volta lì, raccontò tutto a Mezenzio, il quale cedette allo sconforto. Perduto il miglior reparto del proprio esercito oltre che il figlio Lauso, egli si rese immediatamente conto che non aveva più la forza necessaria per espugnare Lavinium.

---

[12] Lauso, nell'*Eneide*, viene ucciso in battaglia da Enea, in uno scontro impari: il giovane etrusco interviene a difesa del padre Mezenzio, ferito dal Troiano, ma ha la peggio davanti all'esperienza e alla forza di questi. L'episodio è utile a Virgilio per sottolineare le qualità di Enea il quale, trovandosi costretto a finire Lauso, decide di non spogliarlo delle armi ma addirittura lo piange e lo elogia perché intervenuto a difesa del padre. Ho preferito nella mia narrazione seguire la versione di Dionigi, fonte a mio avviso più storica e meno "epica".

Il signore etrusco, in lutto e ormai demotivato, si risolse ad accettare l'offerta di pace di Ascanio[13].

Terminò così, con un reciproco accordo di non belligeranza, la guerra tra Latini da un lato e Rutuli ed Etruschi dall'altro.

Ad avere la peggio fu proprio il popolo che aveva aperto le ostilità: i Rutuli, infatti, persero totalmente di importanza nello scacchiere del *Latium Vetus*, finendo per essere dimenticati dalla storia nei secoli successivi, assorbiti in parte dalla cultura latina e in parte da quella etrusca, come testimoniato dai reperti ritrovati ad Ardea.

---

[13] Nel poema virgiliano Mezenzio muore in battaglia per mano di Enea. Infatti, nell'*Eneide*, dopo che viene salvato dall'intervento del figlio Lauso, che paga con la vita il gesto, Mezenzio torna in battaglia per vendicarsi del Troiano, nonostante la ferita ricevuta all'inguine. Ancora una volta il duello è impari: il re etrusco viene disarcionato da cavallo e ucciso dall'eroe latino. Alla versione epica ne ho preferita una a mio parere più realistica, supportata da Tito Livio e da Catone nel libro I delle sue *Origines*.

CAPITOLO II
STORIE E LEGGENDE DI ALBA LONGA

Ascanio, il fondatore di Alba Longa

426° - 400° ante Urbem conditam

Ascanio si era dimostrato un degno erede del padre nella conduzione della guerra contro Mezenzio.

Il figlio di Enea sapeva combattere e guidare i suoi in battaglia, questo era ormai un dato di fatto. Tuttavia, era ancora piuttosto giovane: sarebbe stato in grado di governare un intero popolo in tempo di pace? Secondo la matrigna, Lavinia, no. Ella non aveva nessuna intenzione di cedere il comando supremo. Spettava solo a lei, figlia e moglie di re. Chi altri avrebbe dovuto governare? Lavinium, ormai epicentro culturale, commerciale e militare del popolo latino, non portava forse il suo nome? Non era stata forse dedicata a lei? Era nata come sua, quella città, e lo sarebbe rimasta ancora. Inoltre, la donna aveva appena scoperto di essere incinta di Enea. Non era dunque il figlio che portava in grembo, il legittimo successore al trono? Come avrebbe reagito alla notizia, Ascanio?

Lavinia sapeva che avrebbe dovuto prendere tempo.

Pensò di ricorrere a un'usanza tipica del suo popolo, il *ver sacrum*[14].

Suggerì al principe, dato che la popolazione era molto aumentata, di radunare i suoi fedelissimi, oltre a tutti coloro che desideravano unirsi a lui, specialmente chi avesse appena generato infanti, e di recarsi a fondare un nuovo villaggio, al fine di allargare il regno.

Ascanio non osò mettersi contro la regina né contestarne l'autorità; inoltre, l'idea di governare una città tutta sua, in attesa di diventare

---

[14] *Ver sacrum*, la primavera sacra.
Essa veniva celebrata in periodi particolarmente difficili per una popolazione o per alleggerire la pressione demografica di un villaggio. Consisteva nell'organizzare una grande spedizione in un luogo non molto distante al fine di creare un nuovo villaggio, legato alla madrepatria da vincoli culturali e "morali".

signore di Lavinium (oltre che di Laurentum), gli pareva un ottimo compromesso.

Insieme a un nutrito gruppo di cittadini, il figlio di Enea inaugurò un nuovo sito che dalle pendici si "allungava" sul monte Albano, poco distante dai possedimenti degli Etruschi.

Il centro urbano venne chiamato Alba Longa.

Ascanio, prima di insediarsi, si premurò di recarsi da Mezenzio, per ottenerne l'assenso. I rapporti tra i due popoli erano ben regolati dal trattato stipulato poco tempo prima e non ci furono particolari problemi nel concordare, come confine naturale tra i territori latini e quelli etruschi il fiume Albula, in seguito chiamato col nome che tutti conosciamo, Tevere.

La nuova città avrebbe ben presto superato le altre: la posizione la rendeva difficile da conquistare ed era circondata da terreni fertili e particolarmente adatti alle coltivazioni.

Inoltre, fino a che i rapporti con i Tirreni fossero rimasti buoni, sarebbe stata al sicuro da attacchi nemici: i Rutuli erano ormai sconfitti per sempre e i Sabini ancora troppo disorganizzati per condurre un attacco di tale portata.

I mesi passavano e Lavinia non poteva più nascondere la propria gravidanza solo con l'aiuto di vesti abbondanti. Chiese aiuto alla persona della quale più si fidava: tale Tirreno, da sempre servitore di suo padre, re Latino, deputato a prendersi cura del bestiame reale[15].

L'anziano condusse segretamente la regina fuori da Lavinium e la tenne nascosta nei boschi, lontana da occhi indiscreti.

In quel periodo, la donna visse in modo piuttosto selvaggio, ma non si arrese: era disposta a tutto pur di proteggere suo figlio.

Al neonato venne dato il nome di Silvio, colui che era stato partorito nelle selve, tra i boschi, sotto la protezione del "bisnonno" Fauno.

La misteriosa scomparsa della regina fu presto sulla bocca di tutti, tanto che il popolò iniziò a sospettare che Ascanio l'avesse fatta uccidere.

---

[15] Non possiamo non notare anche qui una somiglianza tra le figure di Tirreno (dal nome, forse personaggio di origine etrusca) e Faustolo, padre adottivo di Romolo e Remo, pastore del gregge reale e uomo di fiducia di Numitore.

Il figlio di Enea, che non nutriva evidentemente molto affetto per la moglie del defunto padre, se in un primo momento non si era più interessato alle sue sorti, ora si allarmò.

Non fu certo il sentimento a metterlo in guardia, ma ragioni prettamente politiche: non poteva perdere il consenso presso la sua gente, per di più per accuse del tutto infondate.

Iniziò una serrata caccia a Lavinia, fino a che riuscì a trovarla. Ascanio, lo si evince da tutte le decisioni che prese, era, così come suo padre, un uomo giusto oltre che scaltro: quando venne a sapere di avere un fratellastro, lo accettò di buon grado. Non temeva Silvio, poco più che un neonato, dato che lui era ormai un re a tutti gli effetti. Ebbe ragione, perché questo comportamento lo portò a venire ancora più amato dal suo popolo.

Esattamente 400 anni prima della fondazione di Roma, l'ormai cinquantenne Ascanio, signore indiscusso dei Latini, decise che Alba Longa sarebbe stata la nuova "capitale" del regno.

Per celebrare l'occasione fece costruire un tempietto votivo e ordinò che i Penati, i simulacri raffiguranti gli avi portati dal nonno Anchise da Troia e infine sistemati a Lavinium, fossero trasferiti ad Alba Longa.

Vi fu una grande cerimonia d'inaugurazione e, il giorno successivo, il sacerdote nominato custode del luogo sacro si accorse che, nonostante il tetto e l'entrata del nuovo tempio erano intatti e non violati da nessuno, i Penati erano scomparsi.

Nel giro di pochi giorni si seppe che i piccoli idoli erano stati incredibilmente ritrovati nel loro luogo originario, Lavinium, come se nessuno li avesse mai spostati da lì.

Una seconda volta Ascanio ordinò che le antiche statuette votive fossero traslate, e una seconda volta, misteriosamente, esse scomparvero per riapparire nella vecchia città.

A quel punto tutti furono concordi: la volontà degli dèi non andava messa in discussione.

I Penati sarebbero rimasti dove dovevano rimanere e sarebbero stati i sacerdoti addetti alla loro cura a spostarsi di volta in volta per i riti del caso. L'usanza rimase nei secoli a venire: i consoli romani, nell'assumere la carica, dovevano recarsi a Lavinium al tempio dei Penati Pubblici, come segno di rispetto per la tradizione.

Cronologia dei dimenticati Re di Alba Longa

399° - 47° ante Urbem conditam

Il regno di Ascanio terminò in modo piuttosto sereno: Alba Longa prosperò grazie a una primitiva agricoltura e all'allevamento di bestiame, senza subire attacchi dall'esterno.

Il patto siglato con Mezenzio permise che anche gli equilibri con gli Etruschi rimanessero inalterati mentre le altre popolazioni, come quella sabina, ben si guardarono da scatenare conflitti che non erano in grado, almeno a quel tempo, di sostenere.

Ascanio invecchiò e, quando venne la sua ora, lasciò un unico erede, il figlio Giulo.

Chi si sarebbe seduto sul trono?

Giulo, l'erede, o Silvio, il fratello per parte di padre?

La decisione fu presa direttamente dal popolo: Silvio era nipote di Latino e figlio di Enea e Lavinia, aveva quindi più diritto di governare di quanto ne avesse il figlio di Ascanio.

Venne eletto Silvio come nuovo re, e Giulo, che era un uomo saggio, pio e giusto come il nonno e il padre, accettò la nomina a comandante supremo delle forze militari.

Di fatto fu sempre secondo nel potere, ma tra lui e il monarca ci fu armonia e così la pace si protrasse per tutti i ventinove anni successivi.

Anche Silvio diede vita a una nuova cittadina tramite una sua primavera sacra: fondò la prima colonia di Alba Longa, Caenina[16].

---

[16] Dionigi è forse l'unico tra gli antichi che si sforza di ricostruire questo periodo oscuro. Egli visse nel I secolo a. C. e fu storico oltre che insegnante di retorica. Nacque ad Alicarnasso, colonia greca dell'Asia minore (più o meno corrispondente al territorio dell'attuale Turchia) ma si trasferì a Roma per studiare presso il famoso giurista Quinto Elio Tuberone. Si appassionò da subito alla storia romana fino ad arrivare a scrivere, in lingua greca, la sua opera principale, le *Antichità Romane*. Venti libri di cui solo i primi dieci sono giunti sino a noi.
La sua storia è quella che ci permette di ricostruire in modo più approfondito le vicende dei primi secoli di Roma, forse perché egli si era prefissato di far conoscere meglio ai Greci il popolo che li aveva conquistati, oltre che di appianare i contrasti tra Greci e Romani così da creare un "ponte di collegamento" tra le diverse classi dirigenti. Dionigi aveva grande fiducia nelle capacità intellettuali e politiche della sua gente, ritenuta la più brillante civiltà del mondo. A suo parere, anche se di fatto

Nel 363° anno prima della fondazione di Roma, il trono passò al figlio di Silvio, Enea Silvio, il quale regnò per trentuno anni[17].

L'unico avvenimento che conosciamo di questi tre decenni fu la decisione di far diventare il nome "Silvio" un appellativo della stirpe regia, quello che sarebbe stato definito in epoca romana il nome della *gens*.

Nel 332° anno prima della fondazione di Roma, il trono passò al figlio di Enea Silvio, Latino Silvio, uomo molto longevo per l'epoca, che governò per ben cinquantuno anni.

Egli fondò alcune colonie, tra cui Crustumerium[18].

Tutte queste nuove città, in seguito, vennero denominate dai Romani, dei *Prisci Latini*, ovvero dei "primi Latini", quelli più antichi.

A distanza di un secolo dalla fusione tra Aborigeni e Troiani, i centri abitati furono in continuo aumento, fino ad arrivare a oltre una trentina.

---

in quel periodo essa si trovava conquistata da quella romana, non doveva perdere la propria ambizione. La sua opera fu forse un tentativo di istruire i suoi compatrioti così da agevolarli in possibili future carriere nella politica del tempo.

[17] Possiamo ipotizzare che Giulo sia premorto a Silvio. Si spiegherebbe facilmente così come mai il figlio di questi, Enea Silvio, non abbia avuto rivali diretti nella successione a monarca. Purtroppo, non sappiamo niente del periodo, neppure dalle leggende.

[18] Stavolta è Tito Livio a riportarcelo. Fonte di primaria importanza, visse nel I secolo a. C. e fu uno storico romano. La sua opera maggiore, *Ab Urbe condita*, si componeva originariamente di ben centoquarantadue libri, anche se sfortunatamente ci sono giunti solo i primi trentacinque.

Per quanto attiene a questo lavoro, è di interesse soltanto il primo di questi tomi, nel quale l'autore tratta dell'intero periodo regio. Lo stesso Livio, intorno al 27 a. C. (anno in cui iniziò la stesura della sua immane opera) doveva aver sofferto una certa scarsità delle fonti relativamente alle origini di Roma. Per questo motivo dedicò soltanto 1/142 del suo lavoro a circa trecento anni di storia, mentre si soffermò poi per dieci dei suoi libri sul ventennio della guerra contro Annibale.

I limiti della sua opera, almeno per il periodo che a noi interessa, sono abbastanza evidenti, per due motivi. Il primo, già accennato, è relativo alla scarsità delle fonti, che devono essere state, tra le altre, Valerio Anziate, Fabio Pittore, Caio Licinio Macrone, Lucio Calpurnio Pisone e Quinto Elio Tuberone, maestro anche di Dionigi di Alicarnasso. Il secondo è dovuto alle manomissioni dei testi a disposizione di Livio, compiute dalle famiglie patrizie più influenti, le quali, per ragioni di propaganda, forse distorsero in parte alcuni episodi o ne introdussero altri dal sapore mitico.

Nel 281° anno prima della fondazione di Roma divenne re, e lo rimase per ben trentanove primavere, Alba Silvio, al quale succedette nell'anno 242° prima della fondazione di Roma, per ventisei primavere, Capeto Silvio.

Capeto generò Capi Silvio, che sedette sul trono per ventotto anni, dall'anno 216° sino all'anno 188° prima della fondazione di Roma.

Poi fu la volta di Calpeto Silvio, al potere per soli tredici anni.

Quando mancavano soltanto 175 anni al momento in cui Romolo avrebbe tracciato il sacro confine dell'Urbe, Alba Longa affrontò forse il momento più difficile della sua storia.

Monarca a quel tempo era Tiberino Silvio.

Egli governò solo per otto anni e il suo fu un regno di guerra.

Come due secoli prima Enea, anche Tiberino perì combattendo appena fuori dalle mura della sua città, e anche il suo corpo sparì, trascinato lontano della corrente del fiume Albula.

Tiberino si batté così eroicamente che il suo sacrificio portò alla salvezza di Alba Longa.

L'impresa impressionò tanto la sua gente da far sì che egli venisse divinizzato e venerato nei secoli successivi. Si credeva infatti che il suo corpo si fosse liquefatto nell'acqua, trasformandosi in fiume.

Tiberino non era morto, ma era diventato l'elemento naturalistico più importante per Alba Longa: il fiume Albula cambiò da quel momento, e per sempre, il suo nome in Tevere[19].

---

[19] Con chi era impegnato in battaglia Tiberino?
Forse con gli Etruschi, stanziati a pochi chilometri dalla capitale latina e ormai svincolati dall'antico e dimenticato patto di non belligeranza stipulato tra Ascanio e Mezenzio. Non è però da escludersi che egli abbia dovuto respingere la prima vera e massiccia offensiva dei Sabini.
Nulla ci è stato tramandato di questa guerra, se non l'episodio legato alla morte del monarca. Mi piace immaginare, ma è una mia deduzione, non essendo supportato da alcuna fonte né ricostruzione archeologica, si sia trattato di un conflitto di grande importanza per l'epoca. Del resto, se così non fosse stato, la storia non avrebbe riservato a Tiberino un'uscita di scena "mitica", da "fondatore". Egli, caduto nel fiume e ferito a morte, fu, come Enea (e poi Romolo), "trasmutato", passando da una condizione umana a una superumana e divina, e diventando egli stesso un elemento della natura. Non a caso, da quel giorno, il fiume Albula cambiò il suo nome in Tevere e Tiberino fu venerato nei secoli successivi come il dio Fiume, assurgendo quindi a divinità, seppur minore, del *pantheon* romano.

Questa terribile guerra fu dunque alla fine vinta dai Latini che elessero nuovo re Agrippa Silvio[20], il quale rimase al potere per quarantun anni.

Nel 126° anno prima della fondazione di Roma salì al potere Alladio Silvio. Noto anche con il nome di Romolo Silvio, egli fu un tiranno irrispettoso dei suoi sudditi e degli stessi dèi.

Morì durante una tempesta: la sua casa venne allagata da piogge straordinariamente abbondanti e, nella tempesta, un fulmine colpì il monarca in pieno, incenerendolo. Il segno fu interpretato come vendetta delle divinità, che avevano tollerato le mancanze di rispetto di Alladio per ben diciannove anni di regno[21].

Nel 107° anno prima della fondazione di Roma, per ben trentasette primavere, governò Aventino Silvio, che diede il nome al celebre colle.

Alla sua morte, quando mancavano solo settant'anni alla fondazione di Roma, Aventino passò lo scettro a Proca, che rimase al potere per ventitré anni.

Infine, nel 47° anno prima della fondazione di Roma, alla morte di Proca, salì sul trono il maggiore dei suoi due figli, Numitore.

---

[20] Nonostante la morte di Tiberino, il trono passò a un altro dei "Silvi", Agrippa. Non conosciamo che grado di parentela avessero i due, probabilmente il nuovo re era il fratello minore del defunto.

[21] Anche quest'episodio, come vedremo, ne ricalca un altro: quello della morte di Tullo Ostilio, terzo re di Roma.

Amulio, l'usurpatore

47° - 18° ante Urbem conditam

Il regno di Numitore fu bruscamente interrotto dopo venticinque primavere.

Amulio, il minore dei figli di Proca, si stancò di tramare nell'ombra e, raccolte forze sufficienti all'interno di Alba Longa, passò all'azione, destituendo con la minaccia delle armi il fratello.

La prima mossa dell'usurpatore fu quella di studiare un piano relativo a come mantenere il potere acquisito.

Amulio optò per il modo più semplice: eliminare tutti coloro che in futuro avrebbero potuto reclamare il trono. Ma il tiranno non era uno sciocco e sapeva che, se si fosse macchiato subito, durante i suoi primi giorni di insediamento, del sangue dei suoi stessi familiari, avrebbe attirato su di sé il biasimo del popolo. Egli conosceva le gesta dei suoi avi e ricordava la fine che aveva fatto Alladio.

Quale comportamento tenere, dunque, per evitare di essere odiato dai sudditi, rendendo allo stesso tempo inoffensivi i suoi nemici?

Per prima cosa egli risparmiò la vita a Numitore e, come secoli prima Silvio aveva fatto con Giulo, lo mise addirittura in una posizione di potere.

Non ad Alba, poiché era bene non avere intromissioni nella gestione delle questioni politiche interne alla città, ma comunque poco distante, nella zona del colle Palatino.

L'ex monarca si ritrovò così la sovraintendenza di una regione limitrofa, quella dove sarebbe sorta in seguito Roma.

Più spinosa era la posizione del giovane Egeste, figlio di Numitore, che già mostrava di avere nel sangue il talento per la guerra tipico della stirpe di Enea.

Amulio era convinto che il nipote, da lì a pochi anni, avrebbe reclamato il regno; non poteva governare con il pensiero che qualcuno passasse la giovinezza a organizzare la vendetta.

Egeste andava eliminato.

L'occasione per il monarca si presentò il giorno in cui il nipote decise di partecipare a una battuta di caccia nei boschi limitrofi alla città.

Il giovane principe fu attirato con un pretesto nel folto della boscaglia, sulle tracce di qualche mitica preda, sedotto da storie a cui solo un poco più che fanciullo poteva credere.

In realtà, l'unico trofeo, quel giorno, sarebbe stata la sua testa.

I cacciatori, tutti profumatamente ricompensati da Amulio, non appena reputarono di essere abbastanza lontani da sguardi indiscreti, lo circondarono e lo trafissero con le loro spade.

La messa in scena continuò poi in città, dove il nuovo re, venuto a sapere dell'accaduto, chiamò a testimoniare pubblicamente uno dei suoi servi, a caccia col giovane.

Ovviamente lo scagnozzo dell'usurpatore giurò che erano stati dei non meglio individuati "banditi" ad assalirli.

Numitore aveva capito perfettamente che si era trattata di una cospirazione a suo danno, l'ennesima. Ma l'ex re di Alba Longa non aveva forze sufficienti a rovesciare il fratello. Decise di non fare nulla e piangere in silenzio il figlio Egeste, anche per proteggere la vita dell'altra sua figlia, Rea Silvia.

Amulio non poteva toccare la nipote: sapeva bene che, se l'avesse uccisa, Numitore, ormai senza nulla da perdere, avrebbe tentato il tutto per tutto. E il popolo, davanti a un secondo omicidio interno alla casata reale, si sarebbe sicuramente sollevato.

L'usurpatore cercò quindi di escogitare una soluzione che ponesse Rea Silvia nella condizione di non nuocergli.

Quale miglior rimedio che proporla al sacro collegio delle vestali come nuova sacerdotessa? Del resto, ad Alba era uso comune che figlie e sorelle di re venissero indirizzate verso tale carica. Si trattava, almeno agli occhi del popolo, di un onore concesso a chi, per ovvi motivi, era rimasta "tagliata fuori" dal potere.

Rea Silvia venne nominata vestale, sacerdotessa di un culto a noi noto perché presente nella religione romana, con la differenza che a quell'epoca le consacrate non erano sei, ma soltanto due, spesso provenienti dalla casa regnante.

Tenute in grande considerazione come altissime cariche religiose, le prescelte avevano come principali mansioni la cura del fuoco sacro, che non doveva mai spegnersi, e la conservazione dei testamenti.

Il servizio durava trent'anni; durante tutto questo tempo esse non potevano sposarsi né avere figli.

Non solo: dovevano rimanere vergini.

Se avessero violato il voto di castità, la pena sarebbe stata la condanna a morte[22].

Rea Silvia, dopo quattro anni di servizio, rimase incinta.

Quando la gravidanza iniziò a farsi difficile da nascondere, si ritirò nelle proprie stanze prima negandosi e smettendo di officiare i riti a Vesta, poi dandosi per malata.

Ben presto la voce giunse ad Amulio ed egli inviò il suo medico personale a visitarla.

A quel punto la giovane non ebbe più modo di nascondere l'evidenza: il medico riferì della gravidanza al re e questi, prima ordinò che la stanza dove era rinchiusa Rea Silvia fosse sorvegliata da due soldati, poi mandò a chiamare Numitore affinché fosse presente nel momento in cui la sacerdotessa sarebbe stata sottoposta a un processo.

Le accuse erano particolarmente gravi: la vestale, messa davanti alle sue responsabilità, dovette confessare.

Raccontò di essersi recata lungo il Tevere, presso il bosco sacro a Marte, per riempire d'acqua un'anfora.

Spiegò che, una volta giunta sul posto, si era sentita improvvisamente stanca.

Si era quindi seduta e poi sdraiata, per riposarsi.

In men che non si dica si era addormentata e in quello stato di semi incoscienza era stata posseduta da un dio.

E quale dio poteva violare una serva di Vesta nel bosco sacro a Marte?

---

[22] Possiamo ipotizzare dal racconto sulla vita di Rea Silvia ben tre pene capitali del "diritto penale" latino (probabilmente un elementare corpo di norme religiose tramandato oralmente).

Tali leggi dovevano prevedere che: 1 - La vestale colpevole di aver violato il voto di castità sarebbe stata gettata in un fossato e ricoperta di terra. Sepolta viva, insomma; 2 - L'amante o il violentatore, reo di aver "corrotto" la vestale, sarebbe stato decapitato; 3 - Il frutto del peccato, il povero neonato, sarebbe stato ucciso, non sappiamo se in un modo specifico (ad esempio, gettato nelle acque correnti del Tevere).

Solo lo stesso Marte, pareva ovvio.

La bizzarra versione dei fatti venne accettata dalla gente di Alba Longa, tanto che passò al mito fino a giungere a noi oggi.
Cosa nascondeva la fanciulla? Chi cercava di proteggere?
Il popolo poteva essere ingannato ma non tutti erano disposti a prestare fede a una storia tanto incredibile.
Forse Rea Silvia aveva una relazione segreta e intendeva proteggere il suo amato? Il bosco sacro a Marte era un luogo perfetto per degli appuntamenti clandestini di una vestale.
Forse, dopo vari incontri d'amore, Rea Silvia era rimasta incinta e non aveva trovato di meglio, per evitare la condanna a morte per sé e il suo uomo, che inventarsi la storiella di Marte?
Gli alti funzionari si guardarono stupefatti: Amulio, uomo scaltro e crudele, non avrebbe mai creduto a una simile bugia.
La figlia di Numitore fu dichiarata colpevole, ma la pena venne applicata solo in parte. Il re, per evitare di condannarla a morte, decise di interpretare liberamente il concetto di "sepolta viva" e la fece incatenare in una prigione sotterranea per il resto dei suoi giorni.
La ormai ex vestale fu risparmiata solo per non scontentare Numitore e per non far soffrire Anto, figlia dello stesso Amulio, molto legata alla cugina.
Per i neonati invece nessuna pietà: sarebbero stati gettati nel Tevere.
L'usurpatore, disposti gli ordini, si ritirò nella sorpresa generale. Appariva chiaro a tutti che il re non aveva creduto alla bugia inventata da Rea Silvia. Eppure, non una sola parola era stata detta sull'uomo che aveva commesso l'empio atto.
Perché il monarca non aveva dato il via a una caccia serrata nei confronti del misterioso colpevole?
Una vestale era stata violata, qualcuno avrebbe dovuto pagare come diritto sacro imponeva: decapitato da un colpo di scure.
L'interrogativo rimase sulla bocca di tutti nei giorni successivi.
Del resto, appariva logico: se Rea Silvia era stata violentata da Marte, era innocente. Se invece si era unita consapevolmente con un uomo, magari il suo amante, andava punita, ma non certo da sola.
La pena era ingiusta, non tutto quadrava: evidentemente Amulio era al corrente di qualcosa che agli altri non era dato sapere.

Forse, a essere implicato nella vicenda, era un intoccabile. Qualcuno[23] arrivò addirittura a pensare che Amulio stesse proteggendo se stesso.

In qualsiasi modo fossero andati davvero i fatti, il re di Alba Longa aveva inconsapevolmente appena gettato il seme che, da lì a pochi anni, avrebbe generato il frutto della sua morte e, nel tempo, della fine di Alba e dell'intera civiltà latina[24].

---

[23] Tito Livio non scarta l'opinione della violenza sessuale ma è Plutarco a sospettare apertamente di Amulio.
Lo scrittore greco con cittadinanza romana visse a cavallo tra il I e il II secolo d. C. Fu biografo, storico e filosofo. Fonte per questo lavoro sono le sue *Vite Parallele*, ventitré coppie di biografie dedicate al confronto tra la vita di un personaggio celebre del mondo romano e quella di uno del mondo greco. Ovviamente non ci interessano tutte le vite, ma solo quelle di due re: Romolo (accostato a Teseo) e Numa (accostato a Licurgo).
Seppur l'intento di Plutarco non fosse prettamente storiografico ma anche volto a presentare certi comportamenti celebri sotto una luce morale ed etica, nell'ottica di un confronto tra bene e male, egli è comunque fonte di primaria importanza perché permette di compiere un'ulteriore verifica su alcuni episodi, oltre che di arricchire la storia che conosciamo aggiungendo nuovi dettagli (a lui dobbiamo per esempio il personaggio di re Acrone, il primo rivale di Romolo).
[24] A me non pare verosimilie che Amulio abbia seguito la nipote, vestito con l'armatura da battaglia per sembrare Marte, e l'abbia poi sopresa e costretta a un rapporto intimo. Ancora meno verosimile che gli abusi siano stati continui o comunque ripetuti.
Penso piuttosto che il fratello di Numitore tentasse di proteggere qualcun altro, ma non sapremo mai chi. Di sicuro un personaggio tanto importante, per ragioni militari, politiche o semplicemente affettive, da rendere preferibile che il misfatto venisse insabbiato, probabilmente per la stessa salvezza del trono. Possiamo ipotizzare che il violentatore fosse un alto sacerdote, o, ancora più plausibilmente, il figlio del comandante delle forze armate di Alba.
Una cosa è certa: nel breve periodo la soluzione architettata da Amulio, sicuramente frutto di compromessi, riuscì a salvare il regno ma ben presto si rivelò la classica "coperta corta".

I gemelli

18° - 1° ante Urbem conditam

Si muoveva sotto un cielo plumbeo, la mattina dell'esecuzione.

Era uscito poco dopo l'alba, da solo, per effettuare il lancio dei neonati nel Tevere.

Il bruto aveva dato esecuzione a decine di sentenze di morte nella sua vita. Una gli era pure costata un occhio, nel vero senso della parola: il condannato, quella volta, ormai sette anni prima, aveva pensato bene di colpirlo con una pietra appuntita. Chissà dove la teneva nascosta e come aveva fatto a sciogliersi dalle funi…

Lo spiacevole ricordo occupò i suoi pensieri per qualche minuto, giusto il tempo di trovare la posizione che gli era stata indicata.

Come avrebbe fatto a riconoscere il punto esatto?

Il corso d'acqua, a causa delle abbondanti piogge dei giorni precedenti era esondato ben oltre le rive, creando acquitrini e grandi pozze tutt'intorno. Era impossibile venirne a capo! Non ci capiva niente! Bel guaio: cosa avrebbe detto a re Amulio? Non poteva certo tornarsene come una balia, con i bambini in braccio, chiedendo nuove istruzioni.

Sarebbe stato sicuramente punito a colpi di verga!

L'uomo guardò i due gemelli.

Erano così piccoli… in effetti non aveva mai ucciso dei bambini.

Si trattava davvero dei figli di Marte?

Se un dio si era preso la briga di possedere una vestale era segno evidente del fatto che non andavano toccati…

Forse i bambini erano destinati a diventare grandi guerrieri o addirittura i prossimi capi di Alba Longa.

Era per quello che Amulio li voleva morti?

Beh, di certo non era affar suo.

Lui doveva limitarsi a fare il suo lavoro, sperando di non attirare su di sé l'ira del dio della guerra.

Mentre l'uomo camminava dilaniato dai dubbi, si rese conto che avvicinarsi al letto del fiume non era proprio un'opzione praticabile.

Accidenti, anche l'antico re Tiberino ci stava mettendo del suo, quel giorno!

Non fu semplice trovare una soluzione: come poteva l'esecutore rispettare alla lettera l'ordine impartitogli?

Non c'era modo di gettare gli infanti nelle correnti... potevano semmai essere posati dove l'acqua era placida e stagnante.

No! La legge era chiara: dovevano morire per annegamento, non potevano essere uccisi né venire abbandonati alle fiere o terminare la vita a causa degli stenti.

Il bruto non riusciva a risolversi e i dubbi in lui aumentavano.

Non voleva violare le istruzioni, non voleva attirare su di sé l'ira degli dèi ma neppure quella del suo re.

Sentiva che, qualsiasi cose avesse fatto, avrebbe sbagliato.

Improvvisò, e la sua stoltezza fu la salvezza dei bambini.

Dopo aver camminato a lungo, giunto nei pressi del Palatino, si arrese. Adagiò i gemelli in una cesta e pose il tutto sulle acque, spingendo il fagotto con un bastone verso il corso del fiume.

In quel modo, deve aver pensato, la cesta avrebbe prima o poi incontrato la corrente, la quale ne avrebbe rovesciato il contenuto, portando i piccoli ad annegare[25].

Contrariamente alle sue previsioni, il recipiente trovò sulla propria rotta poca acqua e molte asperità del terreno.

Forse a causa di una grossa pietra, forse per una delle radici di un imponente albero di fico, denominato dagli abitanti di quel luogo con l'appellativo di Ruminale, l'improvvisato mezzo di trasporto finì per incagliarsi, lasciando i neonati a piangere disperati in mezzo al fango.

Finché non sopraggiunse una lupa, animale sacro proprio a Marte.

La fiera trasse in salvo i piccoli, li trasportò al riparo e, per farli smettere di piangere, si mise ad allattarli.

---

[25] Sulla parte del boia mi sono preso una piccola licenza narrativa: ovviamente non possiamo sapere cosa gli fosse passato per la mente in quegli attimi. Sappiamo però, perché ce lo testimonia Dionigi, che il suo compito quella mattina fu reso estremamente difficile dall'esondazione del Tevere. Egli, o per ordine di Amulio o perché quella era la pena prevista dal diritto sacro di Alba Longa, doveva gettare i gemelli nella corrente. Visto il formalismo estremo tipico del tempo (basti pensare al diritto romano arcaico) non mi stupirei se le incertezze del boia furono dovute alla sua paura di violare le formalità previste per l'esecuzione della condanna.

Per tutto il tempo, il pastore più celebre di Alba Longa, Faustolo, guardiano del gregge di Amulio, si era mantenuto nascosto, a debita distanza, per non essere scoperto.

Aveva seguito quel figuro sin da quando era uscito dalle mura cittadine, nel disperato tentativo di sottrargli i gemelli.

Non aveva speranze di vincerlo in un corpo a corpo ma intendeva gettarsi nel Tevere per salvare i nipoti di Numitore una volta al riparo da occhi indiscreti.

Ma l'esondazione di quel giorno aveva sconvolto anche i piani del guardiano del gregge reale: dovette accontentarsi di rimanere nascosto per poi improvvisare la sua mossa.

Camminò a lungo e per un tratto di strada perse di vista anche i suoi piccoli obiettivi, tanto che ormai disperava di riuscire nel suo intento, quando udì dei vagiti.

Seguito il pianto, si trovò al cospetto dei gemelli ma anche dell'enorme fiera. Non era il primo lupo che gli capitava di scacciare: non ci pensò un secondo e si avvicinò.

L'animale, contro ogni previsione, si ritrasse: la sua funzione salvifica era già esaurita e i bambini potevano tornare tra i loro simili.

Faustolo li prese in braccio e li portò dalla moglie, Acca Larenzia, la quale aveva pochi giorni prima partorito un figlio, purtroppo venuto alla luce morto.

La sostituzione di neonati avrebbe funzionato alla perfezione: tutti sapevano che la sua compagna era incinta. Sarebbe bastato scambiare il povero nato senza vita con i due bambini appena salvati per farli passare agli occhi della comunità dei pastori che vivevano intorno alla sua capanna come suoi legittimi figli[26].

---

[26] Le stesse fonti storiografiche si preoccupano, dopo aver dato atto della versione "ufficiale" del racconto, di trovare una versione "storica" e realistica dei fatti, cercando di giustificare gli elementi del mito.
Tito Livio, per esempio, poiché non dava nessun credito all'intervento della lupa, riporta di come forse la belva altri non fosse che Acca Larenzia stessa, la compagna di Faustolo. Essa pare avesse un comportamento sessuale non proprio ordinario tanto da venire chiamata "lupa" tra i pastori, giocando sul fatto che con tale appellativo si era soliti indicare le prostitute.
Viene anche da domandarsi: come mai proprio Faustolo passò di lì? Fu un caso o il salvataggio dei gemelli fu in qualche modo "organizzato"? La posizione sociale di

Romolo[27] e Remo[28], questi i nomi decisi per loro dal pastore, passarono la propria fanciullezza tra armenti e pascoli, ignari della propria condizione nobiliare.

---

colui che divenne il padre adottivo di Romolo e Remo mi pare di fondamentale importanza per arrivare a una soluzione: egli era sicuramente a conoscenza, perché vicino agli ambienti nobiliari, della vicenda legata a Rea Silvia. Sapeva perfettamente che quei due infanti erano di stirpe regale.

C'è dell'altro. Anche se il mito pare tramandare il contrario, il pastore, con tutta probabilità, era più legato a Numitore che ad Amulio. Il nuovo re aveva sicuramente sostituito gli uomini del fratello con personaggi di suo gradimento in alcune posizioni apicali ma forse non si era preoccupato di rimpiazzare anche coloro che ricoprivano ruoli come quello del guardiano del gregge.

Insomma, Faustolo non passò per caso dalle parti del Ruminale quel giorno: egli agiva per conto di Numitore e stava seguendo il boia lungo tutto il corso del fiume. Ce lo conferma anche Plutarco quando ci informa di come, a suo avviso, il pastore fu aiutato, anche economicamente, dal monarca spodestato affinché prima salvasse e poi allevasse i due nipoti, facendo in modo che essi avessero un'istruzione (che probabilmente, date le loro capacità militari ebbero) adatta a dei prìncipi.

[27] Perché Faustolo scelse proprio il nome Romolo?

Da secoli ci si interroga sulle origini e sul significato del nome del fondatore dell'Urbe. Se leggiamo con molta attenzione tutte le fonti, veniamo a sapere che il figlio di Rea Silvia non fu il primo Romolo della storia. Il nome era già diffuso, non fu inventato da Faustolo.

Tito Livio, nell'illustrare la dinastia dei regnanti di Alba Longa, ricorda come "Romolo Silvio" l'undicesimo re (Dionigi di Alicarnasso ricorda invece lo stesso monarca come "Alladio Silvio"). Forse Faustolo voleva far riferimento a quel personaggio del passato? Mi parrebbe un'inutile mossa rischiosa: il pastore aveva fatto tanto per far apparire i due gemelli come frutto del parto di Acca Larenzia, perché attirare l'attenzione sulla sua famiglia con un nome tanto roboante?

Altre tesi associano l'appellativo al Ruminale, albero che avrebbe contribuito alla salvezza degli infanti.

Altre ancora al fatto che Romolo, insieme col fratello, era stato trovato mentre era "allattato dalla mammella". Per questi studiosi il futuro fondatore di Roma avrebbe derivato il proprio nome da *ruma*, ovvero, in lingua etrusca, "mammella" (come ci testimonia anche Plinio il Vecchio nella sua *Naturalis Historia*).

Eppure, io continuo a ritenere più probabile che il nome Romolo (così come Remo) fosse molto comune tra le popolazioni stanziate intorno al Tevere e che facesse semplicemente riferimento al fiume che nell'antico latino era chiamato *Albula* ma in etrusco era denominato *Rumon*. Oppure, ragione molto più banale, che Romolo (così come Remo) fosse semplicemente una reinterpretazione del greco *rhome* per indicare un qualcosa di forte, possente. Bambini "forti" nel senso di nati sani, o di sopravvissuti al destino. Del resto, a pensarci bene, anche il Ruminale potrebbe essere stato chiamato così dagli abitanti del luogo sia a significare "situato sul Tevere" che "albero di fico particolarmente possente".

Il richiamo del sangue guerriero, tipico della stirpe di Enea, con l'adolescenza iniziò a farsi sentire in tutta la sua forza.

I gemelli smisero di seguire il padre adottivo nelle faccende lavorative e iniziarono a girovagare in cerca di avventure.

Prima si accontentarono di misurarsi con gli animali selvatici dei boschi circostanti, improvvisando battute di caccia.

Col tempo, volsero la loro attenzione verso gli scontri, a mani nude o armati di pietre e bastoni, contro altri uomini.

Probabilmente si imbatterono una prima volta per caso in un gruppetto di ladri di bestiame, li colsero sul fatto e li misero in fuga. Ricompensati dal pastore derubato, dovettero aver scorto in quell'espisodio la possibilità di crearsi una "carriera professionale". I due si sentivano nati per lo scontro fisico e diventavano sempre più forti e sicuri delle proprie possibilità; appena diciottenni i gemelli pensarono che non ci sarebbe stato niente di meglio che riportare un po' di quella che loro ritenevano giustizia nella zona. Si sarebbero guadagnati da vivere facendo ciò per cui si sentivano nati: muovere le mani. Da lì ad accordarsi con i pastori e i contadini il passo fu breve: quando qualcuno veniva derubato o si imbatteva in predoni, avvisava i gemelli per avere la loro "protezione".

La voce si sparse e altri giovanotti, attirati dal guadagno e dalle risse più che dal lavoro nei campi, si unirono a loro, ormai comandanti di questa banda improvvisata che, divenuta sempre più numerosa, si lanciava anche all'assalto di covi di ladri per derubare le refurtive altrui.

In un contesto di questo tipo, possiamo ben immaginare come i due giovani si fossero creati, oltre che ammiratori e seguaci, anche non pochi nemici.

---

[28] Le considerazioni riportate nella nota precedente possono essere ripetute per il nome Remo, anch'esso di origine sconosciuta. Tuttavia, ancora una volta mi pare più probabile Faustolo l'abbia scelto sulla base di un appellativo molto diffuso all'epoca. Come visto, anche Remo, come Romolo, può derivare sia da *Rumon* che da *rhome*.

Remo in trappola!

Anno Urbis conditae

Il tredici di febbraio[29] tutta Alba Longa si vestì a festa: iniziavano le celebrazioni dei *Lupercalia*, festeggiamenti istituiti in onore di Fauno, antichissima divinità.

Colui che veniva considerato il padre di re Latino era anche chiamato Luperco e tra le sue prerogative annoverava quella di proteggere il bestiame dai predatori del bosco, in particolare dai lupi.

La piazza principale fu allestita per i sacrifici, capre e pecore vennero immolate sugli altari sacri.

Quando il sangue fu versato, i sacerdoti ordinarono ai giovani presenti, sino a quel momento rimasti seduti in cerchio, nudi, di alzarsi in piedi.

Tra loro c'erano Romolo e Remo.

I ragazzi, uno alla volta, nel silenzio più totale, si spalmarono il corpo di grasso e il viso di fango. Ricoperta così la pelle, si avvicinarono alle bestiole sacrificate e le scuoiarono sotto gli occhi attenti del gran sacerdote: le pelli vennero indossate come bestiali maschere.

Amulio osservava la scena a distanza, annoiato. Non aveva nessun interesse per quel rito, ma era suo dovere presenziare alla giornata. Spettava a lui annunciare l'inizio ufficiale dei giochi.

Gli occhi dei ragazzi erano concentrati sulla mano alzata del loro re.

Qualche secondo di attesa.

Ancora un attimo…

Via!

I giovani uomini, travestiti da mostruosi esseri selvatici, divisi in squadre, partirono, correndo fuori dalle mura, verso il fitto della vegetazione.

---

[29] Febbraio, come vedremo trattando la riforma del calendario di Numa Pompilio, sarà inserito, come mese, solo successivamente. Infatti, nella sua "versione romana", la festa dei Lupercalia cadeva tra il 13 e il 15 febbraio. Per ragioni di chiarezza sulla scansione temporale degli avvenimenti, oltre che per una esposizione delle vicende in modo narrativamente più avvincente (per quanto possibile!) non ho fatto distinzione tra l'anno di dieci mesi, in vigore fino a tutto il regno di Romolo e quello di dodici, in vigore da Numa in poi.

Tutti stringevano in mano una lancia, con la quale avrebbe dovuto cercare di uccidere un lupo, così da portare in vantaggio i propri compagni sugli altri.

I partecipanti ai giochi erano però anche muniti di una verga, per poter colpire, senza troppa violenza, le giovani fanciulle che avessero incontrato nelle ore di caccia, augurio di fertilità e possibilità della nascita di un fortunato rapporto, magari teso a formare un nuovo nucleo familiare.

Romolo e Remo avevano scommesso tra loro: chi avrebbe catturato il lupo più possente? E chi, dei due, avrebbe conquistato la ragazza più bella?

Presi dal momento goliardico oltre che dall'agonismo, abbassarono entrambi la soglia di attenzione, si divisero e pensarono solo a gareggiare tra loro. Del resto, erano capitati in due squadre differenti.

Tra i partecipanti alle celebrazioni vi erano anche alcuni giovani pastori dell'Aventino[30], che ritennero la festa un momento ideale per attuare la loro vendetta.

---

[30] L'episodio è di fondamentale importanza per la nascita di Roma, ma non è semplice ricostruire gli avvenimenti di quei giorni. Le fonti sul punto sono molto confuse: poiché la storia qui si confonde con il mito, non ci resta che interpretare cercando di immaginare come potrebbero essere andate le cose.

Sappiamo, perché ce lo racconta Dionigi di Alicarnasso, che nell'anno del diciottesimo compleanno dei gemelli avvenne una diatriba tra loro e dei pastori che erano soliti condurre le greggi sull'Aventino.

Non conosciamo i motivi della controversia. Si trattava di affari personali di Romolo? O forse di Remo? Era un litigio incentrato su questioni di confini di pascolo del loro bestiame? Tenderei a escluderlo: i nipoti di Numitore, lo abbiamo visto, erano poco interessati alla pastorizia. Viene difficile anche immaginare fosse coinvolto nella lite il padre adottivo Faustolo, poiché era addetto al gregge di re Amulio e difficilmente qualcuno si sarebbe messo contro di lui.

Le ipotesi più plausibili, a mio parere, potrebbero essere due. La prima riguarderebbe una contesa scoppiata tra i gemelli e i pastori dell'Aventino per ragioni di compenso non pagato in seguito a qualche servizio di protezione ricevuto. La seconda, più attinente con l'interpretazione letterale delle fonti, potrebbe riguardare davvero una lite per uno sconfinamento di pascolo, ma per conto e in difesa delle ragioni di altri pastori, loro protetti, abitanti del Palatino.

Qualsiasi siano stati i motivi, lo scontro fu inevitabile e, poiché contro i due figli di Marte c'era poco da fare, i pastori subìrono una severa lezione e dovettero scappare

Se avessero catturato e portato Remo davanti ad Amulio sarebbero potuti tornare a occupare i loro pascoli senza più dover chinare la testa davanti a quegli smidollati pastori del Palatino!
Ah, se solo non ci fossero stati i gemelli!
Avrebbero già sicuramente risolto tutte le questioni in sospeso. Invece no! Erano stati ostacolati da Romolo e soprattutto da Remo, schieratosi a difesa dei vicini. Fino a quando, poche settimane prima dei *Lupercalia*, erano addirittura venuti alle mani.
Quante bastonate avevano preso! Erano scappati a perdifiato verso le stalle lasciando incustodito il bestiame pur di non rimetterci la pelle.
Ma il momento di regolare i conti era finalmente giunto: non appena i pastori dell'Aventino reputarono che Remo fosse in posizione abbastanza isolata, lo riempirono di colpi alle spalle.
Usarono le verghe e i manici delle lance. Non volevano ucciderlo, non avevano nessuna intenzione di sfidare le leggi di Alba Longa. Al contrario: volevano servirsi proprio della giustizia per salvaguardare i loro diritti di pascolo.

Il figlio di Rea Silvia, nonostante nel corpo a corpo venisse considerato imbattibile, preso alla sprovvista e senza l'aiuto del gemello, non riuscì né a darsi alla fuga né a difendersi.
Un colpo di pietra sferratogli sul capo gli aprì un brutto taglio e gli fece perdere conoscenza per qualche secondo.
Quando si risvegliò si accorse di essere stato legato mani e piedi e buttato su un carretto. La vista era sfocata, la testa gli doleva e le orecchie gli fischiavano.
Prima di perdere nuovamente i sensi, Remo riuscì a percepire solo una frase.
- Adesso te la vedrai col re! Carogna! Verrai giudicato per le tue malefatte. Vedremo se a te e a tuo fratello passerà la voglia di difendere chi ruba le cose degli altri.[31] -

---

a perdifiato verso le proprie stalle. Tuttavia, sconfitti nel fisico ma non nell'animo, studiarono un piano per vendicarsi e attesero il momento propizio, i *Lupercalia*.

[31] Mi sono domandato: perché fu preso proprio Remo? Fu un caso che i pastori dell'Aventino braccarono lui e non Romolo? Serviva la cattura di uno qualsiasi dei due a chi ha inventato il mito, come puro e semplice espediente narrativo per giustificare il riconoscimento dei gemelli da parte del nonno? O fu Remo a essere

Ricongiungimento familiare

Remo fu condotto verso Alba Longa, alla reggia.

Al cospetto del monarca, i giovani dell'Aventino raccontarono i torti subìti, e mostrarono le ferite sofferte poche settimane prima, ancora ben impresse sui loro corpi.

Quei rozzi pastori chiedevano la protezione del proprio signore ma non sapevano che la giurisdizione relativa al luogo nel quale era avvenuto lo sconfinamento era affidata a Numitore.

Amulio non volle perdere neppure un minuto e li indirizzò verso il fratello.

Ci mancava solo quella! Non aveva fatto in tempo a tornare a casa, dopo aver dovuto partecipare controvoglia all'iniziazione di quei mocciosi che ora gli veniva chiesto di risolvere pure le loro beghe! L'avevano preso per una balia?

Il carretto riprese il suo viaggio, mentre il suo passeggero stava lentamente tornando in sé.

Romolo, terminati i giochi, era venuto a sapere che il fratello era stato catturato nell'imboscata. Decise di abbandonare la cerimonia, per recarsi sul Palatino e radunare i suoi uomini.

- Distruggerò tutta Alba Longa se necessario!

Giove mi incenerisca con un fulmine se entro sera non riporterò mio fratello di nuovo a casa! -

Tuonò il giovane appena incontrato il padre adottivo sull'uscio dell'umile dimora.

---

preso "davvero" per delle ragioni determinate, storiche, reali, che si sono perdute nei millenni?

Io penso che la cattura di Remo non fu casuale. Una serie di elementi portano a ritenere che fu lui il principale responsabile della lite scoppiata contro i vicini di pascolo, pochi giorni prima dei *Lupercalia*.

Remo, da tempo, aveva mire sui territori dell'Aventino.

Del resto, in seguito, egli salirà proprio sul colle Aventino, luogo da lui prescelto per fondare Remoria, a differenza di Romolo che salirà sul Palatino per fondare Roma. Anche una fonte antica come Plutarco ci lascia un importante indizio quando ci racconta che, tra i due fratelli, Romolo era quello più calmo, assennato e maggiormente dotato di abilità nel trovare compromessi con i vicini (quindi con i pastori dell'Aventino...) sia per le questioni legate ai pascoli sia per quelle legate alle riserve di caccia.

Il figlio di Rea Silvia venne subito interrotto da Faustolo, il quale gli rivelò quali fossero le sue origini.

Romolo a quel punto, tornò in sé: era da folli anche solo pensare di assaltare le mura. Sarebbe andato incontro a morte certa, e per nulla! Doveva concentrarsi su Amulio, era lui il vero nemico.

Tolto di mezzo l'usurpatore, non solo avrebbe liberato Remo ma sarebbe tornato con lui a fianco del nonno, per governare come era loro diritto.

Illuminato dalla verità, Romolo mise a punto il suo primo piano da comandate militare: lasciò da parte qualsiasi idea dettata dall'istinto e si orientò su una tattica ben ragionata.

Avrebbe radunato tutto il suo seguito all'interno della città senza dare nell'occhio. Fu solo il primo di molti "stratagemmi" che condussero il futuro fondatore di Roma alla gloria.

Convocò i suoi sgherri e ordinò loro di muoversi a piccoli gruppi per penetrare nelle fortificazioni cittadine con noncuranza, come se si stessero recando nella piazza centrale per assistere ai *Lupercalia*.

Entro poche ore, tutta la banda dei gemelli fu pronta a condurre l'attacco dall'interno.

Intanto, nel palazzo di Numitore, stava avvenendo il "ricongiungimento" tra nonno e nipote.

L'anziano aveva raccontato a Remo di come il padre adottivo, al tempo guardiano del gregge di Amulio, in precedenza aveva cuostodito il bestiame anche per lui. Faustolo, per un ventennio, era stato i suoi occhi, le sue orecchie e le sue mani.

Romolo e Remo non avevano mai incontrato il nonno, ma egli aveva sempre vegliato su di loro, sin da quando erano stati abbandonati lungo il corso del Tevere.

Non si erano mai chiesti come mai, pur essendo cresciuti tra il popolo, avevano avuto un'istruzione che nessun altro nella loro condizione sociale poteva permettersi?

Solo i nobili avevano il privilegio di studiare a Gabi.

Soltanto coloro che erano destinati al comando potevano apprendere l'arte del combattimento[32].

---

[32] Pare superfluo dire che, a Gabi, Romolo non studiò in una formale "accademia" dei complessi trattati su tattiche di attacco e difesa. Basti pensare che l'uso della

Numitore non aveva mai abbandonato il sogno di tornare a governare Alba Longa e aveva cercato di non trascurare, ove possibile, la formazione di coloro che, almeno per sangue, erano i prìncipi al posto del suo adorato, ma ormai morto da molti anni, Egeste.

Quando Remo gli era stato portato al cospetto, lo aveva riconosciuto subito[33] e, fatti allontanare con un pretesto gli accusatori, Numitore si era palesato.

Remo, a conoscenza soltanto del fatto che Faustolo aveva adottato lui e il gemello dopo averli trovati abbandonati lungo il corso del

---

formazione oplitica fu introdotto solo a partire dal 675 a. C. in Grecia e arrivò a Roma solo dopo il 600 a. C.

Tuttavia, non bisogna neppure cadere nell'errore, comune a molti (oltre che tipico di tante ricostruzioni letterarie e cinematografiche) di immaginare le battaglie della prima età del ferro solo come dei confusi scontri primitivi tra uomini muniti di bastoni e pietre e vestiti di pelli di animali.

Già secoli prima della nascita di Romolo erano state combattute battaglie memorabili, soprattutto da parte delle civiltà all'epoca più evolute. Pensiamo, nel 1600 a. C. alla guerra che aveva contrapposto gli Egizi agli Hyksos, che avevano invaso la terra del Nilo con la loro invenzione: il carro da guerra. O ancora, alla prima battaglia della storia a esserci nota perché documentata in modo piuttosto approfondito: quella di Kadesh, che nel 1274 a. C. aveva coinvolto migliaia di guerrieri nello scontro finale tra Egizi e Ittiti. Per non parlare della più volte citata guerra di Troia e delle invasioni doriche in Grecia.

Le armi stesse, all'epoca in cui Romolo studiò l'arte guerresca a Gabi, avevano già una loro lunga storia alle spalle: nei secoli, quelle di ferro avevano sostituito quelle di bronzo, che a loro volta avevano sostituito quelle di rame.

Dai ritrovamenti archeologici sappiamo anche con una certa precisione come combattevano il primo re di Roma e tutti i guerrieri a lui contemporanei: erano scalzi, coperti solo da due placche bronzee triangolari o rettangolari della misura di circa venti per trenta centimetri, da allacciare sul petto e sulla schiena tramite delle stringhe di pelle o delle cinghie. A protezione del capo indossavano un semplice "elmetto" (di forma simile a quello dei militari moderni). Erano dotati di un giavellotto con punta di ferro a forma di foglia, uno scudo tondo di bronzo (i ritrovamenti fanno intendere che fossero di fattura etrusca, quindi importati con il commercio), una spada di circa 45 cm e una più lunga di circa 70 cm. Sull'equipaggiamento dei guerrieri romani all'alba della fondazione si rimanda al testo C. McNab, *L'esercito di Roma, la più grande macchina da guerra del mondo antico*, LEG – Libreria Editrice Goriziana, Gorizia 2011, p. 25.

[33] Mi pare irreale invece la versione del mito maggiormente conosciuta e diffusa, che vuole Remo riconosciuto dal nonno per i suoi lineamenti regali, per la fierezza del portamento e per il suo temperamento nobile, che solo un discendente dei Silvi poteva avere.

Tevere, mise insieme "i pezzi mancanti" e passò subito a pianificare la vendetta. Non sarebbe stato solo: Numitore poteva contare su tutti coloro che gli erano rimasti fedeli nell'ombra (Faustolo non era certo l'unico), oltre che su tutti gli scontenti della gestione del potere di Amulio.

Mentre radunava il suo esercito, l'anziano mandò un messaggero a Romolo, per spiegargli la tattica di attacco e dargli appuntamento ad Alba Longa per la resa dei conti.
L'idea del nonno era perfettamente in linea con il piano del nipote: Romolo non fece altro che recarsi nella fortezza latina ad attendere l'arrivo dell'esercito guidato da Remo.
Amulio si trovò del tutto impreparato a fronteggiare due attacchi simultanei e improvvisi, uno dall'esterno e l'altro dall'interno.
I guerrieri di Alba Longa non riuscirono neanche a uscire dalle mura e schierarsi per affrontare il nemico, poiché la banda di Romolo, nascosta nella piazza e negli altri punti strategici della città, li assalì ancor prima che potessero anche solo accennare una formazione.
Nessuna palizzata fu utile a fermare coloro che, guidati da Remo e Numitore, sopraggiungevano da fuori, poiché essi trovarono chi riuscì a farli entrare dalla porta principale, aperta dall'interno.
Vistisi perduti, i guerrieri di Amulio si arresero: perché morire per un re, quando potevano continuare a vivere servendone un altro?
Romolo poté riabbracciare Remo oltre che il nonno e insieme col padre adottivo, Faustolo (nel frattempo accorso con la cesta nella quale aveva trovato i gemelli diciotto anni prima, conservata affinché fungesse da prova delle loro origini, da fornire al popolo) marciarono verso la sala del trono, dove Amulio, abbandonato da tutti, attendeva la sua condanna.
Un tempo valente guerriero, gli anni al potere avevano fiaccato il re. Romolo e Remo ebbero facile gioco: lo assalirono insieme e lo fecero a pezzi[34].

---

[34] Non conosciamo con precisione come terminò la vita di re Amulio, poiché le fonti liquidano senza alcuna indicazione la faccenda, né abbiamo alcun appiglio per poter ipotizzare e ricostruire la sua morte. Sappiamo solo che venne letteralmente massacrato. Perì combattendo contro i gemelli e l'anziano fratello? O li attese seduto sul suo trono, ormai arresosi al proprio destino? Chi fu materialmente a sferrare i

Numitore, morto il rivale, parlò nella piazza principale, rivendicando il trono e assumendosi ogni responsabilità del regicidio.

Quando ebbe terminato il suo discorso, furono gli stessi nipoti, per primi, a ordinare alla folla di sottomettersi al nuovo capo, tornato al posto che gli era sempre spettato.

Numitore alzò le mani al cielo e pianse: aveva vinto.

Quando l'eccitazione della folla si fu calmata, egli svelò a tutti chi fossero quei due giovani che lo avevano aiutato nell'impresa e annunciò che essi avrebbero fondato, per celebrare la vittoria, una nuova città poco distante, più precisamente nelle zone in cui erano cresciuti (con buona pace dei pastori dell'Aventino...).

L'inverno era terminato, e Numitore aveva appena dato inizio a una nuova "primavera sacra".

Quella più importante della storia.

---

colpi che posero fine alla storia dell'usurpatore? Data l'età e l'indole di Numitore, è probabile che furono Romolo e Remo ad accanirsi sul corpo dello zio.

CAPITOLO III
ROMOLO, IL FONDATORE

Coloni in marcia verso il futuro

Anno Urbis conditae

Furono necessari due mesi affinché il *ver sacrum* fosse preparato a dovere ma alla fine venne il giorno[35].

Per prima cosa Numitore radunò i cittadini che avevano servito e appoggiato Amulio. Persone alle quali non rimaneva alcuno spazio di decisione: se avessero voluto continuare a vivere da uomini liberi, avrebbero fatto meglio a partire. Per loro non si trattava di un'avventura ma di un vero e proprio esilio.

Successivamente il re interpellò i giovani rampolli delle più nobili famiglie di Alba, coloro che discendevano dai fedelissimi di Ascanio e che ancora si sentivano gli eredi dei Troiani.

Infine, egli aprì la possibilità della migrazione a tutti i volontari.

Anche il seguito dei due gemelli partì: non avrebbero mai abbandonato i propri capi.

Così, accompagnati da una gran quantità di bestie da soma, greggi, scorte di frumento e armi, Romolo e Remo si misero in cammino verso i pascoli a loro familiari, pronti a trasformare quelle terre sede

---

[35] La cattura di Remo era avvenuta durante i *Lupercalia* che, almeno in epoca romana, si celebravano tra il tredici e il quindici del mese di febbraio.

La fondazione di Roma, secondo la tradizione, avvenne di ventuno aprile.

Il mito, anche sotto questo aspetto, pare coerente con una ricostruzione storica: il tempo intercorrente tra i due eventi non sarebbe superiore e un paio di mesi, abbastanza per rovesciare Amulio (la guerra civile ad Alba Longa venne preparata in pochi giorni e durò una giornata soltanto) e organizzare tutto l'occorrente affinché i gemelli potessero fondare una loro colonia.

Numitore era tornato a essere di nuovo re e aveva intenzione di governare fino alla sua morte. Tuttavia, teneva in considerazione i nipoti, e voleva che avessero modo di crearsi un loro dominio, così da ingrandire ulteriormente l'influenza del popolo dei Latini nel Lazio.

Mi pare perfettamente coerente col passato: si stava ripetendo nuovamente quanto era accaduto, secoli prima, ad Ascanio.

di qualche capanna di umili pastori come Faustolo, in una vera e propria comunità indipendente[36].

Il potere, evidentemente, ha sempre dato alla testa, e i primi screzi tra i due fratelli si manifestarono già lungo il viaggio.
Ciascuno guidava metà della spedizione.
Ciascuno aveva i suoi fedelissimi a spalleggiarlo.
Dopo la morte di Amulio, come per una maledizione lanciata nel sangue dallo spietato zio, i caratteri dei due giovani stavano diventando sempre meno compatibili, così come il modo di intendere il comando.
Qualcosa era scattato nel loro cuore: la prima vera battaglia, il regicidio, l'aver rimesso il nonno sul trono.
Altro che rubare ai predoni o vincere le gare nei *Lupercalia*!
Chi altro prima di loro, appena diciottenne, aveva ottenuto tanto?
Dovevano rimembrare le gesta di Enea, di Latino o di Ascanio per trovare qualcosa di simile...
I due si sentivano scelti dal Fato, destinati a imprese memorabili.
Del resto, avevano appena appreso di essere figli di Marte!

---

[36] Le nuove colonie, lo abbiamo visto, non erano dei meri satelliti delle città di provenienza. Sicuramente collegate dall'etnia, dai costumi, dalla religione, costituivano però delle comunità a sé stanti.
Si trattava più che altro dell'allargamento nel territorio di uno stesso popolo a discapito delle altre culture (Sabini, Etruschi ecc...).
Spesso la città madre veniva anche sostituita come importanza, nel corso di pochi decenni, dalla sua colonia. Abbiamo visto come Enea avesse fondato Lavinium, che nel giro di pochi anni aveva sostituito per importanza Laurentum e come poi Ascanio avesse fondato Alba Longa e, una volta divenuto re, avesse fatto in modo che la sua colonia assurgesse a "capitale" non di un vero e proprio regno ma appunto dell'insieme delle città dei Latini.
Roma, in linea di principio, sarebbe dovuta nascere come colonia di una lega latina con a capo Alba Longa. Sicuramente dotata di indipendenza, nessuno le avrebbe impedito di ambire, nei decenni o secoli, a superare e sostituire la città madre. Insomma, divenire lei stessa nuovo punto di riferimento per tutta la civiltà e creare poi altre colonie. Eppure, come vedremo, questa volta accadde qualcosa di diverso, come se il meccanismo delle primavere sacre, così tanto rodato, si fosse inceppato. Roma nacque come centro latino, ma iniziò sin dal suo primo giorno a sentirsi qualcosa di peculiare, una vera e propria rottura della tradizione.

Semidei!

Potevano essere sconfitti?

Sarebbero morti, un giorno?

Esisteva qualcuno capace di batterli in un duello?

E... se il duello fosse stato tra loro due, chi ne sarebbe uscito vincitore?

Alla fine, persone, bestiame e carri si arrestarono nel luogo indicato, proprio là, dove i gemelli avevano trascorso la loro infanzia.

- Il Palatino sarà perfetto per la nostra colonia.

Roma sorgerà qui, dove siamo cresciuti, nei pressi della casa di Faustolo. Qui, in mezzo ai nostri ricordi. Questi luoghi, da noi tanto amati, diventeranno una grande e potente città, temuta da tutto il Lazio! -

Furono queste, le prime parole che Romolo rivolse al fratello al termine del viaggio.

- Roma? Che nome sarebbe?

Preferisco Remoria!

E perché il Palatino? Io pensavo all'Aventino. Il colle dedicato a un grande monarca di Alba!

Da mesi abbiamo mire su questi pascoli. Ora finalmente sono nostri, con buona pace di quei maledetti che mi hanno catturato!

Ci pensi? Volevano levarmi di mezzo, invece ora sarò il loro re e vivranno su quelle terre solo grazie a mia concessione. -

La risposta di Remo non pareva lasciare spazio al compromesso.

Tra i due si accese una discussione ma fu tempo sprecato, perché non si arrivò a capo di nulla.

I coloni, spettatori imbarazzati del violento diverbio, non seppero da che parte schierarsi, non capendo neppure i termini della questione.

Aventino, Palatino, cosa cambiava?

Quegli uomini e quelle donne che avevano abbandonato la sicurezza della città per portare i propri figli in una terra vergine, si guardarono l'un l'altro, preoccupati dall'inaspettato inizio della loro nuova vita.

Romolo e Remo, i principi di Alba Longa, erano in fondo gemelli. Sicuramente il tutto sarebbe stato composto, bisognava solo dargli tempo e stare tranquilli.

Con queste parole i più anziani, come Faustolo, tentarono di rassicurare gli altri.

In realtà, il peggio doveva ancora arrivare.

Un confine tracciato nel sangue

Le posizioni dei gemelli rimanevano inconciliabili.

Serviva il consiglio di una persona di fiducia, qualcuno che indicasse la strada da seguire per uscire da quella situazione.

Rea Silvia.

Un messaggero tornò ad Alba Longa per interrogare la sacerdotessa vestale, che nel frattempo era stata liberata dalla sua prigione sotterranea e riabilitata agli occhi della società.

Figlia del re, amante del dio Marte, madre dei liberatori della città, condannata ingiustamente a una pena durissima per quasi vent'anni, era passata da reietta a figura altamente simbolica per la capitale latina. La sua parola era oggetto della massima venerazione, il suo pensiero era divino e a una volontà superiore ella decise di fare affidamento.

Rea Silvia suggerì infatti a Romolo e Remo di interrogare uno tra i due principali collegi sacerdotali: gli aùguri, che interpretavano i segni mandati dal cielo, oppure gli aruspici, che sacrificavano gli animali e ne leggevano le interiora[37].

Di comune accordo si decise che il compito sarebbe spettato agli aùguri, i quali proposero ai possibili fondatori di salire ciascuno sul monte prescelto a osservare il cielo, in attesa di un segnale dato dal volo degli uccelli.

Remo, sull'Aventino, scorse nel giro di pochi minuti sei avvoltoi.

Erano giunti tramite un volo regolare, da sinistra verso destra, e giravano con insistenza sopra la sua testa.

- Gli dèi sùperi sono con me!

Remoria!

Qui nascerà Remoria, la mia città! -

---

[37] Gli aùguri e gli aruspici, come le vestali, erano sacerdozi preesistenti a Roma. All'epoca della fondazione erano già presenti nella cultura latina, che forse li aveva mutuati dai vicini Etruschi o dai Greci. I due fratelli decisero di affidarsi alla lettura di segnali divini utilizzando metodi già in vigore nella tradizione.

Non mi pare invece accettabile la teoria che vorrebbe addirittura gli aùguri creati da Romolo proprio in occasione di questo episodio. Il primo re ebbe forse il merito di portare un collegio augurale a Roma, composto originariamente da tre membri (nei secoli successivi portato addirittura a sedici), ma questo avvenne anni dopo la fondazione.

Romolo, che nel frattempo sul Palatino non aveva visto alcun segnale, pensò di organizzare una messa in scena ai danni del fratello. Inviò un paio dei suoi sull'Aventino, al fine di convocarlo immediatamente presso di sé.

Remo incontrò i messi a metà strada, mentre si stava già recando dal gemello per raccontargli ciò che aveva appena visto. Chiese loro come mai gli si fossero fatti incontro, ma gli uomini di Romolo non seppero che risposta dare al comandante della fazione avversaria. Riferirono solo che venivano ad annunciargli la sconfitta, perché il cielo aveva già mandato i segnali necessari.

Remo, indispettito, giunse da Romolo e lo interrogò su cosa avesse visto: in quell'attimo passarono sulla loro testa ben dodici avvoltoi.

- Guarda tu stesso! Questa è la prova che sono io il prescelto, e che proprio qui sorgerà la mia città: Roma! –

Romolo esclamò trionfante qualcosa del genere davanti a un Remo visibilmente contrariato: si sentiva preso in giro, sentiva puzza di imbroglio.

Perché il fratello l'aveva mandato a chiamare se non aveva fino a quel momento avuto alcun segnale?

I dodici uccelli visti con Romolo non erano forse passati sopra le loro teste insieme, sei per ciascuno? E se quegli avvoltoi fossero stati catturati dagli uomini del gemello e poi liberati una volta che Remo fosse stato presente, per impressionarlo? Del resto, c'era stato tutto il tempo per organizzare un qualche trucco.

In ogni caso lui aveva visto i sei avvoltoi molto tempo prima!

No, Remo non poteva accettare quel verdetto[38].

---

[38] Sull'episodio le fonti riportano versioni differenti.

Secondo Dionigi, il comportamento di Romolo durante il rito augurale non fu proprio esemplare, a differenza di quello del fratello. Ci viene raccontato che egli ingannò Remo, mandandolo a chiamare anche se non aveva visto niente ma solo per distogliere il gemello dai suoi segnali. Soltanto quando Remo giunse presso di lui Romolo fu "salvato" dal passaggio di dodici avvoltoi.

Plutarco tramanda invece che Romolo non avrebbe visto nessun avvoltoio, mentre conferma che Remo ne avrebbe visti sei.

Un interessante spunto di riflessione è in ogni caso costituito dalle ombre che, da questo punto della storia di Roma in poi, si allungano sulla figura del fondatore. Dopo l'episodio dell'imbroglio degli avvoltoi (nell'ottica del tempo molto grave, poiché per arrivare al potere egli calpestò la religione) non possiamo non notare come fu ancora una volta Remo a ritirarsi, cedendo il potere al fratello e fermando

Si accese una seconda aspra discussione tra i gemelli, che finì per degenerare quando i due si ricongiunsero con i propri seguiti.

Prima volarono insulti, poi qualcuno sferrò un pugno, qualcun altro gettò una pietra.

Chi era stato colpito sfoderò le armi e presto la lite divenne una grossa rissa, quasi una battaglia.

Persino Remo afferrò la sua lancia e si fiondò contro Romolo, anch'egli armato e sulla difensiva.

Ci fu uno scambio di colpi, ma il duello venne interrotto dalla tragedia: Faustolo, per cercare di calmare gli animi, si era ritrovato in mezzo al tumulto ed era rimasto ucciso.

La morte dell'amato padre adottivo era alla fine servita a fermare il caos: i due fratelli richiamarono i propri uomini, ma ormai sul campo giacevano senza vita centinaia di corpi.

Si contavano poco meno di tremila superstiti, metà dei coloni affidati da Numitore ai due nipoti.

Un disastro.

Un'immane tragedia la responsabilità della quale gravava interamente sui due prìncipi.

Remo, resosi conto di quanto sangue fosse stato inutilmente versato per le sue brame di potere, decise di darla vinta a Romolo e se ne andò, seguìto da pochi altri, a piangere la perdita del padre e di così tante vite spezzate.

Si sentiva ormai rassegnato: non ci sarebbe stata nessuna Remoria.

---

una lotta che avrebbe ancor più decimato la colonia… ancora prima di aver deciso il sito sul quale sarebbe sorta! A fronte di tali testimonianze, ho pensato nel mio racconto sull'origine di Roma di riabilitare la figura di Remo, troppo spesso rappresentata in modo superficiale e solo come antagonistica a quella del fondatore. Quasi una metà oscura che a un certo punto "impazzisce" e viene fermata dalla metà assennata, "costretta" all'omicidio.

A tener buone solo alcune fonti, assumerebbe una luce diversa lo stesso fratricidio: si trattò di una pura lotta per il potere. Se Remo non fu "un santo", anche Romolo non brillò per innocenza.

Quello che quindi mi domando, ancora una volta è: se si fosse trattato di un puro e semplice mito, perché tante incongruenze nelle fonti? Perché tante versioni diverse su passaggi fondamentali del racconto? Non poteva essere creato un mito dove il fondatore era senza macchia e peccato, come un novello Enea?

La cerimonia di fondazione

Anche Romolo era rimasto molto scosso e turbato da quanto accaduto, tanto da decidere di appartarsi per alcuni giorni, lasciando i coloni allo sbando.

Solo l'intervento della madre adottiva, l'ormai vedova Acca Larenzia, riuscì a farlo tornare in sé: non era il momento di cadere in depressione poiché centinaia di persone erano sopravvissute e non avevano più un posto dove stare.

Era urgente che si insediassero nel nuovo territorio.

Se Romolo voleva essere un capo, un re, un fondatore, allora doveva pensare alla sua gente, non a se stesso. Riporre il proprio dolore in fondo al cuore e rialzarsi per portare a termine il suo compito.

Già il giorno successivo, 21 aprile, si tenne il rituale di fondazione.

Per prima cosa si preparono i sacrifici propiziatori, poi vennero liberate in volo delle aquile dagli aùguri e infine vennero accesi dei fuochi, per la cerimonia del salto della fiamma da parte dei neocittadini.

Quando i riti preliminari furono completati, tutto il popolo si radunò: il principe di Alba Longa, Romolo, afferrò da una cesta posta su un carro una manciata di terra proveniente dalla città madre e la gettò al suolo.

Lo stesso fecero poi, uno alla volta, tutti gli altri capi delle famiglie principali, coloro che sarebbero divenuti i *Patres*. Ciascuno aveva portato con sé un pugno del terreno sul quale aveva trascorso l'esistenza sino a quel momento e ora lo stava gettando sul nuovo sito, per propiziare un nuovo inizio in continuità con la vita precedente.

Infine, il fondatore tracciò un solco a forma di quadrato con l'aratro.

Si trattava del *pomerium*, perimetro della città, confine sacro e invalicabile: da quel momento e per sempre a Roma si sarebbe entrati solo su invito e senza armi.

Mentre l'aratro smuoveva la terra, i rappresentati delle famiglie più importanti erigevano dei cumuli di pietre, promemoria del tracciato.

Nei giorni successivi i costruttori del muro avrebbero potuto seguire il solco originario anche in caso di pioggia[39].

Durante il posizionamento di uno di questi oggetti, tra la folla degli spettatori, si fece largo Remo. Il gemello sconfitto aveva a lungo rimuginato su quanto accaduto e appariva fuori di sé.

Sferrò un calcio alle ultime pietre posate e ingiuriò il fratello, poco distante, urlandogli che non avrebbe mai rispettato la sua colonia.

Poi saltellò dentro e fuori dal *pomerium,* deridendolo.

- Sarebbe questa la vostra difesa contro i nemici?

Eccomi, sono entrato! Ho anche una spada in pugno, vedete?

Cosa farà adesso il vostro capo?

Dillo ai tuoi cittadini, cosa farai? Eh, fondatore?

Forse scaglierai una maledizione su di me perché sono entrato nella tua Roma? O formulerai una legge che fermerà le lance degli eserciti invasori?

Perirete molto presto! –

Romolo non poteva tollerare quel comportamento: era stato schernito davanti a tutti, la sua autorità calpestata e la sua città già ingiuriata da un atto sacrilego.

Sottrasse un badile dalle mani di uno degli operai e con tutta la forza che aveva in corpo colpì Remo sul capo con una tale violenza che lo uccise.

La guerra fratricida era terminata.

Roma poteva sbocciare, fiore innaffiato dal sangue di molte vite.

Il regno di Romolo era ufficialmente iniziato[40].

---

[39] Per un approfodimento del rituale di fondazione si rimanda all'opera *La leggenda di Roma*, a cura di A. Carandini, Arnoldo Mondadori Editore, Fondazione Lorenza Valla, Volumi I – IV, s.l. 2014.

[40] Nell'immaginario comune, prima di Roma, sul Palatino, non esisteva niente. Abbiamo visto come non fosse affatto così: anche il "mito" ci presenta una lunga tradizione preesistente all'Urbe. Regni che sorgevano e tramontavano, città madri che fondavano colonie, dinastie reali, guerre tra popolazioni.

I Latini nacquero a Laurentum ma ben presto il centro principale diventò la colonia Lavinium, che "partorì" Alba Longa. Quest'ultima fondò diverse città, tutte autonome.

La colonia di Romolo è l'ultima che prende vita da Alba, ma con Roma nasce un qualcosa di nuovo: un villaggio ribelle che si dotò da subito di proprie leggi e peculiari costumi, fino ad arrivare, col tempo, a distruggere la madrepatria per poi

Con Remo perì anche una parte del suo gemello e Alba Longa perse in quell'istante entrambi i suoi prìncipi perché il fondatore, invece di attendere pazientemente (come aveva fatto secoli prima Ascanio con la matrigna Lavinia) la morte di Numitore e tornare a regnare nella capitale, o spostarla nel nuovo sito, decise che sarebbe stato sin da subito un re.
Romolo non aveva infatti nessuna intenzione di diventare l'ennesimo monarca di Alba Longa.
Voleva semplicemente essere il primo re di Roma.

---

fagocitare tutti i popoli latini rendendoli cittadini romani. Un'opera straordinaria che dopo uno studio attento delle fonti relative al periodo che stiamo affrontando appare ancora più incredibile. E tutto ciò è supportato dai ritrovamenti archeologici, i quali ci testimoniano come l'Urbe non sorse sul nulla: davvero esistevano delle "case di Faustolo" sul Palatino, insieme ad altre primitive abitazioni, come confermato dagli scavi effettuati nella zona sin dalla metà del secolo scorso.

I primi giorni

Il 22 aprile dell'anno della fondazione, Romolo radunò nuovamente il popolo e spiegò quali sarebbero state, da quel momento in poi, le leggi principali che tutti avrebbero dovuto seguire per vivere nel suo villaggio.

Si trattava della prima, sommaria, costituzione romana.

Nei giorni successivi, egli si spogliò dei panni del pastore-guerriero e iniziò a presentarsi in pubblico con un abbigliamento regale: indossava la toga *praetexta*, tunica elegante munita di fascia purpurea, "copiata" dalla cultura etrusca.

Sempre dalla popolazione vicina "prese" la *sella curulis*, seggio pieghevole a forma di X ornato d'avorio, che sarebbe rimasto tipico di tutte le alte magistrature romane nei secoli a venire[41].

Il primo re inoltre istituì i littori, dodici guerrieri muniti del fascio, un insieme di bastoni legati da strisce di cuoio, culminanti in una scure. Il corpo di polizia cittadina accompagnava Romolo ovunque andasse, e simboleggiava il potere esecutivo: i littori erano non solo le sue guardie personali ma anche i boia, e potevano eseguire sentenze di morte in qualsiasi momento[42].

---

[41] Studiosi come Haarmann parlano di un vero e proprio predominio della cultura etrusca nell'antica Roma, sin dal momento della fondazione.
I Latini, secondo questa corrente di pensiero, copiarono le strutture di governo tirrene, i collegi religiosi, i metodi di amministrazione, i simboli stessi del potere.
La costituzione di Romolo, quindi, fu modellata interamente su quella delle città-stato etrusche.
Sempre secondo Haarmann anche il mito di Enea venne copiato: "*Il fatto che i romani (latini) si rifacessero in maniera così stretta alla tradizione onomastica etrusca si fonda, tra l'altro, sulla forte necessità di trovare una qualche connessione con una genealogia mitologica dichiaratamente eroica. Il mito delle origini etrusche forniva una base adeguata. A cinquanta stirpi romane (gentes) piacque immaginare una presunta discendenza troiana. I rapporti di etruschi e latini con Troia appartengono a un particolare patrimonio mitologico, quello dei racconti relativi alla fine dell'omonima guerra e alle peregrinazioni dell'eroe Enea*" (H. Haarmann, *Sulle tracce degli Indoeuropei, dai nomadi neolitici alle prime civiltà avanzate*, Bollati Boringhieri, Torino 2022, p. 218).
[42] Il fatto che i littori fossero dodici è a mio avviso molto importante. Come riporta Tito Livio, mi piace pensare che il numero fu scelto non per simboleggiare gli avvoltoi scorti poco tempo prima, ma semplicemente perché dodici littori accompagnavano già, secondo l'uso etrusco, colui che era a capo della Dodecapoli,

Il capo carismatico era anche unico e sommo giudice di qualsiasi controversia fosse insorta tra i suoi cittadini o di qualsiasi reato fosse stato commesso. Del resto, il primo atto di Romolo dopo la fondazione era stata proprio l'emissione e la contestuale esecuzione della sentenza di morte nei confronti di Remo, che si era macchiato di un crimine punibile con la massima pena.

I coloni vennero divisi per importanza, non si partì *ex novo* come condizione sociale.

I fuoriusciti da Alba erano di diversa estrazione: discendenti delle antiche famiglie troiane, ex sostenitori del regime di Amulio, commercianti, operai. Senza contare i contadini e i pastori come Faustolo, che già avevano abitato quei luoghi, fino a quel momento un disordinato agglomerato di modeste costruzioni e poche capanne.

Romolo divise l'intera cittadinanza in grandi gruppi da mille persone ciascuno. Nominò tre uomini di sua massima fiducia con il compito di organizzare tre diverse squadre di soldati scegliendo i giovani atti a portare le armi. Romolo rimaneva il condottiero supremo in caso di guerra, ma i tre a capo di mille cittadini ciascuno sarebbero stati i suoi consiglieri militari.

Dotata l'Urbe di questa prima tripartizione, egli assegnò a ogni casata influente la protezione di altri nuclei familiari meno abbienti, tramite l'istituto della clientela.

Poi, il primo re scelse un certo numero di *Patres* (cinquanta o cento) e si dotò di un consiglio di anziani, saggi ed esperti della vita, affinché potessero guidare le sue decisioni più importanti.

Nacque il senato, "l'assemblea degli anziani".

La primitiva struttura di governo vedeva quindi Romolo a capo di ogni settore, tre suoi uomini di fiducia come generali e un'assemblea di anziani come organo di consiglio, dotata dell'*interregnum*, potere suppletivo al comando in caso di impedimento o morte del monarca.

---

la lega delle dodici città più importanti dell'Etruria. Ritengo questa un'ulteriore dimostrazione di come Romolo avesse intenzione, sin da subito, di rompere con le secolari tradizioni del suo popolo e di chiarire che Roma si sarebbe data un suo ordine, delle proprie leggi e avrebbe adottato i costumi che riteneva più appropriati, anche prendendo a modello quelli degli altri popoli, se utili alla causa.

Il fondatore era anche a capo della religione: unico deputato a interrogare gli aùguri, a mandare a chiamare dall'Etruria gli aruspici, a presenziare ai sacrifici pubblici, a inaugurare i templi.
Il potere di Romolo era un potere terreno ereditato dal nonno ma allo stesso tempo anche un potere originario, divino.

I primi mesi trascorsero in modo pacifico, la posizione scelta per la colonia si rivelò ideale: su un'altura facilmente difendibile, non lontana dal Tevere, in prossimità di una strada commerciale importante, quella del sale. Al centro di un crocevia di culture che permetteva ai nuovi insediati di accumulare conoscenze ed esperienze.
I Romani impararono a forgiare armi migliori, a coltivare olio e vino di qualità, ad affinare le tecniche di costruzione degli edifici.
Essi si confrontarono con le culture e le strutture sociali più avanzate dell'epoca. Basti pensare all'evoluzione delle abitazioni private: si trattava di capanne, certo, ma non più costruite solo con materiali deperibili. Al legname e alla terra argillosa si iniziarono ad aggiungere prime parziali opere in muratura. All'interno, la capanna era costituita ancora da un unico ambiente diviso in zona giorno (focolare) e zona notte (talamo), ma la metratura iniziò ad aumentare[43].
Date queste premesse appare naturale che gli abitanti delle zone limitrofe decidessero di trasferirsi sul Palatino e che interi agglomerati protourbani si aggregassero spontaneamente al primitivo centro, per beneficiare del nuovo clima che si andava respirando.

---

[43] Possiamo farci un'idea piuttosto precisa di tali unità abitative dai ritrovamenti di urne cinerarie come quelle provenienti dai Colli Albani, databili intorno all'VIII secolo a. C. Si tratta di vere e proprie "case dell'anima", dalla forma circolare, decorate sulle pareti, munite addirittura di uno spazio frontale aperto raffigurante la "porta" d'ingresso. Lo sforzo realistico degli artigiani nella produzione di tali opere era grande proprio perché aveva una fondamentale valenza simbolica e religiosa: una capanna in miniatura per il defunto, realizzata sul modello di quella che aveva abitato in vita. Si voleva che il morto potesse in qualche modo continuare la propria esistenza dopo la morte su un piano dimensionale diverso ma sempre con la stessa dimora che aveva costruito nella sua esperienza terrena. E mi pare che ciò dimostri anche l'importanza che iniziava ad avere la proprietà privata, della casa e degli oggetti più cari, che Romolo non tardò a regolamentare.

Più gli abitanti aumentavano, più era necessario avere abitazioni adeguate, botteghe, strutture di governo e organizzative.

Insomma, Roma crebbe velocemente perché seppe, per posizione e attitudine dei suoi abitanti, sfruttare il grande fermento e le innovazioni del momento storico.

Il ratto delle Sabine

3° ab Urbe condita.

I fuoriusciti da Alba Longa, nello scontro per la supremazia tra i gemelli, avevano finito per uccidersi tra di loro e da seimila erano diventati la metà. Romolo regnava su tremila cittadini, in prevalenza uomini giovani, intorno ai vent'anni.

Nella speranza di aumentare il numero dei suoi sudditi, egli istituì il diritto di asilo: Roma accoglieva tutti, dava a tutti una seconda possibilità. Del resto, non era stata fondata anche da fuorilegge come coloro che avevano appoggiato l'usurpatore Amulio?

Nei mesi successivi alla fondazione, altra gente si stabilì nel nuovo villaggio.

Romolo ben presto si accorse che l'Urbe attirava soltanto vagabondi, criminali, banditi e gentaglia di ogni sorta. Da un lato gli servivano cittadini, dall'altro non poteva permettersi di creare una colonia costituita in prevalenza da criminali.

Il primo re mandò quindi messaggeri ai villaggi limitrofi, non solo latini ma anche sabini, e prese contatti con le famiglie più altolocate. Presentò il suo progetto di creazione di una nuova potenza multiculturale e di nascita di un nuovo popolo: i Romani.

Sapeva che, se avesse accumulato ricchezza e stretto alleanze con i nobili confinanti, il suo potere sarebbe cresciuto.

Certo, tremila coloni erano già un buon numero, ma egli voleva aumentare i suoi domini e non poteva attendere decenni.

Doveva agire subito!

Gli inviati del fondatore si recarono a Cures, ad Antemnae, a Caenina e a Crustumerium per proporre matrimoni combinati tra le figlie delle casate più in vista e i giovani romani[44].

---

[44] Forse non è un caso che tra le primissime leggi di Roma ci fosse una regolamentazione dei matrimoni.

Dionigi ci riporta il testo di una legge arcaica, ovvero: "la donna sposata, che sia stata concessa a un uomo tramite sacro rito, divenga partecipe dei beni e delle sacre cose di lui". Il figlio di Rea Silvia, secondo la tradizione, istituì il primo tipo di matrimonio di diritto romano, prevedendo che la donna, se sposata legalmente, sarebbe divenuta partecipe dei beni della famiglia dell'uomo e avrebbe vantato diritti successori sul marito defunto.

I Romani desideravano, attraverso l'unione con donne provenienti da altre città, attrarre nuove famiglie e nuovi patrimoni oltre che stringere nuove alleanze[45].

L'unione degli sposi avveniva con il rito della *confarreatio*, cerimonia che prevedeva l'associazione nel matrimonio da parte di un uomo e una donna tramite la preparazione di un'apposita focaccia di farro (da qui il nome) che i due avrebbero dovuto dividere in parti uguali e mangiare davanti a dieci testimoni e a un'autorità religiosa.

Romolo, se da un lato tutelò la posizione della donna, anche per attrarre fanciulle nella sua città, dall'altro istituì due leggi terribili affinché i matrimoni "durassero": lo *ius osculi*, già trattato nella nota 11 e la norma che puniva con la pena capitale l'adulterio. Non dobbiamo però pensare che queste due norme fossero dettate da "bassa considerazione" del ruolo femminile ma piuttosto dagli amplissimi poteri concessi al *pater familias*, primo giudice e custode della moralità e dell'unione dei nuclei familiari, cellule del corpo di Roma. Tanto è vero che Romolo istituì una legge che permetteva al capofamiglia, qualora ne fossero ricorsi i presupposti, di picchiare selvaggiamente i propri figli, relegarli ai lavori dei campi o addirittura venderli. In casi estremi, il *pater* aveva diritto di vita e di morte. E questo, non solo fintanto che i figli fossero in giovane età ma sempre, anche nel momento in cui avessero ricoperto magistrature o fossero divenuti personaggi affermati: l'autorità del *pater familias*, anche se anziano, non si discuteva. Tuttavia, ben presto queste norme vennero disapplicate poiché la pena di morte comminata tra le mura domestiche, sebbene fosse prevista, godeva di bassa considerazione sociale se non addirittura biasimo e fu utilizzata in casi rari ed estremi, sempre sentito prima il parere della cittadinanza.

[45] Secondo Livio, i Romani si trovarono "a corto di donne". Per lo storico antico, era questo il problema di Romolo: affinché il sogno di una potente città non svanisse dopo una sola generazione, serviva un maggior numero di ragazze.

Ora, un tale movente mi pare davvero irrealistico, anche se riportato da molti testi a noi contemporanei. Roma non può essere stata fondata da un pugno di uomini che avrebbe organizzato il rapimento pur di avere qualche donna con la quale farsi una famiglia! Pensiamoci: non abbiamo forse visto che da Alba Longa fuoriuscirono centinaia e centinaia di persone al fine di fondare la nuova colonia? La "primavera sacra" era una questione legata alla sopravvivenza e all'espasione di un popolo, seguiva certi rituali e si ripeteva da secoli.

Nessuno avrebbe inaugurato un nuovo sito senza un progetto che durasse, almeno in linea teorica, oltre la prima generazione!

Pertanto, poiché Roma fu fondata da almeno tremila persone, pare logico ritenere che si trattasse di individui di genere misto, uomini e donne. Ancor più pensando che quelle tremila persone erano la metà sopravvissuta dopo la strage avvenuta in seguito alla lite per la scelta del fondatore: viene logico ritenere che sul campo di battaglia perirono soprattutto uomini, principali protagonisti dello scontro fisico.

Nessuno rispose a quell'invito, poiché nessuno desiderava unire la propria stirpe con quella di persone trasferitesi lì da poco.

Il figlio di Marte e di Rea Silvia non aveva altra scelta che fare da sé.

Quella stessa estate, Romolo convocò i senatori per esporre loro il piano che, egli non poteva non averlo messo in conto, avrebbe portato Roma per la prima volta in guerra.

Il primo re propose la celebrazione, da lì a pochi giorni, dei *Consualia*, festa in onore del dio Conso (o Nettuno Equestre, protettore dei cavalli).

Per l'occasione furono invitati anche gli abitanti dei villaggi limitrofi, con il pretesto di voler dare un segno di amicizia e mostrare loro quando bella fosse la nuova città, della quale tanto diffidavano.

I vicini questa volta accettarono l'invito: erano consapevoli del fatto che Romolo li aveva mandati a chiamare per magnificare la potenza della neonata Roma ed erano pronti a esserne favorevolmente impressionati. Non avrebbero certo cambiato idea relativamente al

---

Io ritengo che il ratto delle Sabine fu un'operazione studiata da Romolo per pura rappresaglia nei confronti delle classi nobiliari di quelle popolazioni limitrofe, latine e sabine, colpevoli di aver rifiutato le proposte di matrimonio tra i figli e le figlie delle nobiltà delle rispettive città.

Il progetto di Romolo, coerente con il suo vissuto e la sua idea di Roma, a mio parere fu quello di favorire, sin dal principio, una multiculturalità nella sua città: così come aveva già apportato numerosi elementi della cultura etrusca, ora era pronto ad aprire le porte ai vicini latini e, fatto probabilmente inedito, alla cultura sabina, sino a quel momento vista con diffidenza. Non è un caso che addirittura il signore di Cures, Tito Tazio, fosse poi presente come invitato ai *Consualia*.

Ma le classi nobiliari sabine si erano mostrate altezzose, e non erano state disposte a unire le proprie ricchezze e i propri possedimenti con quelli dei Romani, appena "nati" come popolazione e, dal loro punto di vista, con nulla da offrire. Ecco perchè Romolo si prodigò tanto per organizzare dei festeggiamenti e invitare proprio quei nobili che lo avevano insultato: voleva mostrargli con chi avevano a che fare.

Roma aveva chiesto inizialmente con le buone, ma davanti a un rifiuto aveva comunque preso con le cattive. Romolo si era trovato ancora una volta a dover dimostrare di essere il più forte: andato male il progetto di rafforzare il suo potere con le alleanze, non gli rimaneva, consapevole della sua forza militare, che la conquista.

Mi pare che questa ricostruzione sia anche più coerente col comportamento particolarmente aggressivo che il primo re tenne durante le guerre che derivarono proprio da quello che viene ricordato come il ratto delle Sabine.

destino delle proprie figlie, ma perché non passare qualche giorno tra gare di corsa a piedi e a cavallo, banchetti e sacrifici propiziatori?

Il 21 agosto, Roma si riempì di gente, accorsa alla festa.
In particolare, si trattava di Latini provenienti da Caenina, Antemnae e Crustumerium e di Sabini dall'importante centro di Cures, giunti con il proprio signore, Tito Tazio, incuriosito dall'invito.
Le celebrazioni e i giochi si svolsero tra la soddisfazione generale e, quando calò la sera, gli ospiti si abbandonarono all'ubriachezza e ai banchetti, pronti per l'ultimo rito in programma, tenuto come sorpresa finale da parte dell'organizzazione.
Fu forse il romano di nome Talassio, per primo, ad avvicinarsi a una bellissima ragazza ospite, prenderla in braccio e allontanarsi spalleggiato da un gruppo di amici.
Davanti a quel gesto si accese un parapiglia.
Poco potevano fare gli invitati (che avevano dovuto riporre le armi prima di entrare in città, come legge sacra prescriveva) a mani nude contro bastoni, lance e spade romane, che spuntarono in gran numero dal nulla.
Così, in quel marasma, gli uomini più fidati di Romolo rapirono le più graziose e giovani fanciulle che trovarono sulla propria strada, sabine o latine che fossero non faceva alcuna differenza[46].
Fino a quando giunse il re in persona, circondato dai suoi littori.

- Basta, fermatevi! Non muovete un altro muscolo se tenete alla vita! Tranquillizzatevi e ascoltate ciò che ho da dirvi. Le vostre ragazze non soffriranno alcun male, sono soltanto protagoniste dell'ultimo gioco di questi miei *Consualia*.
Non è forse vero che nei *Lupercalia* i giovani, vestiti con pelli di lupo, corrono tra le capanne dei villaggi e colpiscono scherzosamente con un bastone le coetanee, come augurio di fertilità?

---

[46] Le fonti divergono sul numero delle fanciulle rapite. Alcuni autori del passato parlano di circa cinquecento, altri di circa seicento, altri ancora di soltanto trenta, perchè tradizione vuole che le trenta tribù in cui fu divisa la cittadinanza portassero proprio i nomi di queste giovani. Ritengo il numero di trenta sia davvero quello che più si avvicini alla realtà: del resto, a Romolo bastava dare una lezione ai suoi vicini, far capire loro che la nuova città sarebbe stata, da quell giorno in avanti, quella da temere di più.

L'ho fatto anche io, non molto tempo fa.

Ebbene, prendetela allo stesso modo!

Le vostre figlie e le vostre sorelle sono protagoniste di un rito di fertilità: non vi è dubbio alcuno che le ragazze scelte dai miei uomini avranno sicuramente tanti bei figli, e tutti romani!

Ma non preoccupatevi: a nessuna verrà torto un capello, anzi, saranno rispettate e trattate con grandi onori.

Ma qui, a Roma!

Saranno accudite, coccolate e, alla fine, impareranno ad apprezzare coloro che i loro padri e fratelli hanno tanto disprezzato!

Capiranno che non vi è al mondo maschio migliore del maschio romano! -

Le risate e i boati festosi della folla coprirono i pianti e le minacce di Latini e Sabini che altro non riuscirono a fare, per aver salva la vita, che darsi alla fuga.

Del resto, cosa avrebbero potuto sperare di ottenere da un uomo che pur di arrivare al suo scopo aveva tradito il valore della fiducia, dell'ospitalità e che aveva utilizzato dei riti religiosi come pretesto per coprire le proprie malefatte?

L'orgoglio di re Acrone

I giorni successivi al rapimento furono dedicati alle trattative.

Ceninesi, Antemnati e Crustumerini ricevettero ambascerie da Romolo: il re dell'Urbe offriva ancora ospitalità nella propria città, ma stavolta l'invito suonava come un *ultimatum*. Se infatti essi avessero avuto intenzione di riabbracciare le proprie fanciulle, aveva chiarito il monarca, avrebbero dovuto aprirgli le porte delle città, riconoscerlo come loro signore e sottomettersi alle leggi di Roma.

Gli abitanti dei tre centri latini, consapevoli di non costituire una grande minaccia militare per Roma, ma preoccupati dall'atteggiamento di Romolo, si rivolsero a Tito Tazio.

In fondo, anche i Sabini avevano subìto un brutto affronto ed erano mossi dal desiderio di risolvere la faccenda in modo radicale.

Fu Acrone, signore della città di Caenina, il più accanito sostenitore di un attacco diretto e repentino.

Egli non volle neppure ricevere i messaggeri romani: l'affronto subìto non poteva essere oggetto di mercanteggiamento, andava lavato nel sangue.

La sua idea era quella di costituire un unico esercito formato da tutti i guerrieri dei villaggi coinvolti dal rapimento delle fanciulle.

Non pretendeva di avere il comando delle operazioni, Acrone. Era disposto anche a essere secondo al più potente Tito Tazio. La cosa fondamentale, però, era agire alla svelta e senza patteggiare.

I Sabini, tuttavia, decisero di prendere tempo.

Quando Acrone capì di non venire preso seriamente, lasciò perdere qualsiasi ulteriore linea di dialogo con gli abitanti di Cures e si fece promotore di una piccola lega formata dai tre centri latini oltraggiati.

Romolo, Tito Tazio, Numitore… era stanco di omaggiare altri capi e di essere ritenuto inferiore a tutti!

Avrebbe approfittato dell'occasione per mostrare il suo valore e chissà, forse avrebbe fatto bottino o accresciuto le schiere dei suoi guerrieri.

Così, il fiero capo, si recò personalmente dai vicini e propose di unire le forze militari sotto il suo comando: oltre alle loro figlie e sorelle, avrebbero liberato anche le Sabine, così da avere poi una moneta di scambio con Cures.

Se l'impresa fosse riuscita, egli avrebbe sconfitto il nipote di Numitore e umiliato il re Sabino, che sarebbe passato per egoista e codardo, oltre che debole.

Ma Acrone dovette subire l'ennesimo smacco: Antemnae e Crustumerium non erano convinte del suo progetto e presero a loro volta tempo, sicure che fosse più saggio attendere notizie da Cures.

Tito Tazio, dissero, era molto più potente di Acrone e poteva vantare un dispiego di forze superiore.

Il signore di Caenina, ferito profondamente nell'orgoglio, venne preso dall'impazienza e dalla voglia di farsi rispettare e così diede ordine ai suoi uomini di iniziare i saccheggi delle campagne intorno a Roma[47].

L'Urbe, da giorni, se ne stava silente, immobile, come un felino pronto a balzare sulla propria preda appena ne avesse percepito un minimo movimento.

Inoltre, Romolo non voleva essere l'artefice di una guerra che avrebbe potuto coinvolgere anche Alba Longa.

---

[47] La maggior parte delle guerre che Roma combatté durante i primi secoli dalla fondazione, iniziarono con saccheggi e devastazioni di campi.

La stessa metodologia veniva utilizzata in Grecia, come testimoniato da Tucidide, che ben ci descrive le distruzioni che Sparta fece alle colture nemiche durante la guerra del Peloponneso.

Il lavoro agricolo era sacro, poiché da esso dipendeva il sostentamento della popolazione di una città; è comprensibile come un attacco alla fonte primaria di cibo fosse volto a indebolire il nemico e provocarne una reazione.

Uno studioso come Hanson tuttavia non ritiene che, almeno nel periodo della Grecia classica, l'inizio delle ostilità vere e proprie fosse finalizzato a prevenire una catastrofe agricola, ma indicasse piuttosto una reazione d'orgoglio.

"La sola vista dei devastatori nemici che attraversavano liberamente le terre degli invasi era considerata di per sé una violazione tanto dell'intimità individuale quanto dell'orgoglio municipale". Ancora: *"le battaglie tra opliti erano scontri tra piccoli proprietari terrieri che cercavano di comune accordo di limitare la guerra (e quindi il massacro) a un'unica, breve occasione, pure spaventosa."* (V. D. Hanson, *"L'arte occidentale della guerra"*, Garzanti Libri S.p.a., Milano 2001. pp. 24 - 25).

Il discorso vale anche per il periodo da noi trattato e per il Lazio antico: gli eserciti non erano costituiti da soldati di professione, ma da guerrieri che altri non erano che gli stessi allevatori e contadini che, vedendo minacciato il proprio sostentamento, impugnavano le armi. Ecco perché la morte in un unico scontro glorioso era preferita a una lenta agonia data dalla fame oltre che alla prostrazione dello spirito per le ferite dell'orgoglio nel vedere nemici devastare il lavoro di una vita.

La capitale non gli avrebbe mai perdonato una politica di aggressione militare aperta, contraria all'interesse comune.

Egli aveva avuto ordine dalla madrepatria di insediarsi in un nuovo centro abitato per farlo prosperare, non certo per attaccare gli altri villaggi latini! Si era ancora lontani dalla teorizzazione di una guerra giusta e difensiva, ma nei fatti il concetto era già sentito e l'opportunità politica voleva che ci si comportasse in quel modo.

Il primo re comunque non dovette attendere a lungo: non appena ebbe notizia da qualche contadino residente nelle zone periferiche delle prime razzie ai campi, uscì dalle mura in forze.

Che gran giorno!

Il figlio di Marte marciava alla testa dell'esercito schierato al completo.

Il primo scontro della sua città, la prima battaglia da re.

Del resto, non aveva già da settimane lui stesso progettato il tutto?

Sterminate le prime bande di predoni incontrate sul loro cammino, gli uomini di Romolo passarono al contrattacco e continuarono la loro avanzata sino a Caenina.

Perché limitarsi al contenimento?

Sangue per sangue, tanto valeva, a quel punto, prendersi tutto.

La città latina, antica colonia di Alba Longa, fondata tramite una primavera sacra ordinata addirittura da Silvio, figlio di Enea e Lavinia, era sfornita di mura.

Re Acrone si fece trovare in assetto da battaglia con i suoi guerrieri allineati al confine.

Si facesse pure avanti, colui che si spacciava per il figlio di un dio!

Avrebbe avuto ciò che si meritava, in campo aperto, senza tattiche a sorpresa o inganni.

Romolo rimase impressionato dal valore del suo avversario, che aveva deciso di contrapporglisi con le sue sole forze.

Il figlio di Rea Silvia fermò all'ultimo momento i suoi, già pronti a lanciarsi nella folle corsa che avrebbe aperto le ostilità con il primo devastante impatto, e si fece avanti, scortato dal fedele Osto Ostilio.

Avanzò, senza timore di venire colpito da qualche giavellotto scagliato nonostante l'alt ordinato anche dal suo rivale ai propri uomini.

Quando fu a breve distanza dal nemico, propose il duello.

Una battaglia tra eserciti, argomentò, sarebbe finita in un inutile massacro. Poiché Acrone aveva dimostrato di essere un uomo valido e coraggioso, potevano risolvere la questione tra loro, misurandosi direttamente in un corpo a corpo.

Una sfida tra eroi.

Se l'avesse spuntata Romolo, la città e l'esercito avversario gli sarebbero stati consegnati senza ricorrere alla violenza.

Se, al contrario, vincitore ne fosse uscito Acrone, Roma si sarebbe impegnata a restituire le donne rapite (almeno, quelle di Caenina…) e avrebbe stipulato un patto di non belligeranza con la città, offrendole anche un risarcimento e un'alleanza militare.

Acrone accettò: egli non temeva il figlio di Marte ed era sicuro dei propri mezzi.

Bastarono pochi secondi al primo re per avere la meglio sullo sfidante: Acrone ruzzolò nella polvere, la gola tagliata da un'abile e rapidissimo colpo di spada[48].

L'orgoglio del signore di Caenina si era dissolto nel vento, insieme alla sua esistenza terrena.

Visto il proprio comandante sconfitto, l'esercito ceninese fu mosso da un collettivo, incontenibile, moto di rabbia. Quegli uomini rimasti privi di guida, si gettarono in modo disordinato contro i Romani.

Come il loro signore, vennero sbaragliati al primo tentativo, in un unico repentino scontro.

I superstiti non poterono far altro che arrendersi, confortati dalle parole di Romolo, il quale promise che, nel rispetto del patto siglato con Acrone, non avrebbe fatto del male né a loro né e ai loro cari.

I Ceninesi non poterono fare altro che sottomettersi al loro nuovo monarca e abbandonare le proprie abitazioni diventando soldati, allevatori, fabbri e contadini romani.

Caenina cessò per sempre di esistere[49], mentre Roma guadagnò nuovi guerrieri, cittadini e territori.

---

[48] Nulla sappiamo in ordine al combattimento tra i due capi, se non che Romolo ebbe la meglio su Acrone.

[49] Non conosciamo l'ubicazione di Caenina. Fu cancellata dalla Storia, tanto che gli archeologi non sono neppure concordi sulla sua esatta collocazione.

Il primo re, tornato in patria, per festeggiare la brillante spedizione
salì su un carro trainato da quattro cavalli e sfilò davanti ai suoi
cittadini. Recava con sé le spoglie di Acrone: le avrebbe seppellite
sul Campidoglio.
Fermatosi davanti alla sacra quercia dei pastori, Romolo stabilì che
in quel luogo sarebbe sorto il tempio di Giove Feretrio, inizialmente
niente più che una capanna con davanti un altare di pietra.
Durante la cerimonia inaugurale, primo "trionfo" della storia militare
romana, il figlio di Marte proferì queste parole.

- Io Romolo, re vittorioso, offro a te, Giove Feretrio, queste armi
regie. Questo tempio sarà dedicato alle vittorie di coloro che
verranno dopo di me e porteranno qui le armature regali, sottratte a
re e comandanti, uccisi in battaglia. –

Antemnae e Crustumerium: due destini segnati

Mentre la cittadinanza era distratta da questa inedita cerimonia, Antemnae, decisa a cogliere il nemico di sorpresa, inviò alcuni gruppi di bellicosi razziatori ai confini del territorio dell'Urbe.

Romolo era stato previdente e aveva lasciato di guardia uno dei suoi tre comandanti supremi, Osto Ostilio.

Quando il primo re venne a sapere che era stata domata una nuova incursione, decise di mobilitarsi il prima possibile per avere ragione anche di Antemnae.

Il villaggio, di origine addirittura aborigena, era situato poco distante da Roma, tra i fiumi Aniene e Tevere (da qui il nome *ante amnes*, ovvero "davanti ai fiumi").

Giunto fuori dalle mura (Antemnae a differenza di Caenina era fortificata) il fondatore incitò, con un tremendo urlo di battaglia, i propri uomini e ordinò l'assalto.

Lo scontro fu vinto dai Romani senza troppa fatica; la loro forza era schiacciante rispetto a quella degli avversari, i quali si ritrovarono inferiori di numero, male equipaggiati (Romolo guardava con ammirazione al mondo etrusco e acquistava dai vicini armi, in particolare scudi, meglio forgiate e più resistenti) e meno avvezzi alla lotta.

Anche questa volta il figlio di Marte decise di risparmiare la popolazione, a patto che tutti accettassero di diventare cittadini romani.

La scelta non fu dettata da clemenza, ma dal calcolo utilitaristico: l'interesse del fondatore era sempre lo stesso, ovvero accrescere la popolazione del proprio regno[50].

Roma era risultata vittoriosa per la seconda volta, aveva annesso altri territori e aveva raddoppiato i suoi abitanti, aggiungendo alla sua popolazione oltre tremila nuovi residenti.

I fasti di quell'anno recitarono: "Romolo, figlio di Marte, re, trionfò per la seconda volta, grazie alla vittoria sugli abitanti di Antemnae".

---

[50] Tito Livio narra che fu Ersilia, la più bella delle ragazze rapite, tenuta da Romolo per sé affinché ne diventasse la compagna, a intercedere perché i cittadini di Antemnae venissero risparmiati.

Ebbro di successi, il nostro decise a quel punto di attaccare subito anche il terzo villaggio che aveva patito il rapimento di alcune sue abitanti, ovvero Crustumerium.

La città, situata sempre nei pressi del Tevere, vantava una lunga tradizione e si fregiava, come Caenina, della diretta discendenza da Alba Longa, essendo stata una delle prime colonie, fondata da Latino Silvio.

I Crustumerini, i quali avevano saputo quanto era accaduto ai Ceninesi e agli Antemnati, poco convinti dei propri mezzi, si arresero ai Romani al primo assalto, consegnando il villaggio in cambio della possibilità di potersi stabilire nell'insediamento di Romolo. Al primo re non parve vero: aveva ottenuto ciò che voleva senza quasi combattere.

Le fertili terre di Crustumerium passarono quindi a Roma, che vide il suo territorio triplicato dopo appena pochi anni dalla fondazione.

Caenina, Antemnae e Crustumerium: tre antiche città latine erano cadute. Roma aveva giocato in attacco e si era impadronita di altre colonie nate dalla medesima madrepatria, dimostrandosi la cellula impazzita pronta a distruggere l'intero organismo, fagocitandolo.

Romolo e i suoi, del resto, non si sentivano più Latini.

Si consideravano semplicemente Romani.

Quella che nell'intenzione di Numitore avrebbe dovuto essere, come da tradizione, una semplice colonia di Alba Longa, invece di prosperare in pace con gli altri centri latini e poi creare per gemmazione a sua volta nuove comunità tramite delle sue "primavere sacre", aveva stravolto il secolare processo attaccando da subito altri villaggi.

Il concetto stesso di "colonizzazione" iniziò a mutare di significato e non si doveva più intendere soltanto come la nascita di una nuova cittadina semi indipendente o confederata con altre preesistenti, sorta in un luogo vergine grazie all'immigrazione di persone provenienti da centri divenuti troppo popolosi.

CAPITOLO IV
ROMOLO, IL DIO

Tito Tazio, la belva di Cures

4° ab Urbe condita

Tito Tazio, durante tutti i mesi in cui Roma era stata impegnata a guerreggiare con i vicini, era rimasto in disparte, a Cures.
Aveva ritenuto preferibile consolidare la posizione presso il suo popolo, facendosi nominare comandante di un gruppo di villaggi sabini. Un grande esercito confederato era infatti pronto a marciare, ai suoi ordini, su Roma.
Tuttavia, il lasso di tempo trascorso, se da un lato aveva rafforzato la posizione in politica interna del signore di Cures, dall'altro aveva permesso a Romolo di conseguire importanti successi.
In primo luogo, perché l'Urbe non si era messa a sterminare i propri nemici ma li aveva risparmiati e accolti tra le sue fila, arrivando a raddoppiare i propri guerrieri.
Secondo, poiché il figlio di Marte aveva disposto che Roma venisse meglio fortificata, allungando la cinta muraria e rafforzando la parte originaria, tracciata durante la fondazione.
Inoltre, il primo re si era premurato di fornire di avamposti e rocche i punti più vulnerabili a un'ipotetica invansione, come il Campidoglio e l'Aventino.

Tito Tazio si rese conto di aver atteso troppo a lungo: se fino a qualche mese prima aveva dalla sua la forza del numero, ora doveva misurarsi anche con le opere difensive e un territorio ostile.
Tentò quindi di mandare un'offerta: Roma avrebbe dovuto restituire le donne rapite, riconoscere l'indipendenza dei territori sabini e siglare un patto di non aggressione.
Erano condizioni ragionevoli, egli pretendeva solo indietro le ragazze come segno di rispetto. In fondo, Romolo aveva già ottenuto molto e l'amicizia con i Sabini poteva fargli comodo.

Perché rischiare un altro conflitto?

Il primo re rifiutò.

Non si sentiva sazio delle imprese portate a termine, anzi, era convinto di essere solo all'inizio di un glorioso regno.

Non aveva nessun interesse ad arrivare a un accordo di pace.

Rispedì al mittente l'offerta, limitandosi a replicare che le donne sabine erano ormai innamorate e contente della loro vita.

Tito Tazio non aveva altra scelta: forte del più grande esercito mai radunato sin a quel momento dal suo popolo[51] si mise in marcia contro l'Urbe.

Roma, da sola, per quanto ben armata, non avrebbe potuto reggere un simile urto. Per questa ragione, Romolo si trovò costretto a chiedere aiuto esterno, così da mettere insieme un'alleanza almeno numericamente vicina a quella avversaria.

In suo soccorso giunsero due monarchi: Numitore, che inviò milizie da Alba Longa[52] e Lucumone, signore della potente Vetulonia[53], anche lui in buoni rapporti con Romolo.

Tito Tazio, giunto ai confini di Roma, si trovò di fronte non soltanto una città fortificata ma anche un esercito nemico di poco inferiore al suo.

Il re di Cures dovette per l'ennesima volta cambiare il proprio piano d'azione: decise di ripiegare sull'astuzia e sull'inganno.

Individuò come punto d'accesso la porta della rocca situata sul Campidoglio, presidiata da una delle tre formazioni romane agli ordini di Spurio Tarpeo[54].

Tito Tazio pose l'accampamento appena fuori dal territorio romano.

---

[51] Dionigi ci parla addirittura di venticinquemila fanti e mille cavalieri ma i numeri paiono davvero esagerati.

[52] A dimostrazione del fatto che, nonostante il primo re avesse preso con le armi tre città latine, suo nonno (o colui che aveva ereditato il trono) continuava a mantenere ottimi rapporti con Roma.

[53] Vetulonia era l'antico nome di Castiglione della Pescaia.

[54] Le fonti, da Tito Livio a Plutarco a Dionigi, sono concordi sull'episodio. Non abbiamo notizie precise su Spurio Tarpeo, ma possiamo ipotizzare fosse uno dei personaggi più rilevanti dell'Urbe, tanto da essere probabilmente uno di quei tre prediletti dal re, posti al comando dell'esercito, ai quali si era accennato qualche paragrafo fa.

Doveva calibrare molto attentamente la sua prima mossa: sapeva che un attacco diretto alla rocca avrebbe portato inevitabilmente a una sconfitta.

I timori del Sabino erano fondati poiché Tarpeo poteva resistere quel poco che bastava per permettere a Romolo e ai suoi di convergere con tutte le proprie forze sul Campidoglio.

L'inferiorità numerica romana, pari a circa cinquemila unità, sarebbe stata facilmente colmata dalla posizione fortificata, dalla ferocia dei combattenti, dall'esperienza dei soldati di Alba e dalla maggior qualità delle armi dei guerrieri di Vetulonia.

Tazio, per uscire dalla situazione di stallo che si era creata, decise di ricorrere all'inganno.

Individuò nella figlia del comandante Spurio Tarpeo, di nome Tarpea, la possibilità di sorprendere i nemici.

Fu semplice per il re nemico venire a sapere che la giovane era nota per la sua brama di ricchezze e la sua frivolezza.

Tito fece di tutto per poterla incontrare e indurla al tradimento. Tarpea, evidentemente sensibile al fascino di gioielli, nella lavorazione dei quali i Sabini erano molto abili, cadde nel tranello, fissando il prezzo del suo aiuto.

Il compenso richiesto l'avrebbe fatta diventare una delle donne più ricche del mondo: ella si offrì di rubare le chiavi della porta d'accesso e consegnarle ai nemici in cambio di "ciò che tutti i guerrieri di Cures portavano sul braccio sinistro".

Oltre venticinquemila anelli e bracciali in materiali preziosi.

Una somma altissima e pagabile all'istante.

Poche sere dopo, approfittando dell'assenza del padre, la fanciulla aprì la porta ai Sabini, permettendo loro l'ingresso.

Si fece da parte, lasciando passare i primi silenziosi guerrieri, ma non appena si trovò davanti Tito Tazio, protese un braccio, per arrestargli il passo.

Guardandolo negli occhi senza timore gli indicò un carretto sistemato poco distante.

- Grande signore, ho fatto la mia parte.

So di aver tradito la patria, gli amici, la famiglia.

L'ho fatto perché ho un sogno: voglio andarmene da questo posto.
Mi piacerebbe partire, di nascosto da mio padre, e trasferirmi a Veio
o a Tarquinia.
Là, le donne vivono più libere e sono padrone di decidere della loro
sorte al pari di un uomo. Ho sentito che possono bere quanto vino
desiderano, partecipare a feste, persino viaggiare senza chiedere il
permesso a nessuno.
Ho bisogno di guadagnare molto per andarmene.
Ora posseggo una fortuna, giusto?
Bene, noi due abbiamo fatto un accordo, che adesso è tuo compito
onorare.
Dammi ciò che mi spetta, e non sentirai mai più parlare di me. -
Tito Tazio ascoltò in silenzio.
Poi afferrò il polso della fanciulla e lo premette contro la corazza, sul
petto muscoloso.
- Hai tradito la tua città e il tuo stesso sangue e osi parlare a me di un
accordo da onorare?
Bene, Tarpea, e allora sia!
Dici che vuoi essere libera, che vuoi andartene da qui. Ti servono
ricchezze e mi hai chiesto tutto ciò che i miei uomini hanno sul
braccio sinistro, non è forse così?
Perfetto! Avrai esattamente ciò che desideri.
Voi, uomini, qui!
Onorate l'accordo con la traditrice e datele ciò che le spetta! –

Un gruppo di guerrieri circondò Tarpea.
Tutti alzarono la mano sinistra ridendo: mostravano il loro tipico
scudo circolare, fissato sull'avambraccio insieme a bracciali e anelli.
Colpirono.
L'ambiziosa fanciulla romana svenne dopo i primi urti, inferti sul
capo.
I bruti non si fermarono.
Ogni soldato che passava le sbatteva sul corpo lo scudo con violenza,
fino a che l'agonia terminò e la figlia di Spurio esalò l'ultimo
respiro.
Quel corpo che sognava di indossare aderenti vesti etrusche e di
passare indimenticabili nottate d'amore tra le braccia di avvenenti

ricchi giovanotti, era ridotto a un cumulo informe di carne, ossa rotte e sangue.
Il massacro della poveretta si consumò ai piedi della rupe che prese poi il suo nome.
Dalla cima del *Saxum Tarpeium*, da quel momento, i Romani avrebbero gettato tutti i condannati a morte per tradimento contro la patria.

Romolo si trovava nei guai: l'esercito nemico era entrato in città e aveva preso il controllo della rocca.
I Sabini, tornati in posizione di vantaggio, avrebbero ora potuto attaccare battaglia beneficiando a loro volta di una posizione fortificata.
Quella notte i Romani non poterono far altro che osservare i bagliori dei fuochi, ascoltando terrorizzati i primordiali canti modulati in una lingua appenninica dimenticata, mentre il loro bestiame veniva immolato alla spietata dea sabina Vacuna.

Mezio Curzio, il più grande eroe sabino

Quando Romani e alleati si schierarono davanti al Campidoglio, pronti a contrattaccare con tutta la potenza di cui disponevano, non erano trascorse che poche ore dalla disfatta subìta dagli uomini di Spurio Tarpeo.

Fu la prima di due battaglie, combattute in due giorni consecutivi e intervallate da una notte spesa a recuperare i corpi dei caduti più che a riposare, tante erano state le perdite sofferte da entrambe le fazioni.

L'esercito di Roma stava trionfando sulle ali (Romolo sulla destra e Lucumone sulla sinistra) ma non riusciva a sfondare al centro, dove si era posizionato Mezio Curzio, comandante supremo di Tito Tazio e noto a tutti per la sua fama di abile combattente.

Risultarono inutili anche gli sforzi profusi da un altro formidabile uomo d'arme, il già citato Osto Ostilio; non un soldato qualunque ma niente meno che uno dei tre capitani fidati di Romolo.

Osto combatté con tanto valore da guadagnarsi l'immortalità concessa a pochi dalle Muse, ma alla fine cadde dopo uno scontro sanguinario proprio contro Mezio Curzio.

Venuto meno un baluardo della difesa come il padre della *gens Ostilia*, l'esercito alleato cedette e si aprì nel mezzo, permettendo ai Sabini di sfondare e seminare il panico tra i Romani.

Romolo, al fine di contenere l'urto, dovette abbandonare l'ala destra per fiondarsi al centro.

Mezio, fiducioso dei suoi mezzi dopo una giornata tanto gloriosa, non ci pensò due volte e, appena intravide il re di Roma attraversare il campo, spronò il cavallo nella sua direzione: ne nacque un duello straordinario tra contendenti di pari valore.

O quasi, poiché Romolo, dio della guerra, riuscì infine a infliggere al nemico una profonda ferita, tanto da costringerlo a ritirarsi.

Mezio Curzio, approfittando di un momento di distrazione dell'avversario, rimontò a cavallo, coperto dal sangue suo e dei nemici uccisi, e si diresse fuori dalla pugna.

Il fondatore si limitò a guardarlo andare via: il suo contendente era malridotto e stava avventurandosi in una zona già paludosa prima che le abbondanti piogge di quei giorni la rendessero addirittura impossibile da attraversare.

Il braccio destro di Tito Tazio, l'eroe sabino che aveva da poco aggiunto Osto Ostilio alla sua gloriosa lista di uccisioni, sembrava ormai spacciato né si era accorto che stava per finire in una trappola mortale di melma e fango.

Così, il primo re, riordinato lo schieramento, poté tornare a organizzare le milizie al centro, mentre Mezio Curzio affondava come previsto nel fango insieme al suo cavallo.

Intanto, la battaglia continuava a infuriare su ogni lato, con numerosi capovolgimenti di fronte.

Romolo era già tornato all'ala destra ma, sfinito dagli sforzi fisici e provato dalle numerose ferite, ebbe un mancamento dopo che fu centrato in pieno da una grossa pietra, scagliata chissà da chi.

Venne subito circondato dai suoi fedelissimi e trascinato fuori dalla mischia.

Lucumone, in questo intervallo di tempo, era riuscito a contenere i Sabini sulla sinistra, ma aveva pagato con la vita, trafitto al fianco da un giavellotto.

Morti Ostilio e Lucumone, con Romolo fuori dei giochi, l'esercito di Roma, Alba Longa e Vetulonia iniziò a perdere terreno, tanto che venne schiacciato all'indietro contro l'esterno della cinta muraria del Palatino.

Il nemico si trovava a un passo dall'entrare nel cuore dell'Urbe.

Mentre accadeva tutto ciò, a poche centinaia di metri, dal fango delle paludi, riemergeva, come un'oscura reincarnazione della dea sabina della terra Opi, il grande Mezio Curzio.

Romani Quiriti

Mentre le paludi vomitavano l'eroe sabino, Romolo riacquistava i sensi.

Resosi subito conto del fatto che i suoi uomini stavano battendo in ritirata, alzò le braccia al cielo e supplicò a gran voce la più famosa delle divinità.

- Immenso Giove! Ho fondato Roma sul Palatino, seguendo la tua volontà. Adesso, i Sabini, che sono già riusciti a conquistare la rocca del Campidoglio con l'inganno, stanno per arrivare sin qui.

Fermali, o grande padre degli dèi!

Infondi ardore nei cuori dei miei uomini e allontana i nemici da queste mura!

Io ti prometto che, dopo la vittoria, ergerò un tempio in tuo onore.

Un tempio dedicato a Giove Statore, colui che può permetterci di resistere e arrestare l'avanzata del nemico! -

Romolo, terminata la preghiera, prima si rivolse ai suoi guerrieri, infondendo in loro rinnovato coraggio, poi si gettò di nuovo nella mischia.

Il suo furore venne interrotto pochi minuti dopo, quando si accorse del panico scoppiato tra le fila dei suoi sudditi.

C'era chi urlava ai compagni di fuggire, poiché i Sabini la sera prima, con quegli spaventosi canti rituali, dovevano avere risvegliato un qualche antico dio, spuntato dal suolo per condurli alla vittoria.

Quella che nell'angoscia e nella confusione della mischia era stata scambiata per una mostruosa divinità della terra, altri non era che Mezio Curzio, interamente ricoperto di fango.

L'eroe, redivivo e alla guida di un manipolo di suoi fedelissimi, stava facendo strage di Romani e avanzava minaccioso verso il primo re.

- Forza, seguitemi!

Guardateli, coloro che consideravamo ospiti e invece non erano degni della nostra fiducia!

Vinciamoli una volta per tutte, questi nemici imbelli!

Hanno capito finalmente che un conto è rapire delle giovani vergini, un altro vedersela con degli uomini! -

Romolo, con i migliori tra i suoi guerrieri, resistette all'urto del nemico e il Sabino perse quest'ultima battaglia.

Mezio non morì[55] ma i suoi guerrieri, vistisi perduti, si dispersero, consegnando di fatto il campo agli avversari.

Nonostante quest'ultimo scontro, la guerra non era ancora finita poiché Tito Tazio rimaneva asserragliato sul Campidoglio.

In entrambi gli schieramenti iniziava a serpeggiare il malcontento a causa delle numerose perdite in termini di vite umane, e ci fu chi propose di parlamentare per trovare un accordo.

I senatori, in particolare, suggerirono al proprio re di utilizzare le ragazze rapite come ambasciatrici per tentare di siglare una pace.

Il giorno seguente, quando gli eserciti tornarono in campo pronti a misurarsi nuovamente fuori dalle mura, trovarono ad attenderli le Sabine, guidate da Ersilia, che parlò a nome di tutte.

Ella si rivolse agli uni così come agli altri, appellandosi all'amore che lei e le sue compagne provavano come figlie, sorelle ma anche mogli. Perché, se da un lato esse sentivano la mancanza dei propri familiari, dall'altro avevano iniziato ad amare i propri mariti.

Incredibilmente, infatti, i rapitori si erano rivelati pieni di attenzioni, nobili d'animo, rispettosi.

Inoltre, alle fanciulle, vivere a Roma piaceva e non avevano più intenzione di tornare a Cures.

Ma la guerra andava fermata a ogni costo, continuò Ersilia, e lei e le sue compagne si sentivano in dovere di sacrificarsi, se necessario. Pertanto, terminò la donna di Romolo tra i singhiozzi delle altre sventurate, se proprio non si fosse trovata una soluzione, loro avrebbero offerto la vita per fare in modo che quell'inutile strage di affetti si fermasse.

Quando Ersilia ebbe finito di pronunciare l'ultima parola, sfoderò da sotto la veste un pugnale e se lo puntò tra i seni.

Immediatamente, anche tutte le altre ragazze fecero lo stesso.

I comandanti dei due eserciti intervennero per fermarle e ordinarono ai propri soldati di ritirare le armi, così come le fanciulle avevano messo via i pugnali. I tempi erano maturi perché i due re discutessero faccia a faccia, in cerca di un accordo.

---

[55] Le fonti non danno atto della morte di Mezio Curzio ma solo della sua sconfitta.

Romolo fu ben felice che l'espediente del senato avesse portato buoni frutti. Il fondatore stava rischiando di veder svanire il suo sogno: il fiore della gioventù romana era stato ancora una volta più che dimezzato dalle spade e dalle lance nemiche.

Anche Tito Tazio si sentì sollevato dalla possibilità di parlamentare, specialmente dopo la sconfitta di Mezio Curzio. Nonostante questo, egli si presentò all'incontro sicuro di sè: era ancora l'invasore e non aveva alcuna intenzione di farsi manipolare dal figlio di Marte.

Quando la riunione terminò, venne annunciato a tutti cosa era stato deciso, per punti.

In particolare:

1) Roma sarebbe continuata a esistere con lo stesso nome e gli stessi confini;

2) i suoi abitanti si sarebbero chiamati d'ora in avanti Romani Quiriti, poiché al popolo romano si sarebbero potuti aggregare tutti gli abitanti di Cures che lo avessero desiderato;

3) il governo centrale sabino sarebbe stato trasferito a Roma, perché Tito Tazio non si considerava più il comandante della federazione con la quale aveva attaccato l'Urbe ma monarca di Roma, insieme con Romolo, con pari poteri;

4) la cittadinanza sarebbe stata divisa in trenta Curie, che avrebbero preso il nome da trenta delle donne sabine rapite, ora non più contese ma anzi elemento di unione tra i due popoli.

Alcuni Sabini non furono d'accordo con i termini dell'accordo e vennero lasciati liberi di tornare a Cures o ai propri villaggi di provenienza, mentre altri accettarono di buon grado la nuova patria. Mezio Curzio decise di rimanere, tanto che gli venne dedicata la zona paludosa dalla quale era miracolosamente riemerso, d'ora in avanti chiamata "lago Curzio".

Divennero Romani Quiriti anche altri importanti personaggi del seguito di Tito Tazio come Valerio, Voleso e Tallo[56] i quali pretesero

---

[56] Ci dà questa informazione Dionigi ma non sappiamo niente di questi personaggi di spicco sabini, mai menzionati altrove. Mi piace immaginare che due di essi, oltre a esponenti della nobiltà, fossero stati anche comandanti militari delle ali dello schieramento di Tito Tazio. Su Mezio Curzio si è già detto nella precedente nota,

che tutte le famiglie nobili sabine fossero annoverate nel numero dei patrizi, facendo di conseguenza posto in senato all'arrivo di nuovi consiglieri.

I senatori vennero raddoppiati di numero[57] e furono istituite ben tre centurie di cavalieri chiamati *Tities* in onore del re sabino, *Ramnes* in onore del re romano e *Luceres*, forse in onore del signore etrusco Lucumone, morto in battaglia, a testimonianza che molti degli alleati, tra cui parte degli abitanti di Vetulonia, decisero di cogliere l'occasione e diventare Romani Quiriti.

La rinnovata città si estese ulteriormente, inglobando altri due colli, il Celio, posto accanto al Palatino, che venne assegnato a Romolo e il Quirinale, che venne assegnato a Tito Tazio insieme al Campidoglio, luogo rimasto come suo quartier generale ed eletto sede della dimora regale.

Romolo stava pagando un prezzo altissimo: quella diarchia che, solo pochi anni prima era sembrata una soluzione inaccettabile e che aveva portato alla morte del fratello Remo, adesso veniva percepita come inevitabile.

L'Urbe aveva però ottenuto un grande risultato per la prosecuzione della sua storia: non solo non era stata distrutta o invasa dal potente nemico, ma si era rinnovata, era divenuta militarmente ancora più forte e soprattutto si era totalmente affrancata dalla pesante eredità latina di Alba Longa.

Con il termine "Romani" ormai bisognava intendere un popolo a sé stante, nato dalla fusione di varie etnie: Latini, Etruschi e Sabini.

---

tuttavia, ed è una mia licenza narrativa, mi piace immaginare che egli abbia deciso di rimanere a fianco del suo re.

[57] Livio riporta che alla morte di Romolo i senatori erano cento, Dionigi, duecento. Dobbiamo ritenere che i consiglieri fossero dunque cinquanta in origine e Romolo li abbia portati a cento per compiacere Tazio? O erano cento e li portò a duecento? Potremmo anche ipotizzare che l'inimicizia del fondatore con i *Patres* sia sorta in questo momento, nel caso egli, per tenere il numero invariato di cento, abbia obbligato cinquanta dei suoi originari consiglieri a lasciare il posto ai nuovi arrivati.

Il caso degli ambasciatori laurentini

4° - 9° ab Urbe condita

Romolo e Tito Tazio condussero insieme, durante i loro cinque anni di governo in comune, una spedizione militare contro Camaria, sito risalente addirittura agli Aborigeni.

I Quiriti presero le armi in seguito ad alcuni saccheggi avvenuti a opera di bande di predoni provenienti dal secolare insediamento. Non furono tanto le razzie in sé a far adirare i Romani, ma l'ostinazione da parte dei governatori della città aborigena nel non voler restituire il maltolto e punire i colpevoli delle aggressioni.

L'imponente esercito condotto dai due re, che poteva contare su soldati del calibro di Mezio Curzio, ebbe ragione degli avversari in soli tre giorni.

Fu una guerra tanto veloce quanto redditizia: chi aveva apportato il proprio contributo riportò a casa un grande bottino e la cittadinanza tutta guadagnò un ulteriore territorio oltre a quattromila nuovi abitanti.

Per la "componente romana" dell'Urbe si trattò di un'operazione come altre già portate a termine in precedenza, volta al consolidamento della propria supremazia tramite "inclusione" dei vicini.

Per quella sabina fu invece un'occasione per eccedere in violenze a danno della popolazione latina sparsa su tutto il territorio, anche nelle zone limitrofe al teatro di battaglia.

Non a caso, pochi giorni dopo, si presentarono a Roma degli ambasciatori provenienti da Laurentum: stavolta era Romolo a dover rendere conto di beni illegittimamente sottratti, di bestiame trucidato, di donne violentate e di innocenti uccisi dai "suoi" guerrieri nei giorni successivi al saccheggio di Camaria.

Il primo re, messo davanti all'evidenza, non poteva insabbiare quanto accaduto né evitare di assumersi delle responsabilità; vero che egli si era da subito emancipato dall'eredità latina, ma Laurentum rimaneva pur sempre una diretta antenata di Alba Longa e quindi di Roma, oltre che la madre di Lavinium, sede dei Penati Pubblici e luogo di molte importanti cerimonie religiose romane.

Inoltre, astuto com'era, il fondatore comprese subito che gli si stava presentando l'irripetibile occasione di mettere in cattiva luce il suo coregnante.

Accolse le rimostranze degli ambasciatori e inviò un messaggero sul Campidoglio con il compito di riferire a Tito Tazio quanto veniva contestato. Il Sabino, ritenuto responsabile, avrebbe dovuto sistemare l'incidente diplomatico consegnando ai Laurentini gli uomini accusati.

La riposta di Tito Tazio fu di sdegno assoluto: come poteva permettere, Romolo, che una popolazione straniera amministrasse la giustizia romana? A suo parere solo e soltanto i Quiriti potevano prendere provvedimenti contro i propri concittadini.

I Laurentini, informati da Romolo dell'irremovibilità del suo associato al trono, mostrarono grande disappunto e decisero di ripartire per discutere ulteriormente la questione in patria.

La posizione diplomatica di Roma era in precario equilibrio ma gli uomini di Tito Tazio, già responsabili degli stupri e dei saccheggi riuscirono ad aggravarla ulteriormente.

Essi seguirono di nascosto gli ambasciatori e, fuori città, attesero che questi si fossero accampati per riposare.

Poi li assalirono.

I più rimasero uccisi ma alcuni riuscirono miracolosamente a mettersi in fuga e far perdere le proprie tracce nella boscaglia.

Poco tempo dopo giunse un'altra ambasceria per informare Romolo di quanto era accaduto: stavolta era stata violata una legge sacra e c'erano i termini affinché si dichiarasse guerra a Roma.

Poteva e voleva, l'Urbe, affrontare tutti i maggiori centri latini, guidati da Alba Longa?

I tempi erano prematuri e, imbarcarsi in un simile conflitto, il figlio di Marte lo sapeva bene, sarebbe stata una follia.

Non restava che chiedere perdono.

Romolo costrinse Tito Tazio ad accettare di recarsi, al fine di rinsaldare il rapporto con gli offesi, a Lavinium. Lì avrebbero tentato di comporre la questione con sacrifici alla presenza anche di una delegazione laurentina.

Il signore di Cures era perplesso: bastava davvero immolare qualche animale per sistemare la questione?

A ogni modo, partì.

Giunto sul posto, iniziato il rituale, il Sabino venne invitato a posizionarsi al centro della piazza, per essere visto da tutti e poter così fungere da officiante al rito.

Si trattava di una trappola: Tito Tazio non fece in tempo ad avvicinarsi all'altare che scoppiò un tumulto tra la folla dei presenti. Egli, preso alla sprovvista, disarmato, venne spintonato da spalle e braccia sconosciute lontano dalle proprie guardie, alla mercé del popolo. Fu un attimo: misteriosi sicari lo circondarono e lo pugnalarono a morte.

Tito Tazio moriva così, assassinato da uomini incappucciati che gli avevano teso un'imboscata in pubblico, alla luce del sole, nell'unica occasione in cui era stato vulnerabile, fuori dalla sua reggia fortificata e lontano dal suo esercito.

La colpa dell'attentato fu addossata ai Laurentini, che non fecero niente per negare, appoggiati in segreto da Romolo, che aveva approfittato della situazione per liberarsi dello scomodo alleato.

Il Sabino, quando aveva accettato di dirigersi nella città latina per partecipare all'importante cerimonia religiosa in segno di scuse, non aveva immaginato che in realtà si stava recando al patibolo, poiché la sua testa era già stata promessa agli abitanti di Laurentum.

In seguito al regicidio non ci fu alcuna reazione da parte di Roma; evidentemente si fece passare il concetto che la vendetta poteva ritenersi proporzionata all'offesa. L'Urbe non solo non dichiarò guerra a Laurentum ma anzi, rinsaldò il trattato di amicizia.

Fu un ennesimo espediente del mitico fondatore: non si spiegherebbe in altro modo come poté accadere che l'uccisione pubblica di un re romano, per di più ospite di una città straniera e intento in cerimonie sacre, venisse archiviata con tanta noncuranza.

Tito Tazio non aveva successori, se non una figlia, Tazia.

Romolo era tornato a essere unico e indiscusso signore di Roma.

Il dio della guerra

10° - 16° ab Urbe condita

Roma era di nuovo la città di Romolo: re, guerriero, semidio.

Forse fu dopo la morte di Tito Tazio che il fondatore, per legare maggiormente a sé i cittadini (anche la parte sabina) decise di dare un forte impulso all'agricoltura, testimoniato anche dal diffondersi dei culti della dea *Tellus*, la madre terra protettrice delle sementi, e di Cerere, la custode delle messi, e di assegnare due iugeri di terreno coltivabile a ciascun capofamiglia.

Tutti avevano combattuto sanguinose guerre e avevano contribuito all'espansione della città, pertanto tutti andavano ricompensati.

I due iugeri sarebbero divenuti di appartenenza della famiglia assegnataria e, insieme al bestiame, ai terreni già coltivati, alle stalle e alle abitazioni, avrebbero costituito il patrimonio familiare.

La terra passava quindi in proprietà a ciascun *pater familias* e poteva venire trasmessa in eredità ai suoi figli[58].

Nonostante la riforma agraria, il sedicesimo anno dopo la fondazione fu un periodo difficile, poiché Roma conobbe scarsità di raccolti e un'epidemia di peste.

Alcuni dei territori colonizzati e particolarmente fertili, come Crustumerium, dovettero dare un grosso contributo affinché l'Urbe sopravvivesse all'inverno, inviando in quantità scorte alimentari tramite barche condotte lungo tutto il corso del Tevere.

Fu proprio in occasione di uno di questi approvvigionamenti che alcune imbarcazioni, cariche di viveri, vennero intercettate da razziatori provenienti da Fidene, città distante pochi chilometri da Roma, nata da coloni latini provenienti da Alba Longa ma da sempre sotto l'influenza dell'etrusca Veio.

---

[58] Non si può certo dire oggi che Romolo inventò la proprietà privata, poiché tale concetto era già "sentito" dai popoli sin da quando, in fase protostorica, si passò dal nomadismo alla stanzialità. Tuttavia, possiamo pensare che egli rafforzò tale idea con le sue riforme.

I Fidenati si impadronirono di tutti gli approvvigionamenti, distrussero le barche e uccisero gli uomini che avevano tentato di ribellarsi al sopruso.

Era stato messo in atto un vero e proprio tentativo, seppure indiretto, di sabotare il potere di Romolo, già provato dalla carestia.

Approfittando della situazione di estrema difficoltà dell'Urbe, alcune famiglie della nobiltà di Camaria misero in atto una rivolta per riottenere la piena indipendenza.

Il primo re, venuto a conoscenza di quanto accaduto, convocò i suoi comandanti e partì con l'esercito laddove era avvenuto il furto.

Giunto sul posto, il figlio di Marte, scorto uno sparuto gruppo di razziatori ancora accampati, li massacrò.

Poi, deciso ad andare sino in fondo, escogitò uno stratagemma per vincere i Fidenati al primo tentativo: divise in due le sue forze e ne lasciò una prima metà, composta in prevalenza da fanti, sul luogo, nascosta nella boscaglia, agli ordini di Mezio Curzio[59].

L'altra metà, costituita in prevalenza da cavalieri, la portò con sé per assaltare le mura di Fidene.

Aveva bisogno di agilità per portare a termine il suo piano.

Cavalcato per circa un chilometro e mezzo, il re si trovò davanti alle porte della rivale, che proprio in quel momento si spalancarono, permettendo all'esercito latino di sciamare fuori, pronto a dare battaglia.

I Fidenati non erano soli ma potevano contare su rinforzi provenienti dalla città alleata di Veio.

La potenza etrusca, inquieta per i recenti successi di Roma e già in disaccordo con Vetulonia per l'appoggio datole dal defunto Lucumone pochi anni prima, aveva deciso di ostacolare ulteriori espansioni degli scomodi vicini.

Romolo era stato prima provocato e poi attirato in trappola!

Così dovettero pensare i suoi avversari mentre correvano sul campo di battaglia pronti a cozzare contro gli scudi dei Quiriti.

---

[59] Come già detto, non sappiamo se Mezio Curzio ebbe un ruolo dopo la fusione tra Romani e Sabini. Mi piace immaginarlo al posto di Osto Ostilio, a fianco di Romolo.

Non potevano immaginare che il figlio di Rea Silvia aveva in serbo una sorpresa per loro.

Le forze schierate dal figlio di Marte non potevano reggere l'impatto di Veienti e Fidenati: sul terreno rimasero duemila cadaveri romani.
Un eccidio ma anche un sacrificio necessario per la vittoria finale.
Simulando panico, Romolo ordinò la ritirata.
I sopravvissuti corsero all'indietro, i cavalli spinti al massimo. Destinazione: l'altra metà dell'esercito, appostato lungo il Tevere.
I nemici abboccarono.
Pensando che l'occasione fosse ghiotta per sbarazzarsi una volta per tutte del famigerato Romolo, si lanciarono a caccia della loro preda ferita.
Proprio come il fondatore aveva programmato!
La folle corsa terminò dopo millecinquecento metri, quando le forze fresche guidate da Mezio Curzio, che aveva nel frattempo disseminato il terreno di rovi, buche e pali acuminati, uscirono allo scoperto.
Fidenati e Veienti si impigliarono, finirono nei fossati scavati e ricoperti d'erba, caddero da cavallo colpiti dalle pietre scagliate dai cecchini nascosti nella vegetazione.
Coloro che riuscirono a superare indenni tutte le insidie vennero travolti dall'urto dei fanti romani, per essere poi finiti dai cavalieri.
Morirono in ottomila.
L'esercito di Fidene era sbaragliato, la roccaforte si trovava priva di difensori.
Il primo re marciò su essa, la dichiarò sotto il suo controllo e lasciò trecento dei suoi uomini affinché mantenessero l'ordine e spegnessero eventuali tentativi di rivolta, così che non si ripetesse quanto accaduto tempo prima a Camaria.
Ai trecento venne dato il nome di celeri: un reparto militare speciale composto da guerrieri scelti, fedelissimo a Romolo e ben distinto dai dodici littori, guardia del corpo di polizia civile, da quel momento stanziata stabilmente a Roma.

Una volta presi tutti i provvedimenti necessari all'amministrazione del territorio annesso, il conquistatore si diresse proprio a regolare i conti con Camaria.

Per la seconda volta la sottomise e, per punirla, lasciò che i soldati saccheggiassero le abitazioni di coloro che avevano organizzato l'insurrezione, giustiziando sul posto i membri più influenti della nobiltà ribelle.

Predispose una guarnigione armata con il compito di controllare la città e reprimere subito, tramite giustizia sommaria, gli atti di insubordinazione.

Infine, fece in modo che i coloni di Camaria avessero sempre un monito del suo potere e della sua presenza grazie a una grande statua, eretta al centro della piazza principale.

I Camarini avrebbero d'ora in poi sempre avuto davanti agli occhi l'effige del loro nuovo padrone, raffigurato in assetto da combattimento[60].

Romolo si considerava ormai il dio della guerra.

---

[60] Sembra collocabile in questo periodo anche la conquista del villaggio latino di Medullia, che divenne anch'esso conquista romana.

L'inizio di una rivalità secolare

17° - 18° ab Urbe condita

Il fondatore non ebbe neppure il tempo di fare ritorno alla capanna regale: gli ambasciatori di Veio lo attendevano alle porte della città, impazienti di potergli parlare.

I messi etruschi pretendevano che i celeri venissero richiamati e che Fidene fosse lasciata libera di tornare alla piena indipendenza.

La visita non solo non sortì gli effetti sperati, ma mise sull'avviso Romolo.

Nei giorni seguenti, egli si interrogò a lungo sul comportamento degli Etruschi e ogni ragionamento lo portò a ritenere che Veio stesse preparandosi a una reazione armata.

Mise al lavoro le sue spie e alla fine ebbe le prove di quanto sospettava. Decise così di anticipare le mosse del nemico e trasferì la gran parte dei suoi uomini all'interno di Fidene.

Quando arrivò l'esercito tirreno, le due forze si affrontarono in campo aperto.

Solo il calare del sole mise fine alla mattanza.

Molte furono le perdite, nessuno il vincitore.

Durante la notte Romolo fece a meno del riposo e si recò su un'altura poco distante in attesa che giungessero i rinforzi da Roma. Ancora una volta, egli aveva segretamente diviso le sue forze, così da sorprendere l'avversario al secondo scontro e sbaragliarlo.

Il re comandò ai sopraggiunti di rimanere nascosti poco distante dal campo di battaglia, in attesa del segnale: il nemico non doveva sospettare nulla.

Il mattino seguente gli eserciti tornarono a schierarsi presso le mura di Fidene.

Romolo si presentò con la metà degli uomini rispetto al giorno prima.

Pensando che i Romani non fossero riusciti a rimettere in sesto i feriti, oppure che molti fossero fuggiti o tornati a casa nella notte abbandonando il loro capo, i Veienti si gettarono nella mischia con il morale alle stelle. Entro la metà della mattinata, ne erano sicuri, avrebbero avuto la meglio sul nemico e liberato l'alleata.

I celeri mostrarono tutto il loro valore ma non bastò a evitare che molti compagni venissero massacrati dalle lame tirrene.

La superiorità del nemico era ormai schiacciante, alcuni settori dell'esercito avversario già intonavano canti di vittoria e si potevano sentire echi di risate di gioia e di scherno.

Cosa aspettava Romolo a chiamare i rinforzi?

Quando ormai sembrava tutto perduto, ecco il segnale.

Urla tremende, rumore di ferraglia e zoccoli di cavalli al galoppo: da una nuvola di polvere emerse per primo, terrificante come quando era uscito dalla palude, Mezio Curzio.

A seguire, i cavalieri.

Per chiudere, i fanti.

Centinaia.

Gli Etruschi, esterrefatti, si guardarono l'un l'altro: come avrebbero fatto ad affrontare tutti quei guerrieri?

Chi se la sarebbe vista con l'eroe sabino?

Il morale passò dalle più alte nubi del cielo ai più profondi abissi infernali in pochi istanti. I comandanti veienti non seppero che disposizioni dare e i loro sottoposti iniziarono a correre verso il Tevere, unica via di fuga per chi fosse sopravvissuto alla corrente e alla fatica.

Fu una giornata memorabile per Romolo, ma la guerra non era ancora terminata.

Pochi giorni dopo, infatti, a dar manforte ai Fidenati giunse un'altra armata, costituita non solo da Veienti ma anche da guerrieri inviati da altre città-stato etrusche.

Ci fu una terza grande battaglia, stavolta senza colpi di scena e tattiche a sorpresa.

Uno scontro di muscoli, spade, scudi e lance tra fazioni opposte.

Romolo combatté personalmente, superando anche Mezio Curzio: inarrestabile, sembrava un vero e proprio dio sceso tra i mortali.

Fu ferito più volte, ma mai in modo grave. Deve averlo ripensato più volte, Romolo, quel giorno: poteva morire? Remo era morto davvero, ma lui, poteva morire anche lui?

Alla fine, il bilancio per Veio si rivelò fallimentare: aveva perduto migliaia di uomini, armi, corazze, oltre a una quantità incredibile di vettovaglie e approvvigionamenti.

Tutto il materiale divenne il bottino dei Romani, che lo portarono a casa insieme a un alto numero di prigionieri di guerra.

Fu il più grande trionfo militare del primo re, il quale aveva mostrato a tutti i popoli vicini come la sua colonia, ormai divenuta potenza, fosse superiore a Latini, Sabini e persino Etruschi.

Era l'inizio della storica rivalità tra Roma e Veio, antagonismo che sarebbe durato ben quattro secoli.

Gli stessi ambasciatori che poco tempo prima si erano presentati con aria minacciosa dando *l'ultimatum* al fondatore bussarono nuovamente alla sua porta, stavolta chiedendo perdono per la loro impudenza oltre che indulgenza per la loro patria.

Romolo aveva battuto l'esercito di Veio, è vero, ma altra cosa sarebbe stata conquistare la città, specialmente dopo tante guerre e con i suoi cittadini così provati. Un trattato sarebbe stata la soluzione migliore per tutti.

Si stabilì così una tregua della durata di cento anni, sul modello di quella siglata secoli prima tra Ascanio e Mezenzio. Fu anche chiarito quali rotte commerciali sarebbero state esclusive degli uni e quali degli altri. Fu specificato che Fidene sarebbe rimasta romana, ma nessuno le avrebbe impedito di continuare a intrattenere rapporti commerciali e di amicizia con Veio.

Come atto di magnanimità (in realtà, come sempre, Romolo voleva sostituire i cittadini caduti in guerra per tenere almeno in pari, se non aumentare, il livello della popolazione) il figlio di Rea Silvia fece portare davanti ai messi tutti i prigionieri e permise loro di scegliere se tornare in patria o se rimanere a Roma, da uomini liberi.

Molti optarono per rimanere, e vennero ricompensati con un appezzamento di terra da coltivare[61].

---

[61] Le guerre tra Roma e Veio sono narrate in modo differente dalle fonti. Livio le semplifica, accennando solo gli episodi principali (così come Plutarco) mentre Dionigi si sofferma sui singoli dettagli, tanto che la minuzia con la quale descrive le battaglie rischia di portare una certa confusione nella comprensione degli eventi. Ho cercato di presentare una versione unitaria, senza snaturare le informazioni fornite dalle fonti ma mediando tra esse, almeno nelle parti più "oscure".

Salita al cielo

18° - 38° ab Urbe condita

In seguito alla guerra con Veio, Roma visse un ventennio di pace, durante il quale i cittadini si dedicarono alle coltivazioni, ai commerci e alle ordinarie occupazioni.

Eppure, a livello politico serpeggiava un certo malcontento, in particolare tra i senatori.

Il supremo organo di consiglio da un lato si sentiva sempre più indispensabile al governo della città, dall'altro notava come nei fatti fosse sempre meno valorizzato dal monarca.

Vari possono essere stati i motivi che nel tempo incrinarono il rapporto tra le due massime autorità. Sicuramente un forte strappo avvenne all'indomani della vittoria contro Veio, poiché il re aveva deciso di liberare tutti i prigionieri etruschi senza prima consultare il popolo né il senato.

Inoltre, il carattere del monarca si era fatto col passare degli anni sempre più tirannico. Egli aveva preferenza per alcune famiglie (le prime, quelle di Alba, al suo seguito sin dalla fondazione) piuttosto che per altre e non si preoccupava di palesarla anche pubblicamente. Ignorava la nobiltà sabina, che tra l'altro non aveva mai digerito la questione legata agli ambasciatori laurentini e all'omicidio del loro capo, Tito Tazio.

Romolo più invecchiava e più si sentiva un dio, incomparabilmente superiore rispetto agli altri.

Intollerabile per molti divenne anche l'amministrazione della giustizia penale, poiché il fondatore con troppa facilità faceva gettare dalla rupe Tarpea chiunque fosse sospettato, anche senza prove, di tramare contro il suo potere.

Il ventennio di pace appena trascorso, il trattato di non belligeranza di cento anni con Veio e il consolidamento dei buoni rapporti con le colonie avevano ingenerato nei *Patres* la convinzione di essere divenuti superflui agli occhi del loro capo.

Qualcuno temeva addirittura che si fosse in prossimità di sciogliere l'organo di consiglio, sempre meno necessario nella vita politica del tempo.

Romolo doveva morire.

Solo così il senato avrebbe potuto salvarsi.

Poteva essere ucciso davvero, il figlio di Marte e Rea Silvia?

Tanto valeva provarci: l'istituto dell'interregno, ovvero la possibilità di governare a turno in caso di morte improvvisa del monarca, sarebbe diventato la base della nuova costituzione, garantendo ai senatori un ruolo di assoluta centralità a Roma, maggiore di quanto ne avessero mai avuto.

Era urgente togliere di mezzo l'unico vero ostacolo, prima che qualcuno fosse nominato erede al trono[62].

I *Patres* iniziarono a tramare il regicidio, anche perché, nonostante Romolo fosse stato uno dei guerrieri più formidabili della storia italica, e nonostante vantasse di essere di stirpe divina, gli anni stavano iniziando a pesare anche sulle sue spalle. Ormai aveva superato le cinquantacinque primavere, all'epoca l'ingresso nella vecchiaia.

Il capo era diventato vulnerabile e non fu difficile trovare dei sicari che potessero, prendendolo alla sprovvista, assassinarlo, nascondere il suo corpo e smembrarlo in tanti piccoli pezzi, così da farlo scomparire nel nulla.

L'occasione si presentò all'annuale parata militare in Campo Marzio, allorché, proprio mentre Romolo stava passando in rassegna i suoi guerrieri schierati, scoppiò un'improvvisa tempesta, che fece correre tutti ai ripari.

Quando la furia del vento e della pioggia si fu placata, del fondatore non ci fu più traccia.

Scomparso nel nulla.

---

[62] A quanto ne sappiamo dalle fonti, Romolo non ebbe figli né da Ersilia né da altre donne. Come già più volte accennato, ho ipotizzato che suo primo comandante fosse Mezio Curzio (in realtà uscito di scena dai resoconti antichi dopo la guerra coi Sabini). Ma egli fu un guerriero, non un capo carismatico, quindi, alla morte di Tito Tazio ho immaginato non abbia guidato nessuna rivolta. Anzi, forse affascinato dall'abilità guerriera di Romolo era divenuto suo braccio destro. Del resto, Osto Ostilio era morto e Spurio Tarpeio probabilmente morì alla presa del Campidoglio dopo il tradimento della figlia Tarpea. Se fosse andata così, sarebbe legittimo pensare che il senato, tramando la morte di Romolo, avrebbe dovuto fare i conti con Mezio, possibile futuro re. Invece del Sabino non vi è traccia, pertanto possiamo supporre fosse premorto al primo re perché ultrasessantenne.

Terminate le ricerche senza esito, alcuni dei senatori presenti alla cerimonia, supportati da un aùgure ben pagato, dissero che il temporale non poteva essere stato casuale. Come era avvenuto per Enea e il mitico Tiberino, gli dèi avevano sicuramente riaccolto tra di loro colui che aveva fatto il suo tempo tra i mortali, per elevarlo a divinità.

Qualcuno testimoniò di aver visto, nonostante la pioggia scrosciante e la confusione della tempesta, una grande nuvola nera avvolgere il re e un turbine di vento innalzarlo in aria, facendolo volare in cielo.

Per questo il suo corpo era sparito, poiché non era più lì, ed era inutile continuare le ricerche.

Non si poteva trovare qualcosa che non c'era.

A queste parole, qualcuno sussurrò una preghiera, qualcun altro delle urla di protesta: tutte menzogne, Romolo era stato ucciso!

Si decise quindi di discutere la questione riunendo il popolo, per trovare eventuali colpevoli e punirli.

Ma la versione di Romolo asceso al cielo fu quella che prevalse, poiché in assemblea, il giorno successivo, si fece avanti uno dei nobili degni di maggior fede, un uomo di cui Romolo si fidava ciecamente: Proculo Giulio, della *gens Iulia*, che vantava di essere discendente diretto da Giulo, il figlio di Ascanio secondo al potere durante il regno di Silvio.

- Romani Quiriti qui radunati, il nostro amato re, Romolo, il fondatore di questa città, si è presentato a me questa mattina, alle prime luci dell'alba, disceso dal cielo.

Quando l'ho visto mi sono gettato ai suoi piedi, per venerarlo e adorarlo, come si deve fare con un dio.

L'ho supplicato, l'ho pregato di permettermi di guardarlo negli occhi. Egli mi ha messo una mano sul capo e mi ha risposto di alzarmi, e di venire qui, in questa assemblea, per riferirvi che gli dèi hanno comunicato a lui in persona che Roma sarà la capitale del mondo. I Romani devono continuare a coltivare l'arte della guerra, poiché nessuna potenza potrà rivaleggiare con l'esercito romano.

Proferite queste parole, Romolo è salito nuovamente in cielo. -

Tutti prestarono fede a quella testimonianza e ne rimasero profondamente colpiti.

I senatori, che secondo le malelingue si erano recati in assemblea portando nascosto nella veste ciascuno un piccolo pezzo del corpo del fondatore, smembrato in cento frammenti, vennero scagionati da qualsiasi accusa.

Quanto al defunto, da quel momento fu venerato come una divinità, con l'appellativo di Quirino.

Il sogno di Romolo alla fine si era realizzato: il 5 luglio del trentottesimo anno dalla fondazione, qualsiasi fosse stata la sua vera fine, per tutti era diventato un dio.

CAPITOLO V
NUMA POMPILIO, IL RE INVIATO DAGLI DÈI

L'interregno

39° ab Urbe condita

Nei primi decenni dopo la fondazione, l'organizzazione politica dell'Urbe fu primitiva, con il potere accentrato nelle mani del monarca, capo mitico che si era autoproclamato attraverso la forza bruta, l'intelligenza e il carisma.

Un re, unico e solo rappresentante della legge e della volontà divina, circondato dai padri delle famiglie più importanti.

Eppure, qualcosa in questo modello non funzionò del tutto, altrimenti non si potrebbe comprendere il tentativo, dopo neppure mezzo secolo, di instaurare una nuova forma di amministrazione del potere pubblico.

Perché di quello si trattava: cento senatori si erano divisi il "sacro corpo di Romolo" e quindi il suo potere.

Ciascuno ne aveva presa una piccola parte.

I *Patres*, anticipando clamorosamente i tempi, avevano forse già sentore di quello che sarebbe accaduto in futuro, ovvero che la cittadinanza romana sarebbe divenuta contraria alla gestione del potere da parte di un solo uomo? O il senato, semplicemente, bramava un proprio governo non limitato dalle bizze di un'autorità superiore?

Qualsiasi fosse la ragione che mosse i senatori, essa non fu abbastanza salda da impedire che i capi delle famiglie più in vista si trovassero sin da subito in disaccordo tra loro su come esercitare la funzione di *interregnum*.

Del resto, come si poteva comandare in cento dove prima comandava uno solo?

Dopo lunghe discussioni si decise che tutti i *Patres* avrebbero regnato a turno. Dieci alla volta, consigliati dagli altri novanta.

Le insegne del potere (la *sella curulis*, la toga *pretexta* e i dodici littori) sarebbero state portate da un singolo senatore appartenente al decemvirato in carica per cinque giorni, a rotazione.

Eppure, questo complesso meccanismo non piaceva alla cittadinanza, che si vedeva non solo assoggettata a cento padroni invece che a uno solo, ma temeva di perdere di autorevolezza in politica estera: la fama di Roma si era retta sino a quel momento in gran parte sulla paura che i vicini avevano di Romolo.

Senza un capo forte, un indomito guerriero inviato sulla terra dagli dèi, il rischio di essere attaccati era dietro l'angolo.

Inoltre, si mormorava nel Foro ogni giorno, chi aveva stabilito che il senato dovesse reggere Roma da solo? L'interregno era nato come misura emergenziale per passare da un re a un altro, non poteva essere snaturato in questo modo.

I *Patres* capirono che stavano perdendo il favore del popolo e l'esperienza di governo durò solo un anno.

I comizi vennero convocati e fu annunciato che, dopo lunghe discussioni interne, i senatori avevano deciso che spettava ai cittadini eleggere il rappresentante di tutti i Romani Quiriti.

Loro, i consiglieri, erano disposti ad ascoltare proposte e, qualora fosse stato fatto un nome degno di essere il successore di Romolo, l'avrebbero senza dubbio appoggiato.

Pare che il popolo, udito questo discorso, acclamò il senato stesso e gli conferì pieno potere di scegliere direttamente il re.

I Romani ribadirono la loro piena fiducia nell'organo di consiglio e dichiararono che si sarebbero limitati a eleggere la persona loro indicata, come pura conferma e ratifica.

D'ora in avanti non sarebbe stato più il senato a venire "nominato" dal monarca, al contrario; sarebbero stati i *Patres* a scegliere un capo per Roma e il nuovo eletto, di conseguenza, sarebbe stato obbligato a tenere sempre in considerazione il loro parere[63].

---

[63] Dello stesso parere è il Mommsen: "*La scelta del nuovo re è fatta dal consiglio degli anziani, al quale passa l'interregno in caso di vacanza. Un consenso puramente formale, nell'elezione del re, appartiene alla cittadinanza, subito dopo la nomina. Legalmente, il regno riposa sul duraturo collegio dei* Patres, *che per mezzo del temporaneo portatore dell'autorità insedia per la durata della vita il nuovo re. Così si tramandano gli auspici divini, coi quali fu fondata la famosa Roma, dal primo re senza interruzione ai successori, e così si conserva inalterata l'unità dello*

Il sole dell'armonia era tornato a splendere sull'Urbe ma il problema principale non era stato ancora risolto.
Chi sarebbe stato il nuovo Romolo?
La componente senatoriale sabina propose un candidato della propria stirpe. Lamentavano il fatto che, alla morte di Tito Tazio, il potere fosse rimasto in mano a un romano, in violazione del trattato siglato dopo la guerra tra i due popoli. A loro parere, quindi, si sarebbero dovuti riequilibrare i rapporti di forza con la nomina un nuovo monarca di origine sabina.
Così essi proposero un certo Velesio.
La parte romana, priva di argomentazioni valide ma contrariata dal pensiero di venire governata da qualcuno che non fosse stato presente il giorno della cerimonia di fondazione, propose quel Proculo Giulio che aveva giurato di aver visto Romolo ascendere al cielo[64].
Alla fine, per evitare di litigare e mostrarsi sin da subito indegni della fiducia accordata loro solo pochi giorni prima dal popolo, dopo

---

stato malgrado il variare dei depositari del potere". (T. Mommsen, *Storia di Roma*, Gherardo Casini Editore, Volume I, Roma 1988, pp. 72 – 73)

[64] Proculo Giulio potrebbe essere definito "l'uomo dell'anno" in quel 716/715 a. C. Appare in ben tre situazioni determinanti per gli equilibri politici dell'Urbe, ragione che potrebbe far pensare a una sua ambizione al trono. Fu un personaggio realmente mosso da brama di potere personale o un uomo giusto, interessato al bene di Roma? Se volessimo vederlo sotto una luce sinistra, potremmo farci venire il dubbio che egli avesse "coperto" i senatori con la sua testimonianza solo pochi mesi prima. Era forse complice dell'assassinio di Romolo o addirittura ne era stato il mandante, vista la sua influenza in città? Oppure era stato estraneo al delitto ma in seguito utilizzò la sua influenza come moneta di scambio con i *Patres*, riabilitati agli occhi del popolo ma sempre in fragile equilibrio?
Al contrario, si può leggere il personaggio di Proculo anche in chiave positiva. Sicuramente egli era d'accordo col senato, altrimenti non avrebbe deciso di testimoniare, ma forse non per ragioni di opportunismo. Del resto, solo una parte dei senatori proporrà la sua candidatura: questo fatto potrebbe indicare che davvero alcuni *Patres* individuarono in lui la figura giusta per ricoprire la suprema carica. Egli era pur sempre un personaggio di spicco, un oppositore del vecchio regime che si era dimostrato fedele alla causa. Quale miglior futuro re?
Un altro indizio della positività del personaggio è la sua reazione alla mancata candidatura: alla fine accettò di recarsi a Cures come semplice messo per prendere contatti con Numa insieme a Velesio. Mi pare quindi di poter ritenere che Proculo si mise servizio di Roma e non cercò di mettere Roma al suo servizio.

lunghe consultazioni, i *Patres* stabilirono che ciascuna fazione avrebbe scelto un candidato appartenente alla fazione opposta.

Tutti trovarono l'idea eccellente, anche perché avevano già individuato un sabino di proprio gradimento.

Numa Pompilio, lo studioso

Quando venne fatto il nome di Numa Pompilio, la votazione fu unanime.

Il personaggio sembrava un predestinato, aveva tutte le caratteristiche del caso. Nato a Cures, la città di Tito Tazio, nell'anno della fondazione di Roma, era considerato uno degli uomini più saggi dell'epoca.

Figlio del nobile Pomone Pompilio, aveva potuto formarsi, sin dalla più tenera età, nella filosofia, nello studio dei fenomeni naturali e nei riti religiosi, affiancato e aiutato dai migliori maestri sabini, rinomati per essere tra i più preparati e intransigenti.

Il senato inviò proprio Proculo e Velesio come messaggeri.

Quando i due giunsero presso Cures per convocare il futuro re a Roma affinché accettasse l'incarico dalle mani dei *Patres* e si facesse acclamare dal popolo, non trovarono quello che era lecito attendersi.

Numa reagì alla notizia senza alcun entusiasmo anzi, con preoccupazione. Non si sentiva la persona adatta, voleva continuare nei suoi studi senza macchiarsi di tutto quel sangue che aveva inondato i primi anni di regno.

Egli non amava combattere, non era portato per la guerra ma era consapevole di come fosse uno strumento necessario per governare. Insomma, non se la sentiva proprio di accettare la pesantissima eredità.

Cosa mai poteva avere in comune lui con Romolo o con Tito Tazio?

La sua risposta fu negativa.

- Ogni volta che nella vita si effettua un brusco cambiamento, si va incontro a un grande rischio.

Ciò vale specialmente per chi si reputa fortunato, per chi non desidera altro che quello che già ha: per quale follia un uomo in questa condizione dovrebbe cambiare vita e lasciare il certo per l'incerto?

Se penso poi a cosa porta la brama di potere…

Romolo fu sospettato di aver fatto uccidere il collega Tito Tazio.

Parliamo di qualcuno che oggi viene celebrato addirittura come figlio di un dio, scampato da bambino in modo miracoloso alla morte. Mi sapete voi dire io cosa c'entro con tutto ciò?

Sono soltanto un uomo comune, i miei genitori e i miei maestri sono in carne e ossa, non ci sono misteri soprannaturali sul mio conto.

Mi sento la persona meno adatta a regnare perché me ne sto in disparte, lontano dalla vita pubblica, con l'unico desiderio di dedicarmi ai miei studi e conversare con altri uomini incuriositi da tutto ciò che ancora non è stato svelato ma che ogni giorno ci circonda.

Non amo parlare della guerra né esercitarmi nel combattimento. Prediligo la semplice vita agreste.

Lascio Roma ai Romani e a qualcuno che possa combattere le numerose guerre che ci attendono negli anni a venire. Poiché nuovi conflitti si verificheranno, che lo vogliate o meno, dato che la città brama il predominio sulle vicine e le vicine sulla città.

Serve un comandante forte per Roma e io sarei ridicolo, con i miei discorsi sulla pace, sulla saggia amministrazione della giustizia, sui modi corretti di venerare gli dèi.

Devo rifiutare. -

Quelle parole furono un ulteriore elemento a conferma di quanto quell'uomo fosse davvero il più adatto al potere in quel momento.

Gli inviati cercarono di convincerlo a seguirli, tanto da arrivare a chiedere l'intervento dei suoi familiari, affinché li aiutassero a persuaderlo.

Furono le parole dell'anziano padre, Pomone, e di un parente, Marco Marzio, a convincere Numa almeno a presentarsi a Roma[65].

Essi fugarono i suoi dubbi esaltando le sue qualità: Numa non era stato scelto a caso dal senato, ma proprio per le sue caratteristiche. L'Urbe era sì temuta e potente in guerra, ma da vent'anni viveva in pace, dopo aver stipulato trattati con tutti i vicini.

---

[65] Plutarco, nella sua "Vita di Numa", ci riferisce che ebbe un ruolo determinante nel convincere Numa ad accettare di presentarsi a Roma anche un certo Marzio di cui non conosciamo nulla se non che era un "suo parente". Sappiamo da altre fonti che il primo pontefice massimo nominato da Numa Pomipilio fu il figlio del senatore Marco Marzio, tale Numa Marzio.
Sarei portato quindi a pensare che il Marzio di cui ci parla Plutarco sia proprio Marco Marzio, uomo influente e forse zio di Numa. La *gens* Marzia, sabina, era molto legata e molto probabilmente imparentata con il secondo re di Roma (tanto che il nipote e poi quarto re porterà il loro nome, Anco Marzio).

I Romani bramavano non un guerriero ma un saggio che insegnasse loro un intimo rapporto con la religione, mostrando nuovi riti. Qualcuno che potesse donargli un corpo di leggi per una migliore convivenza civile.

E poi, continuarono i due, Numa aveva il dovere di pensare al sacrificio di Tito Tazio e ai tanti Sabini che vivevano a Roma così come a Cures.

La nomina rappresentava una grande opportunità per la sua gente. Numa aveva il dovere di accettare. Con quale coraggio anteponeva i suoi desideri di quieto vivere al dovere sociale oltre che religioso di aiutare il suo popolo?

Numa, alla fine, si lasciò convincere e accettò di presentarsi almeno davanti al senato, per esporre le sue perplessità e conoscere le loro motivazioni.

Si incamminò in direzione dell'Urbe, scortato da Proculo e Velesio.

Non appena mise piede in città si rese conto che non avrebbe più potuto tirarsi indietro: una folla in giubilo acclamava il suo nome.

Una volta che ebbe discusso coi *Patres*, si preparò al rito augurale: Romolo si era autoproclamato dopo il passaggio dei dodici avvoltoi, era necessario pertanto che la tradizione dei segni inviati dal cielo continuasse.

Fu chiamato il più autorevole del collegio sacerdotale preposto, il quale condusse su un'altura il candidato.

Giunti sulla sommità, il futuro monarca venne fatto accomodare su un masso, con lo sguardo rivolto a sud.

L'aùgure si posizionò al suo fianco, in piedi, sulla sinistra, una mano poggiata sulla sua spalla, l'altra stretta al bastone ricurvo chiamato lituo. Poi si velò il capo, innalzò una preghiera agli dèi e iniziò a indicare col bastone tutte le campagne, i colli, i boschi lontani.

Da est verso ovest, stabilendo che i fenomeni apparsi a sud sarebbero stati fausti, quelli a nord infausti. Pose il palmo della destra sul capo di Numa e invocò Giove, affinché gli inviasse un chiaro segnale in ordine a quale fosse la sua volontà.

Silenzio.

L'aùgure scrutò ancora l'orizzonte, gli occhi ridotti a due fessure.

Nulla, l'orizzonte era più immobile di un dipinto.

Il sacerdote guardava ancora, fisso, là, dove occhio umano faticava ad arrivare.

Dove non poteva arrivare.

Infine, stremato, disse che non vi erano dubbi: gli auspici erano tutti positivi.

Numa non poteva certo iniziare il suo mandato mettendo in discussione il più importante aùgure del tempo: non aver ricevuto nessun segnale forse significava qualcosa di positivo.

Chissà...

Colui che stava per diventare il secondo re di Roma si presentò davanti al popolo.

Si procedette alla votazione, curia dopo curia.

Non ci furono sorprese né colpi di scena: Numa Pompilio divenne re.

La ninfa Egeria

40° ab Urbe condita

Per Numa, i primi tempi da monarca furono tormentati.

Nella mente del sapiente si affollavano mille interrogativi, mille dubbi.

La gente lo amava, fresca della novità del momento.

Ma egli sapeva che era necessario trovare un elemento che gli potesse garantire il comando nel lungo periodo. I cittadini avrebbero dovuto considerarlo come un essere superiore, un predestinato.

Numa non sapeva combattere, pertanto ripiegò sull'elemento a lui più congeniale: il fervore religioso.

Iniziò a farsi vedere mentre usciva in piena notte, per recarsi nei boschi. Qualcuno iniziò a sospettare che egli tradisse la moglie Tazia, figlia di Tito Tazio[66].

La voce circolò un po', per essere ben presto smentita: il filosofo si alzava dal proprio giaciglio per incontrare una ninfa.

Egeria, la divinità custode delle sorgenti[67].

Altro che tradimento amoroso!

Si trattava di una vera e propria benedizione per Roma: il re aveva un rapporto privilegiato con un essere superiore!

Numa, lasciate circolare le voci, i pettegolezzi e le smentite, un giorno parlò nel Foro e confermò che la notte era solito incontrarsi con la ninfa, fuori città, presso il corso del fiume Almone, tra la via Appia e la via Latina.

Inutile provare a seguirlo: Egeria appariva soltanto a lui, suo mortale prediletto, e in quei sacri luoghi gli svelava segreti legati alla religione. Riti, sacrifici e formule ancore sconosciute persino ai più famosi sacerdoti del tempo.

---

[66] Il fatto che Numa fosse sposato con Tazia ci fa capire quanto fosse potente per l'epoca la *gens Pompilia* e quanto fossero influenti il padre e lo zio del re di origine sabina.

[67] Egeria era una divinità latina arcaica associata al culto di Diana, dea della caccia e protettrice dei boschi

Da quel momento il sapiente si concentrò sulla composizione di un corpo di leggi sacre, a suo dire dettate, parola per parola, dalla stessa divinità.

Il rapporto privilegiato con la ninfa fu un'abile mossa: la sua autorevolezza aumentò a dismisura e la distanza col predecessore, Romolo, fu meno evidente. Egli non poteva più essere considerato soltanto il candidato idoneo a ricoprire la suprema magistratura, proposto dal senato e confermato dal popolo.

Era un predestinato.

Il Fato aveva scelto Numa, figlio di Pomone, per porlo un gradino sopra gli altri mortali.

Non tutti i Quiriti prestarono fede alle affermazioni del loro capo.

Un pomeriggio, poiché da tempo giravano per la città voci che mettevano in dubbio l'esistenza della ninfa, Numa aprì le porte della sala da pranzo della propria reggia a un gruppo di cittadini, invitati in rappresentanza della fazione degli scettici.

Fece notare ai presenti come la sala fosse spoglia e la tavola nuda e come nessun servitore fosse nei paraggi.

Poi, chiese a quegli uomini di tornare all'ora di cena: egli li avrebbe riaccolti, dopo aver ricevuto un visitatore misterioso.

Non più di un paio d'ore dopo il gruppetto tornò alla reggia e trovò una sala da pranzo completamente cambiata.

Le pareti, prima spoglie, adesso erano decorate con tappezzerie raffinatissime.

La tavola, prima desolatamente vuota, era ora apparecchiata con vasellame dipinto e altri oggetti preziosi e presentava tanto cibo e di così vario genere che neppure un'intera squadra di cuochi sarebbe riuscita a preparare in un tempo così breve.

Numa disse che tutto ciò era stato fatto da Egeria con un battito di mani, al fine di mostrare agli scettici con un dono meraviglioso che lei esisteva eccome, ed era solita recarsi dal suo protetto, Numa.

Qualche gioco di luce, bracieri posizionati nei posti giusti, musica, danzatrici e soprattutto vino in abbondanza, fecero il resto.

Il gruppetto, già l'indomani, testimoniò come la ninfa, invece di punirli per la loro malafede, si era addirittura premurata di apparecchiare la miglior tavola che occhio umano avesse mai potuto ammirare e palato degustare.

Il trucco del secondo re, per quanto banale, funzionò.

Qualcuno tra gli invitati rimase dubbioso sull'esistenza della ninfa: chi garantiva che nelle due ore di assenza Numa non avesse messo al lavoro decine di servi?

In ogni caso, non conveniva a nessuno continuare a contestare la parola del re. Aver cenato alla reggia, con lui, e aver potuto gustare cibi e vini preparati niente di meno che dalla bellissima ninfa Egeria, protettrice di Roma[68], costituiva un vanto che avrebbe garantito maggiore autorevolezza per la propria famiglia oltre che un aneddoto da tramandare di generazione in generazione.

---

[68] L'aneddoto ci viene riferito dal solo Dionigi di Alicarnasso.

Non aprite quelle porte

41° - 47° ab Urbe condita

Il nuovo re decise di dare un forte segnale al popolo, esponendo in un discorso pubblico il suo piano politico.

Parlò a una folla incantata dai suoi modi eruditi.

Roma era nata e cresciuta nel sangue, disse, e nessuna delle genti del Lazio dubitava che i Romani sapessero combattere.

Eppure, non si poteva vivere sempre con le armi in pugno.

Non erano animali né selvaggi, era anche necessario aver cura dell'amministrazione della città e soprattutto del rapporto con il divino.

Raccolto il consenso dei suoi, nei mesi successivi, Numa inviò ambasciatori presso le potenze confinanti, per rinsaldare i trattati di pace già stipulati dal predecessore.

Il secondo re tenne a precisare a Etruschi e Latini che il potere che alimentava il suo regno non era originato dall'abilità nelle armi ma dal senso religioso. Fino a che lui fosse stato al comando, non ci sarebbe stata alcuna pretesa a danno altrui. Roma non avrebbe avuto mire espansionistiche, né avrebbe aperto nuove rotte commerciali.

Quando anche l'ultimo degli ambasciatori inviati a portare il verbo di Numa rientrò in città, egli sciolse, dando un forte segnale ai suoi concittadini, il corpo militare dei celeri, i trecento armati fedelissimi a Romolo in battaglia.

Contemporaneamente decretò che fossero iniziati i lavori, accanto al Foro, per l'edificazione del tempio di Giano Bifronte, nota divinità il cui culto era molto antico, risalente addirittura all'epoca degli Aborigeni che lo consideravano, come lo Zeus greco, un "padre degli dèi".

L'edificio doveva avere funzione anche e soprattutto civile: quando le porte fossero state aperte i Romani avrebbero saputo che si avvicinava il tempo di guerra e il servizio di leva sarebbe stato attivato. Quando fossero state chiuse, i Romani avrebbero potuto evitare di pensare alle esercitazioni in armi, a beneficio degli affari civili, commerciali e religiosi.

Sempre vicino al Foro, Numa aveva già fatto costruire, quasi interamente in muratura, la dimora regale: la grande capanna di Romolo venne abbandonata a favore della nuova sede[69].

Grandiosa fu poi la riforma del calendario: egli portò l'anno solare da dieci a dodici mesi, introducendo ventinove giorni a "gennaio" (mese inserito in onore di Giano) e ventotto giorni a "febbraio" (dal latino *februare*, purificare, infatti era il periodo dei riti di purificazione). Introdusse questi due nuovi mesi all'inizio dell'anno davanti a "marzo"[70].

I giorni vennero inoltre divisi in "fasti", ovvero positivi, nei quali si potevano prendere decisioni per il bene pubblico e "nefasti", ovvero negativi, nei quali era meglio limitarsi a onorare gli dèi senza decidere niente al di fuori dalle faccende attinenti alla vita ordinaria.

La popolazione di Roma intanto continuava ad aumentare e tutti i nuovi arrivati erano rimasti esclusi dalle riforme sulla proprietà privata fatte da Romolo.

Il re riuscì nel delicato compito di assegnare nuovi piccoli appezzamenti di terra agli immigrati degli ultimi anni, che erano vissuti sino a quel momento nella miseria assoluta.

Sempre nell'ottica di tutelare l'agricoltura e la proprietà privata, egli pensò di rendere sacri e inviolabili i confini dei campi, inserendo i "Termini", apposite pietre a simboleggiare un divisorio tra una proprietà e l'altra.

Ad aumentare la sacralità della proprietà e delle coltivazioni servì l'introduzione del culto del dio *Terminus*, il quale, raccontò Numa ai

---

[69] All'epoca di Numa la città era ancora costituita in gran parte da capanne, eccezion fatta per alcuni grandi edifici pubblici. Solo a partire circa dal 670 a. C. anche le abitazioni private iniziarono a esser costruite in muratura. I tetti però rimasero fatti con delle coperture vegetali ancora per tutto un secolo, sino al 600 a. C., quando iniziò il massiccio impiego delle tegole di terracotta.
La reggia, che conservò il suo aspetto nei secoli successivi (tranne forse durante il regno di Tullo Ostilio che, come vedremo, si fece costruire un suo palazzo) era un edificio a forma rettangolare costituito da tre ambienti e aperto solo sul davanti. All'ingesso erano posizionate tre colonne di pietra che affacciavano su un cortile, il tutto chiuso da un muro in mattoni.

[70] Non a caso, "settembre", "ottobre", "novembre" e "dicembre" portano nel nome traccia del fatto che originariamente erano non il nono, decimo, undicesimo e dodicesimo mese, ma il settimo, l'ottavo, il nono e il decimo.

suoi cittadini, non ci avrebbe pensato due volte a scatenare la sua ira su chi avesse avuto la pessima idea di saccheggiare il campo altrui. In ogni caso, tenne a precisare il monarca, in assenza di punizione divina, ci avrebbe pensato lui a dispensare giustizia. Nonostante egli fosse uomo di pace, non poteva non obbedire a quanto *Terminus*, a dire di Egeria, pretendeva.

Venne così introdotta la pena di morte per il ladro che fosse stato sorpreso a rubare di notte nella proprietà altrui. Il malcapitato se colto sul fatto, poteva anche venire legittimamente ucciso da qualsiasi cittadino, sul posto e senza processo.

Una costruzione giuridica tanto severa era indizio di quanto fosse importante il bene tutelato da queste norme: l'agricoltura, del resto, era diventata fondamentale per Roma, città sempre più popolosa e bisognosa di cibo per i suoi abitanti [71].

Numa introdusse per primo il concetto di *fides*: la fiducia che i privati dovevano avere tra loro relativamente alla parola data, ai patti e ai contratti stipulati, indipendentemente che essi fossero conclusi alla presenza di testimoni. Fu istituito un culto alla Fiducia, nel quale i sacerdoti Flamini sacrificavano con la mano destra fasciata e venne eretto un tempio alla Fede Pubblica.

Nell'animo dei Romani iniziò a essere sentito come sacro dovere quello di rispettare gli accordi presi. Da quel momento tutti iniziarono, negli affari privati, a fidarsi di più del prossimo poiché si pensava che nessuno, giurando sul proprio onore, sarebbe stato disposto a tradire addirittura se stesso per un vantaggio personale.

In ogni caso, lo aveva detto il re che la parola data andava sempre rispettata. E ciò che diceva Numa costituiva la volontà degli dèi e non andava posto mai in discussione.

---

[71] Le maggiori coltivazioni erano cerali come l'orzo e la spelta, e soprattutto il farro, che veniva utilizzato per preparare la *puls*, una sorta di polenta ottenuta proprio con questo cereale macinato e mischiato con acqua o latte. Abbondanti erano anche le coltivazioni di fave, ceci, piselli, cavolo e lattuga, mentre è dubbio se ai tempi di Numa, eccezione fatta per la vite e per la produzione di vino, fosse già nota la frutticultura. A Roma si trovavano anche ulivi, e quindi si produceva olio. Rimaneva fondamentale l'allevamento: dal bestiame derivava una consistente parte di dieta dei primi Romani. Dalle carni di maiale a quelle di capra, oltre al latte che si beveva da munto o che veniva utilizzato in grande quantità per la produzione di formaggi.

Cantate lui, il padre degli dèi!

Numa si era trovato a governare un regno che in neanche cinquant'anni si era trasformato in una complessa realtà multiculturale.

Ai primi coloni di Alba Longa e agli altri Latini provenienti dai villaggi conquistati in seguito alla fondazione si erano aggiunti i Sabini arrivati con Tito Tazio, gli Etruschi di Lucumone e tutti coloro che successivamente avevano deciso di trasferirsi di loro spontanea volontà a Roma.

Ogni popolo aveva portato con sé i propri riti e i propri dèi.

Divenne fondamentale mettere mano al caos religioso che si stava iniziando a creare.

Dopo il tempio di Giano fu il turno di quello di Vesta.

A pianta circolare, venne situato tra il Palatino e il Campidoglio.

Romolo non aveva pensato alle vestali: forse non aveva voluto tornare con la mente a degli episodi dolorosi del proprio passato e a tutte le sofferenze patite dalla madre.

O forse aveva ritenuto di non sminuire ulteriormente l'autorevolezza di Alba Longa, evitando di farle concorrenza almeno in campo religioso.

Con Numa però i tempi erano maturi: egli decise di raddoppiare le sacerdotesse, nominandone quattro[72].

Nel rispetto di una tradizione fatta risalire addirittura a Ilio erano adibite alla cura del sacro fuoco e dovevano essere e rimanere rigorosamente vergini.

Anche a Roma l'incarico durava trent'anni ma, almeno di giorno, non era fatto divieto ai cittadini di visitare il tempio e di incontrare le sacerdotesse che lì risiedevano.

Di notte, ovviamente, le vergini non potevano ricevere ospiti di nessun genere.

La pena di morte venne mantenuta unicamente in caso di rottura del voto di castità mentre si stabilì che il pontefice massimo sarebbe

---

[72] Plutarco nella "Vita di Numa" ne riporta i nomi: Gegània, Verenia, Canuleia e Tarpeia.

stato incaricato di battere con una verga la vestale che avesse dimenticato di ravvivare le fiamme del sacro fuoco[73].

Se il fuoco si fosse spento, per una ragione piuttosto che un'altra, Roma avrebbe rischiato di attraversare un periodo di sventura.

Sempre a Numa si deve l'istituzione di un altro ordine sacerdotale: i feziali, scelti tra le famiglie più illustri, in carica a vita.

Si trattava dei "custodi della pace" e loro principali compiti erano di consigliare il monarca intorno ai trattati da stipulare con le potenze estere, di vegliare sul rispetto dei patti stipulati, di tentare, attraverso complesse trattative, composizioni (anche elargendo risarcimenti pecuniari) a liti scoppiate con colonie o città terze e infine quello di mandare ambascerie di pace.

Ai feziali si deve la teorizzazione del concetto di "guerra giusta", dichiarata solo se strettamente necessaria per il bene di Roma.

I re, in futuro, non sarebbero più stati liberi come fu per Romolo di attaccare briga per pura sete di conquista, ma avrebbero dovuto giustificare davanti ai feziali e a tutti i cittadini il motivo per il quale si chiedeva loro di sospendere le proprie attività, di lasciare campi, bestiame e famiglie, e di mettere a repentaglio la propria vita.

Quando non ci fosse stato altro rimedio che la guerra, essa sarebbe stata dichiarata pubblicamente proprio dai feziali[74].

---

[73] Sin da studente del Ginnasio mi sono chiesto: possibile che il fuoco del tempio di Vesta, in tanti secoli, non si sia mai spento? Leggendo con attenzione le fonti sappiamo che si spense eccome, e in più di un'occasione!
Dionigi di Alicarnasso ci racconta due episodi simili accaduti a due vestali in epoche diverse. Mi riferisco a Emilia e Tuzia, entrambe accusate (pare ingiustamente) di aver trascurato il fuoco sacro, permettendo che lo stesso si spegnesse. Entrambe, ci racconta Dionigi, sul punto di essere punite dal pontefice, vennero però scagionate da ogni accusa: Vesta stessa le protesse, facendo accadere degli eventi prodigiosi un istante prima che venisse loro inferta la punizione della frusta. Ci viene raccontato che il sacro fuoco si riaccese spontaneamente, dalla cenere già fredda.
[74] Livio ci descrive minuziosamente come si svolgeva la dichiarazione di guerra. Secondo l'autore, un feziale con il capo coperto da una benda di lana, si recava ai confini del regno al quale era chiesta una riparazione a un torto arrecato a Roma. Giunto sul posto, esclamava più volte, mentre superava i confini: "Ascoltami Giove! Ascoltatemi (nome del popolo nemico)! Io sono qui inviato da Roma e vengo come ambasciatore in modo giusto e pio. Si presti fiducia alle mie parole e si ascoltino con attenzione. L'Urbe richiede la seguente riparazione. E se io chiedo in maniera ingiusta e empia dei beni o degli uomini, allora che Giove mi impedisca di far rientro in patria!". Detto ciò, una volta o anche due (magari la seconda nella piazza

Insomma, ancora una volta, Numa, seguendo la sua indole di uomo saggio e pacifico, cercò in tutti i modi di creare organi che impedissero che i conflitti fossero vissuti con leggerezza dai futuri regnanti.

Altro ordine sacerdotale che venne fondato fu quello dei flamini.

Essi erano addetti ai culti di una specifica divinità, ritenuta particolarmente importante.

Su tutti basti ricordare il *flamen dialis*, addetto al culto di Giove, il *flamen martialis* istituito per Marte e soprattutto il *flamen quirinalis*, sacerdote deputato al culto di Romolo, fondatore e padre del regno.

Poi, Numa istituì i pontefici.

Inizialmente furono quattro, con un pontefice massimo in posizione gerarchicamente superiore agli altri.

Per l'importante ruolo venne scelto Numa Marzio figlio di quel Marco Marzio, parente del re, senatore e fondatore della *gens* Marzia che lo aveva convinto ad accettare di seguire Velesio e Proculo a Roma per la nomina a monarca[75].

I pontefici erano deputati a trascrivere e conservare un corpo di norme sacre, indicare il corretto svolgimento dei riti agli altri sacerdoti e ai magistrati, risolvere controversie, presiedere e dirigere

---

principale e alla presenza di personaggi influenti del regno avversario), egli tornava a Roma. Trascorsi trentatré giorni, se nessuno si fosse fatto sentire, egli si sarebbe nuovamente recato dal nemico e avrebbe recitato più volte e pubblicamente la seguente formula: "Ascoltami Giove! E ascoltami anche tu, Giano Quirino! E ascoltatemi anche voi tutti, dèi celesti, terrestri e degli Inferi! Io vi chiamo a testimoni del fatto che il popolo dei (nome del nemico) è ingiusto e non concede la riparazione richiesta. Pertanto, riguardo a tale questione, dovrò tornare a Roma a consultare gli anziani per capire da loro cosa sarà necessario fare per tutelare i nostri diritti".

Il feziale faceva ritorno in patria e si presentava al cospetto del re. Insieme con lui si recava in senato e chiedeva l'autorizzazione a dichiarare una guerra giusta. Passati alla votazione, se vi fosse stata la maggioranza, il feziale si sarebbe recato di nuovo al confine, munito di una lancia di ferro o di legno di corniolo rosso e avrebbe dichiarato: "Poiché voi avete commesso un torto contro il popolo romano dei Quiriti, il senato ha deciso e decretato che vi si dichiari guerra".

Completata la formula il sacerdote scagliava la lancia oltre il confine e dava così inizio alle ostilità.

[75] Plutarco ci dice che pontefice massimo si autonominò lo stesso Numa. Probabilmente egli, a differenza in questo caso di Tito Livio, utilizzò una fonte incompleta o imprecisa che non riportava il nome della *gens* Marzia.

cerimonie e sacrifici pubblici, ricercare usi antichi e tradurli in procedure adatte ai costumi romani, vegliare sul corretto adempimento dei compiti assegnati alle altre cariche religiose e punire chi avesse commesso errori o negligenze di particolare rilevanza.

Essi furono anche i primi giuristi della storia romana[76].

Il diritto civile era ancora agli albori e l'interesse dei privati riguardava sostanzialmente solo tre diversi ambiti: proprietà privata, successioni e contratti commerciali basati sulla *fides*.

Si trattava di materie ancora non separate dal diritto sacro, basti pensare a quanto già detto relativamente al dio *Terminus* e all'invasione dei confini tra campi, o all'importanza della parola data nella stipula dei contratti e nei giuramenti, dove oltre all'onore personale si tirava in ballo la fede negli dèi.

Nell'anno 48° dopo la fondazione di Roma, Numa Pompilio istituì i salii.

In quei giorni era scoppiata un'epidemia di peste.

Il re, temendo di perdere il consenso del suo popolo, dovette ricorrere a un espediente dal sapore mitico.

Una mattina uscì dalla sua dimora reggendo in mano un magnifico scudo.

Disse che non sapeva come avesse fatto a finire in casa sua un tale manufatto, indubbiamente di forgia straordinaria e di grande valore.

Il giorno dopo, Numa, riferì di aver chiesto spiegazioni a Egeria in merito all'accaduto.

La ninfa gli aveva rivelato che quello scudo era l'Ancile, fatto comparire direttamente ai piedi del letto del monarca niente meno che da Marte stesso, segno che il dio proteggeva la città non solo dai nemici esterni ma anche dalle sventure interne, come la pestilenza.

---

[76] *"La culla della scienza del diritto privato è collocata dalla tradizione romana nel collegio dei pontefici, e per quanto quella tradizione in generale non sia fededegna in ordine alla storia giuridica più antica, essa, in questa materia, afferma il vero: senza questo punto di partenza la forma presa della scienza del diritto privato a Roma sarebbe incomprensibile. Così i primi giuristi di diritto privato erano membri del collegio dei pontefici"* (F. Schulz, *Storia della giurisprudenza romana*, Biblioteca Sansoni, 1968 Firenze, pp. 22 - 23).

Caso volle che, da lì a poco, la pestilenza allentò la presa fino a scomparire.

Il popolo non ebbe più dubbi: Numa era davvero in contatto con gli dèi!

Il re dichiarò pubblicamente che fino a che l'Ancile fosse rimasto a Roma, questa sarebbe stata invincibile.

L'arma andava protetta ad ogni costo e bisognava evitare che venisse rubata.

Fu convocato dall'Etruria il più famoso artigiano di scudi dell'epoca, Veturio Mamurio, affinché esaminasse il prodigioso dono del cielo e ne facesse undici copie identiche.

Ma non era abbastanza: l'Ancile era troppo importante e non poteva venire abbandonato in un magazzino in mezzo a delle copie.

Numa pensò allora di istituire un sacro collegio apposito, i salii.

Si trattava di dodici sacerdoti, uno per ciascuno scudo, i quali venivano scelti tra i più bei giovani delle famiglie nobili di Roma. Dediti a Marte, risiedevano in un tempio sul Palatino.

Anch'essi collegati al passaggio tra il tempo di pace e quello di guerra (vera e propria ossessione del re!), prendevano il loro nome dal passo saltellante che utilizzavano durante la processione che si svolgeva a marzo (mese di Marte, appunto) e che apriva il periodo primaverile, quello considerato maggiormente propizio, anche per le condizioni metereologiche più miti, per iniziare delle guerre giuste.

Durante la loro sfilata, i salii percorrevano le vie cittadine armati di scudo e lancia e intonavano, in latino arcaico, un canto.

Il *carmen saliare.*

Non si conosce il testo di tale composizione, poiché ci sono pervenute solo poche frammentarie parole, con le quali i sacerdoti di Marte invocavano il padre degli dèi e ammonivano tutti gli esseri del creato affinché avessero timore dei suoi tuoni.

Si trattava del severo monito da parte di Numa ai suoi cittadini affinché fosse chiaro, una volta per tutte, che nessuno osasse più trascurare le divinità o pensasse di agire in modo tale da poterle dispiacere.

- Cantate lui, il padre degli dèi!
Supplicate il dio degli dèi!

La morte del giusto

81° ab Urbe condita

Quarantatré primavere.

Tanto era trascorso dal giorno in cui Numa Pompilio era stato eletto.

Ormai, il re aveva ottant'anni.

Da tempo le sue apparizioni pubbliche si erano ridotte allo stretto necessario, tanto che nelle ultime settimane nessuno l'aveva più intravisto, neppure nello spazio antistante alla reggia.

Tutti, a Roma, sapevano della sua malattia.

Il senato aveva già pensato a un possibile successore: questa volta l'interregno sarebbe servito soltanto per il tempo strettamente necessario a trovare un candidato.

Nonostante fossero passati molti decenni dalla fusione tra i due popoli, permaneva ancora la divisione tra discendenti dei Sabini e successori degli originari coloni latini. Si era già deciso che, dopo un rappresentante di Cures, sarebbe stata la volta di un Romano "purosangue".

Qualcuno aveva anche sussurrato, in anticipo sui tempi, il nome di Tullo Ostilio, della *gens Ostilia*. Niente meno che il nipote di Osto Ostilio, il leggendario guerriero di Romolo, ucciso da Mezio Curzio nella guerra contro Tito Tazio.

Dunque, ancora lì era rimasta col pensiero, l'Urbe?

Ferma ai giorni del ratto delle vergini, del lago Curzio e della rupe Tarpea?

Forse senatori e patrizi desideravano tornare alle campagne di conquista? O forse serpeggiava la paura di venire aggrediti da una potenza estera?

Numa si era, sin dal primo giorno, battuto per la pace con tutte le sue forze.

Solo una volta, in quarantatré anni, la serenità era stata minata.

Un unico episodio che ebbe come protagonista Fidene, la quale aveva tentato di provocare il re filosofo saccheggiando i campi dei contadini residenti ai confini dell'Urbe.

Ma l'eletto di Egeria aveva risposto con la fede, istitutendo i feziali e affidando loro il primo incarico: risolvere la questione con la diplomazia.

Se necessario, perché no, anche rinunciando a qualcosa e facendo un passo indietro.

Tutto, per la pace.

Fidene, forse convinta da Veio, non trovando opposizione, aveva desistito e promesso che gli episodi di violenza non si sarebbero più ripetuti. Non era stata versata una sola goccia di sangue, ma quella trattativa venne vista come un atto di debolezza da alcuni Romani.

Eppure, Numa voleva la pace per loro.

Avevano mai pensato, i cittadini dell'Urbe, che se avevano potuto mettere al mondo dei figli e crescerli, era solo perché le porte del tempio di Giano erano rimaste chiuse?

Avevano mai pensato, i detrattori di Numa, che se anche loro avevano potuto dedicarsi ai propri mestieri, alle arti e ai riti religiosi, rendendo ancora più grande e ricca Roma, era stato solo perché non erano morti a vent'anni con una spada nemica conficcata nel ventre?

Davvero i Romani consideravano gli oltre quarant'anni di regno appena trascorsi solo una lunga parentesi prima della prossima guerra? Erano dunque così poco riconoscenti verso quell'uomo che aveva rinunciato a una vita di studi e serenità unicamente per il loro bene?

L'Urbe, mese dopo mese, era sempre più sicura dei suoi mezzi. Tanto tronfia da pensare di nuovo ad aggredire i vicini.

Lo sapeva, Numa, poiché conosceva la natura umana.

L'aveva studiata a lungo, da ragazzo.

E aveva continuato a studiarla, dedicando alla filosofia quei pochi ritagli di tempo che l'intensa vita da monarca non era riuscita a strappargli dalle mani.

Era sicuro che, prima o poi, tutti i suoi figli, che aveva protetto per così tanti anni, si sarebbero ricacciati in qualche guaio.

Era stato anche un padre per i Romani, Numa.

E i suoi sudditi, quel giorno in cui si diffuse la triste notizia, subirono un durissimo colpo.

Nessuno voleva crederci, eppure già da diverse ore se ne parlava.

L'annuncio passava di bocca in bocca, voci spezzate dall'incredulità e dall'emozione riportavano che Numa Pompilio, alla fine, aveva esalato l'ultimo respiro.

Il suo corpo giaceva senza vita, freddo, nel suo letto.

Dormiva per sempre, circondato dall'affetto dei suoi cari, tra i quali l'unica figlia, avuta da Tazia.

Pompilia, che rimase intere ore senza emettere un suono, immobile, il capo tra le mani, accasciata in un angolo della stanza, mentre il figlioletto di lei, di appena cinque anni, Anco Marzio, incontrava per la prima volta, senza neppure capire quanto spietata fosse, la Morte.

Attimi dal sapore eterno, nei quali Roma, l'operosa, si era fermata.

Gli dèi avevano richiamato tra loro il figlio prediletto, deceduto come un anziano qualsiasi, ormai impossibilitato anche a reggersi sulle proprie gambe.

Non era morto da eroe, Numa.

Non come Enea, non come Tiberino e neppure come Romolo.

Nessun assedio, nessuna battaglia, nessun lama bagnata nel sangue.

Nessuna impresa epica aveva accompagnato il suo trapasso.

Eppure, quella fine così semplice deve aver toccato, con infinita dolcezza, l'animo di molti.

Quanti cittadini scoppiarono improvvisamente in lacrime!

Quanti alzarono lo sguardo al cielo, in cerca di un segnale che potesse comunicare cosa avrebbe riservato il futuro per le loro famiglie!

Soli.

Si sentirono improvvisamente soli.

Avrebbero saputo cavarsela ugualmente?

Il funerale fu solenne: i Romani parteciparono in massa e numerosi ambasciatori vennero dalle altre città per rendere onore al defunto.

Era davvero finita: il rigido e nodoso corpo di Numa fu adagiato su una pira.

Fuoco.

I giorni seguenti, mentre i senatori preparavano il trono per Tullo Ostilio, alcuni pastori di ritorno dalle zone adiacenti al sacro bosco delle Camene, luogo nel quale Numa era stato solito ritirarsi in meditazione, raccontarono di aver udito strani rumori, simili a singhiozzi.

Tutto faceva pensare a dei lamenti, sembrava la voce di una donna.

Si trattava forse di un pianto?

Egeria.

La ninfa era inconsolabile.

Tanto fu il dolore per la perdita dell'amato che ella si sciolse in lacrime, per tramutarsi in fonte.

Un fonte d'acqua limpida e purissima, come i sentimenti che l'avevano legata a Numa, il mortale caro agli dèi[77].

---

[77] La leggenda è narrata da Ovidio nelle sue *Metamorfosi*.

CAPITOLO VI
TULLO OSTILIO, IL SIGNORE DELLA GUERRA

Un fragile equilibrio

82° ab Urbe condita

Nel Foro, ormai da decenni, i Romani potevano ammirare un'epigrafe oggi perduta.

Su di essa erano scolpite le imprese guerresche dell'eroe Osto Ostilio, colui che tra i primi aveva sacrificato la vita per difendere la patria.

Non deve quindi stupire l'elezione di Tullo: la *gens Ostilia* era conosciuta e godeva di grande considerazione presso il popolo.

Il terzo re, nonostante la popolarità da cui partiva, come prima mossa decise di ampliare ulteriormente la base del suo consenso e, prendendo spunto da quanto fatto dal predecessore, si rivolse alla fascia più povera, in particolare ai nuovi immigrati, mettendo in atto una grossa redistribuzione di terreni.

Campi, boschi.

L'intero colle Celio.

I possedimenti, conquistati da Romolo e tenuti dal fondatore come propri, erano passati in eredità al monarca successivo, Numa, il quale non ne aveva mai cambiato destinazione d'uso.

Re Tullo voleva far sapere alla sua gente che lui, come il nonno, viveva per loro: i Romani potevano prendere un pezzetto di terra ciascuno, così da migliorare la propria condizione sociale e dare un futuro economicamente più agiato ai propri figli.

Il terzo monarca decise che avrebbe vissuto proprio lì, sul Celio, tra coloro che avevano beneficiato di quell'insperato dono.

L'appoggio dei suoi concittadini era necessario, perché egli sapeva che avrebbe avuto presto bisogno di uomini pronti a morire per la sua causa.

I nemici premevano ai confini.

Le prime mosse di politica interna del nuovo eletto furono in linea con l'aspettativa del senato.

Alba Longa era inquieta.

La "città-madre" era convinta che, morto Numa, l'Urbe difficilmente sarebbe riuscita a mantenere inalterati trattati e rotte commerciali.

Molte erano le tensioni in atto: gli Etruschi, all'apice della loro civiltà, si continuavano ad allargare, conquistando nuovi territori.

I Sabini, almeno coloro che avevano rifiutato di unirsi a Tito Tazio, rimanevano una spina nel fianco per tutti.

Non preoccupavamo certo Cures o i Quiriti, ormai divenuti cittadini di Roma a tutti gli effetti, ma erano i numerosi villaggi rimasti indipendenti a spaventare. Del resto, si trattava di qualche decina di migliaia di persone.

Poi c'erano i Latini.

Alcune città, Fidene su tutte, non nascondevano il proprio malcontento nei confronti di Roma, che di fatto le aveva assoggettate. Altri centri, scontenti della politica estera di Alba Longa, che non si era dimostrata interessata a difendere le sue colonie, avevano iniziato a cercarsi nuovi alleati, così come Fidene aveva fatto con Veio.

Il regnante di Alba, Cluvilio, fino a che Numa era vivo, aveva preferito non alterare gli equilibri in essere.

Con la nomina di Tullo, ritenne che per le due potenze fosse giunto il momento di chiarire i rapporti.

Per gli Albani, Roma era ancora una colonia nel senso originario del termine: indipendente e padrona di sé, ma pur sempre una città sorta come "prolungamento" della madrepatria.

Per i Romani, Alba non era una città cui rendere omaggio ma semplicemente una potenza estera. Familiare, certo, ma un qualcosa di totalmente "altro da sé".

Romolo stesso, sin dal primo istante, aveva spezzato la tradizione. Inoltre, quanti discendenti degli Albani erano davvero rimasti a Roma? I seimila che erano partiti al seguito della migrazione iniziale si erano subito dimezzati di numero, addirittura prima della fondazione, morti nello scontro scatenato dalla diatriba tra i gemelli. Come se non bastasse, quattro anni dopo, i superstiti si erano ulteriormente ridotti di numero nella guerra contro Tito Tazio, riducendosi di diverse centinaia.

Alba Longa stessa, nella persona di Numitore, forse aveva commesso un grave errore nel lasciare carta bianca a Romolo, tollerando qualsiasi sua conquista, anche quelle a danno delle altre città latine.

Del resto, era comprensibile: se Numitore aveva potuto morire serenamente seduto sul suo trono[78] lo doveva al nipote. Avrebbe potuto davvero interferire nelle sue imprese?

In seguito, Alba Longa non aveva trovato comunque mai conveniente muovere una guerra a Romolo. Il primo re faceva paura: egli vinceva una battaglia dietro l'altra e la sua leggenda cresceva sempre di più.

Inoltre, non doveva essere chiaro alla popolazione di Alba quali fossero i piani dell'Urbe. I Romani erano considerati ancora "dei loro", e il senso comune non concepiva come un qualcosa di naturale la distruzione di una colonia fondata soltanto quindici o vent'anni prima.

Alla morte di Romolo, Alba Longa, che nel frattempo si era vista sottrarre con le armi alcune colonie, aveva molti più motivi per chiarire la situazione. Forse, già all'epoca, una certa pressione proveniente dalla capitale dei Latini aveva giocato un ruolo determinante nel far comprendere ai senatori che l'infelice esperienza dell'interregno andava subito archiviata a favore della nomina di un secondo re. Roma era percepita come molto indebolita, al tempo, e poteva essere attaccata se fosse rimasta senza una guida determinata.

Gli Albani, pronti a provocare l'Urbe, erano venuti dunque a sapere di Numa, protetto dalla sabina Cures, celebre uomo di pace, filosofia e religione che, come primo atto, aveva rinsaldato i trattati e di

---

[78] Nessuna delle fonti riporta la data e la causa di morte di Numitore. La sua fine deve essere avvenuta per motivi naturali e per cause inerenti alla vecchiaia. Supponendo infatti che il giorno della congiura contro Tito Tazio egli fosse ancora vivo, avrebbe avuto circa ottant'anni. Pare quindi ragionevole pensare che morì in quel periodo, intorno al 745 a. C.

conseguenza impostato tutta la sua politica sul mantenimento degli equilibri già consolidati.

Il successore di Numitore si era trovato ancora una volta in una situazione scomoda. Non c'erano validi pretesti per attaccare Roma, guidata da un tale uomo.

La stessa ribellione dei Fidenati, forse istigati dalla capitale latina, era stata un'ulteriore conferma dell'equilibrio e della saggezza di Numa il quale, anche davanti alle provocazioni, si era mostrato saldo e aveva composto la controversia tramite i suoi feziali, che erano magnificamente riusciti a mantenere l'armonia.

Ma, ora, Numa era morto.

Adesso che finalmente un nuovo re si era accomodato sul trono di Roma, Cluvilio, monarca in carica di Alba, decise di tastarne il temperamento.

Alba Longa provoca Roma

83° ab Urbe condita

Era una tiepida notte di fine marzo.

Cluvilio, indossato un mantello logoro, velò il capo per rendersi irriconoscibile e si diresse fuori dalla reggia.

Si muoveva solo, senza farsi notare da nessuno, neppure dai suoi servitori più intimi.

Ad attenderlo alla porta principale della città, due sgherri di sua fiducia gli avevano preparato la cavalcatura.

Era stato molto attento, il signore di Alba: non poteva permettersi di commettere leggerezze.

I tre cavalieri uscirono dalle mura e si recarono nei boschi. L'incontro era previsto in uno dei punti più impervi e irraggiungibili; più o meno là dove, secoli prima, alcuni banditi assoldati da Amulio avevano ucciso il giovane Egeste, figlio di Numitore. Evidentemente, il covo era rimasto attivo per tutto quel tempo, complici i regnanti di Alba, che erano abituati a servirsi di quei fuorilegge senza scrupoli né dèi.

Quando Cluvilio arrivò, trovò i briganti ad attenderlo.

Il loro capo, un uomo alto, sulla cinquantina, vestito di pelli e senza un occhio, lo fece accomodare vicino al fuoco.

I due non parlarono che pochi minuti.

Il re non si era destato nel cuore della notte per contrattare sul prezzo ma solo per assicurarsi che il lavoro fosse fatto a regolare d'arte. Egli assicurò a quell'uomo simile a un ciclope, oltre che una ricca paga e dei cavalli di primissima scelta, anche la possibilità di arraffare tutto ciò che voleva nel territorio di Roma.

Perché quello era lo scopo della visita al covo dei banditi: scatenare una razzia contro la città rivale senza utilizzare i soldati di Alba, così da confondere i Romani.

Come avrebbe reagito alla provocazione l'appena eletto Tullo Ostilio[79]?

---

[79] Queste prime righe del paragrafo sono una mia licenza narrativa basata sulla versione dei fatti data da Dionigi di Alicarnasso.

Soltanto tre giorni dopo, il nipote di Osto venne a sapere che degli uomini provenienti dal territorio di Alba Longa, per due volte, avevano aggredito le proprietà di alcuni contadini.

I razziatori non si erano limitati a rubare qualche ortaggio o capo di bestiame, ma avevano anche violentato donne e ucciso anziani.

Era probabile che le incursioni sarebbero continuate, se non si fosse fatto nulla per fermarle.

Il terzo re convocò quindi uno dei suoi comandanti e gli ordinò di presidiare le zone già colpite; se si fosse trattato di una provocazione, i furfanti glielo avrebbero fatto in qualche modo capire.

Quello stesso pomeriggio, infatti, i banditi ingaggiati da Cluvilio, non più di qualche decina di uomini, varcarono il confine.

Tullo aveva ordinato che diversi manipoli di fanti e cavalieri rimanessero di pattuglia in più luoghi, così da cogliere sul fatto il nemico e poterlo sterminare.

Quando i soldati uscirono allo scoperto, gli sgherri di Alba si diedero alla fuga: non erano certo stati pagati per farsi ammazzare!

I Romani però avevano ordini precisi: invocando su di sé la benedizione del dio *Terminus*, inseguirono i ladri fino a sconfinare a loro volta nelle campagne albane pur di acciuffarli.

Quando raggiunsero i provocatori, non fecero prigionieri.

Cluvilio accolse con soddisfazione la notizia: il nemico si era comportato esattamente come lui aveva previsto.

Secondo questo autore fu Cluvilio a incoraggiare alcuni cittadini poveri a saccheggiare i territori di Roma aggredendo i contadini, così da provocare la reazione del monarca rivale.

La versione di Livio è diversa. Egli scrive "*forte evenit ut agrestes Romani ex Albano agro, Albani ex Romano praedas in vicem agerent*", ovvero "*capitò che guarda caso alcuni contadini romani fecero bottino in territorio albano e alcuni contadini albani a loro volta fecero bottino in territorio romano e ne nacque un pretesto di guerra*". Ora, tale versione, piuttosto semplicistica, sembrerebbe volta a scaricare, con sottile ironia, la responsabilità dello scoppio del conflitto interamente su Tullo Ostilio che, stando ad alcune fonti non vedeva l'ora di trovare un buon pretesto per attaccare briga.

Aprì la crisi diplomatica e inviò dei messi a Roma affinché chiedessero conto degli omicidi e dello sconfinamento, oltre a un'adeguata riparazione.

Il re albano sapeva bene quanto l'ambasceria fosse pretestuosa e in nessun modo accettabile, ma aveva interesse a che fosse il rivale a passare dalla parte del torto, dandogli un motivo per attaccarlo.

Forse Numa sarebbe riuscito a comporre una vicenda del genere, ma Tullo? Era davvero improbabile.

L'uomo più potente della *gens Ostilia* accolse gli ambasciatori ma li fece attendere diverse ore. Poi fece comunicare loro che avrebbero potuto discutere con calma di tutto a cena.

La sera, fece preparare un sontuoso banchetto e si comportò come un ospite esemplare con i messi di Cluvilio, tanto che questi quasi si dimenticarono che erano giunti per una crisi di politica estera, non per una vacanza.

Si rilassarono, gli Albani, e trascorsero ore a conversare amabilmente con il padrone di casa, tra vino, musica e danzatrici.

L'imbarazzo fu grande, nel momento in cui Tullo portò finalmente il discorso sul vero motivo per il quale la cena era stata organizzata, ovvero la richiesta da parte di Alba di un pingue risarcimento per l'omicidio dei propri cittadini oltre che le scuse per l'accaduto, con tanto di omaggio pubblico.

Il re, nell'introdurre la questione, non si scompose minimamente. Con voce ferma e pacata dichiarò che preferiva, per il momento, non fornire alcuna spiegazione sull'accaduto e prendersi del tempo per pensarci. Aggiunse che i suoi ospiti potevano rimanere anche il giorno successivo poiché, proprio mentre loro stavano mangiando così amichevolmente, i feziali erano già in cammino verso Alba Longa.

Anche Roma si era dichiarata offesa e anche lui aveva mandato i suoi messi affinché la crisi venisse composta, tramite un risarcimento e delle scuse pubbliche.

Gli ambasciatori albani deglutirono un boccone particolarmente amaro, rendendosi conto di essere in ostaggio: Tullo non li avrebbe rilasciati prima del ritorno dei suoi.

Nel frattempo, i sacerdoti romani giunsero alla corte di Cluvilio.

Egli si fece loro incontro nella piazza principale e radunò una folla di cittadini così da rendere pubblica la riunione.

I feziali, in un clima teso e ostile, avanzarono le loro richieste.

Il signore di Alba non lasciò neppure che i suoi ospiti terminassero di parlare: tuonò che erano giunti troppo tardi, poiché egli aveva già mandato le sue rimostranze a Roma.

Per quanto lo riguardava, essi potevano tornarsene a casa anche immediatamente. Avevano solo fatto un viaggio a vuoto.

I feziali rientrarono e fecero rapporto a Tullo, il quale li ricevette alla presenza degli ambasciatori di Alba.

Ascoltato il loro racconto, si rivolse proprio agli stranieri.

- Il vostro signore non ha nessuna intenzione di considerare un accordo amichevole, mentre io ancora stavo pensando se accettare o meno la vostra proposta.

I miei confini sono stati oltrepassati dalle genti di Alba, le quali hanno compiuto gravi nefandezze a danno di pacifici romani di null'altro colpevoli che di arare la propria terra.

Il territorio di Roma è solo di Roma e nessuno può entrarvi se non su invito e senza armi.

Questa è la sacra legge, stabilita da Romolo, fondatore e primo re, oltre che principe della stessa Alba.

Il dio *Terminus* mi sia testimone.

Andate pure, adesso, siete liberi.

Potete portare a Cluvilio la mia risposta.

Riferitegli che Tullo Ostilio addebita la colpa di questa guerra a colui che per primo ha ricacciato gli ambasciatori dell'altro.

Da questo momento dichiaro Alba Longa nemica di Roma! -

Il nipote di Osto poteva presentarsi al suo popolo fiero di aver rispettato le sacre leggi del suo predecessore.

Aveva agito con la benedizione di *Terminus*, aveva accolto con ogni riguardo i messi nemici, aveva inviato i feziali così come prescrivevano i nuovi usi e, alla fine, si era trovato a dover dichiarare una guerra giusta.

I cittadini aderirono con entusiasmo alla prima impresa del loro nuovo re, dimentichi di quante sciagure porta con sé ogni conflitto armato.

Festanti, accorsero in massa alla grande cerimonia di apertura delle porte del tempio di Giano.

Trattato... di guerra

All'inizio dell'estate, Tullo, deciso a marciare su Alba, si imbatté nelle forze avversarie accampate a sette chilometri da Roma.

Notando che Cluvilio stava completando un imponente fossato, le fosse cluvilie, ordinò che anche i suoi uomini arrestassero la marcia e si trincerassero dietro proprie opere difensive.

Non c'era altra scelta, si sarebbero affrontati in quella radura.

Gli eserciti si posizionarono gli uni e poche decine di metri dagli altri, pronti a dar battaglia.

Come due pugili all'inizio dell'incontro, si limitarono a una prima fase di studio: nessuno sferrava il primo colpo.

I contendenti rimasero in stallo per qualche giorno, come se sapessero in cuor loro che entrambi stavano già forzando il concetto di giusto conflitto.

Del resto, un conto era iniziare una guerra con roboanti dichiarazioni, un altro era lanciare il primo giavellotto.

Chi si sarebbe preso la responsabilità di oltrepassare il punto di non ritorno?

Alla fine, fu ancora Cluvilio a decidersi.

Si presentò davanti ai suoi comandanti e al consiglio dei nobili per spiegare loro il piano d'attacco: il giorno successivo a quella riunione egli avrebbe rotto gli indugi e dato finalmente battaglia.

L'alba seguente fu traumatica per i soldati albani che si ritrovarono ad abbandonare i propri giacigli di soprassalto, nella confusione generale.

Qualcuno diceva loro di prepararsi allo scontro, qualcun altro di raggiungere il proprio comandante, qualcun altro ancora che gli dèi stavano già punendo Alba Longa per questo conflitto contro natura.

Presto fu chiaro a tutti il motivo di quel surreale risveglio: Cluvilio era stato trovato privo di vita nel proprio letto.

Non recava segni di ferite da arma da taglio, né di strangolamento.

Era malato? Difficile da credere, specialmente ripensando alla sera prima, quando, più gagliardo che mai, aveva tuonato contro Roma per l'ultima volta.

Così in forze, maestoso nella sua armatura regale... forse davvero gli dèi erano contrari allo scontro? Era davvero giusto per gli Albani bramare il sangue dei discendenti dei loro stessi fratelli, partiti un secolo prima in cerca di fortuna come coloni? Era conveniente attaccare una città tanto potente, per giunta fondata dal figlio di Marte, discendente diretto di Ascanio[80]?

Al posto del defunto re, venne nominato dittatore con poteri assoluti Mezzio Fufezio, personaggio rappresentante una fazione più moderata e intenzionata a rinsaldare i rapporti con la ex colonia.

L'occasione di trattare, per il reggente, fu immediata: Tullo, appresa la notizia della morte di Cluvilio, desideroso di sfruttare il momento di debolezza (in caso di dipartita naturale) o comunque di tensione interna (in caso di assassinio) della potenza avversaria, ruppe a sua volta gli indugi e uscì allo scoperto, alla testa di tutto l'esercito.

Il morale dei Romani era alto: la fine improvvisa del comandante avversario non poteva che essere un segno del fatto che la politica dell'Urbe era benedetta dal cielo.

Appena i guerrieri varcarono il confine albano, si videro venire incontro un messo a cavallo.

L'inviato di Alba annunciava che Mezzio, il nuovo comandante supremo, era pronto a respingere il nemico ma non prima di aver conferito direttamente con Tullo Ostilio.

Il nipote di Osto accettò, ma non ritenne di rimandare l'azione: non avrebbe permesso al nemico di prenderlo in giro e ottenere ulteriori giorni per riorganizzarsi. Se l'incontro fosse stato un espediente pretestuoso, egli avrebbe dato l'ordine d'attacco il giorno stesso.

Fufezio si vide costretto a dare appuntamento al terzo re quello stesso giorno.

Mezzio espresse la propria preoccupazione per quello che sarebbe accaduto nel caso i due eserciti, di pari valore, si fossero scontrati: la vittoria, a chiunque fosse spettata, avrebbe indebolito grandemente la potenza militare della città superstite.

- Cluvilio è morto e la città ha affidato a me il compito di sostituirlo in questa guerra che non temo di combattere.

---

[80] Mi pare piuttosto scontato che Cluvelio non morì per cause naturali ma fu tolto di mezzo da quella parte di classe nobiliare che era contraria al suo operato e non voleva affatto uno scontro armato contro Roma.

Tuttavia, vorrei prima portare alla tua attenzione alcuni fatti che mi sono stati rivelati da spie al servizio di Alba Longa.

Fidenati e Veienti, saputo del nostro imminente scontro, stanno già organizzandosi per fomentare altre città etrusche contro di noi.

Per loro, più potenti e influenti nel territorio ogni giorno che passa, non c'è migliore occasione per spazzarci via. Tolta Roma e Alba, lo sai meglio di me, anche l'intero Lazio cadrà sotto il dominio tirreno.

Le nostre forze si equivalgono; puoi immaginare da solo quanti morti porterebbe questo scontro.

Ecco perché ho voluto parlarti.

Pensavi forse volessi prendere tempo per paura di affrontare il grande nipote di Osto, colui che al fianco di Romolo, per primo, rese grande il nome di Roma?

Non dimenticare che io e molti del mio popolo discendiamo da Enea e dal mitico Latino. No, non temo nessuno e sono pronto a combattere, che si vinca o si perisca. L'unica cosa di cui ho paura è il futuro della mia gente: se anche Alba avesse la meglio su Roma, come potrebbe poi, con forze decimate, combattere gli Etruschi? –

Il discorso di Mezzio si rivelò assennato e condivisibile.

Tullo conosceva bene i movimenti in atto a Fidene, pertanto non aveva motivo di dubitare delle parole del suo avversario.

Il pericolo era reale, concreto.

Anche ammesso i suoi uomini fossero riusciti ad avere la meglio in quella guerra, sarebbero poi stati in grado di affrontare gli Etruschi? L'esercito di Roma era imponente, certo, ma, a causa del regno pacifico di Numa, era ormai composto da guerrieri che mai in vita loro avevano preso le armi, se non per esercitarsi.

- Hai parlato saggiamente, Albano. Ma l'offesa ricevuta, prima ai miei contadini e poi ai miei feziali, non può venire archiviata in nome di timori e ipotesi.

Roma comprende le preoccupazioni che hai evidenziato, ma rimane ferma nel chiedere soddisfazione per l'oltraggio che le è stato fatto.

Quale modo alternativo alla guerra?

Forse vorresti propormi un duello risolutore come nei tempi antichi? Uno scontro tra due re mi pare impossibile, poiché qui di re ne vedo solo uno… -

Mezzio non raccolse la provocazione.

- Non tra re, ma tra campioni.

Nelle schiere albane ci sono tre fratelli gemelli, i Curiazi.

Sono famosi per forza e audacia, dovresti averne sentito parlare.

Fatto curioso, mi hanno riferito che anche l'esercito romano, tra i propri guerrieri, annovera tre fratelli gemelli, gli Orazi.

Ebbene, perché non far combattere loro, in nome di tutti?

Sarebbe un duello interessante.

Tre contro tre. -

Tullo accettò la proposta.

Trascorsi una decina di giorni, i due comandanti supremi si ritrovarono e alla presenza dei rispettivi consiglieri, i feziali stipularono quello che secondo Livio fu il primo trattato "ufficiale" della storia di Roma[81].

Terminata la complessa procedura, Orazi e Curiazi vennero chiamati davanti a compagni e avversari perché fosse comunicato loro il giorno, l'ora e il luogo del duello.

Si presentarono all'appello tre coppie di gemelli molto simili per altezza e corporatura. Una guerra che fino all'ultimo non si sapeva quanto fosse benvoluta dagli dèi non poteva che essere risolta in un modo prodigioso. Del resto, non era già una coincidenza incredibile

---

[81] La procedura del trattato, secondo Livio, fu la seguente.

Il feziale incaricato, di nome Marco Valerio, chiese al re se avesse potuto concludere il patto con il padre patrato albano, di nome Spurio Fuso.

Ottenuto il primo permesso, il feziale chiese al re se avesse potuto far depositare lì, davanti a loro, la zolla sacra, come simbolo di tutto il territorio di Roma.

Ottenuta questa seconda autorizzazione, Marco Valerio chiese nuovamente a Tullo Ostilio di venire nominato suo nunzio, per il bene dei Quiriti.

A questo punto, il feziale toccò con una bacchetta il capo di Spurio Fuso, a indicare che era il momento di concludere il trattato in modo formale. Tale gesto veniva accompagnato da formule pronunciate con frasi e parole rituali e precise.

Poi si passò alla lettura delle condizioni del trattato.

Da ultimo, il feziale annunciò in modo solenne che chi fosse venuto meno alle condizioni appena recitate sarebbe stato colpito da Giove con una forza pari a quella che lui, Marco Valerio, avrebbe utilizzato per colpire un porco, lì condotto per la cerimonia. Probabilmente il povero animale venne ucciso, poiché si utilizzava uno strumento di selce, forse un coltello.

Poi il feziale si chiuse nel silenzio, permettendo così al padre patrato di compiere le sue invocazioni, i suoi gesti rituali e i suoi giuramenti.

che le due schiere rivali annoverassero tra le loro fila quei sei straordinari uomini, così simili tra loro?

Orazi e Curiazi

La mattina del duello, entrambi gli eserciti si schierarono, ciascuno davanti al proprio accampamento.

In mezzo, un amplissimo corridoio, delimitato da soldati in armi, fungeva da arena improvvisata.

Per primi si fecero avanti i Curiazi.

Titanici nelle armature, zeppi di cicatrici, testimonianza delle sofferte numerose vittorie.

Non temevano nulla, i fieri gemelli albani.

Si mostravano spavaldi e sicuri del trionfo.

Dal lato opposto si fecero largo gli Orazi.

Più bassi una spanna rispetto ai loro antagonisti, si posizionarono con fare incerto, quasi all'ultimo si fossero pentiti di aver accettato la sfida mortale.

I soldati albani rumoreggiarono: davvero quei tre pretendevano di avere una qualche possibilità contro i loro campioni, famosi in tutto il Lazio?

I gemelli romani non prestarono neppure attenzione a quel brusio, poiché nelle orecchie sentivano ancora le parole dell'amato padre. L'incoraggiamento di quell'uomo integerrimo che li aveva cresciuti cercando di trasmettere loro le più nobili virtù.

Da lui - e da chi altri? - si erano recati gli Orazi, dopo la richiesta di Tullo di combattere in rappresentanza di tutta Roma.

Ed egli, raggiunto a casa, per la prima volta aveva lasciato loro la scelta.

Si sentiva vecchio, il capofamiglia degli Orazi, ma felice di aver cresciuto i tre guerrieri migliori dell'Urbe. Uomini saggi e valorosi che avrebbero saputo decidere la cosa giusta.

Investiti di tanta stima, gli Orazi avevano accettato di combattere.
Per lui.
Per Roma.

La gioia del padre era stata così grande che i suoi occhi, ormai annebbiati, non erano riusciti a trattenere le lacrime.

Le sue braccia, ormai deboli, non erano riuscite a stringere forte quegli straordinari ragazzi. Non quanto il suo cuore avrebbe voluto.

Ma la sua bocca, che in passato così spesso li aveva redarguiti, era riuscita a riempire il loro viso di dolci baci e il loro petto di fiammeggiante orgoglio.

Ancora con la mente rivolta a quella scena, i tre Romani avanzavano verso i Curiazi, con rinnovata sicurezza.

Non avrebbero abbandonato il popolo.

Non avrebbero tradito la fiducia del re.

Non avrebbero deluso l'amato padre.

Gli animi dei soldati si scaldarono, mentre ai contendenti vennero consegnate le armi: una spada e uno scudo ciascuno.

Urla, imprecazioni, esortazioni, lanci di fiori.

Tutto era pronto.

Poi, chiesto il silenzio, feziali e *pater patratus* diedero il segnale d'inizio.

- Cominciate! -

Simultaneamente, forse per la sincronicità tipica di alcuni gemelli, i tre Curiazi piantarono il piede sinistro a terra, rotearono lievemente il bacino e sferrarono con tutta la forza di cui disponevano un pesante colpo di spada con la mano destra, dall'alto verso il basso.

Gli occhi degli Orazi si spalancarono per la tensione mista alla paura, ed essi si chinarono, chi puntando il ginocchio destro chi il sinistro, lo scudo alzato per parare l'attacco.

Il colpo fu così violento che anche i Curiazi lo accusarono di ritorno, permettendo ai rivali di ruzzolare ciascuno in una direzione diversa e tornare subito in piedi.

I compagni, intorno, esplosero in urla incontenibili di incitamento.

Tullo Ostilio, in disparte e circondato dalla sua guardia personale, osservava la scena impietrito: il suo regno dipendeva da quei tre ragazzi.

Fu la volta dei fratelli romani: due di essi sferrarono un fendente, che venne parato, ma il terzo Orazio riuscì a colpire al petto uno dei Curiazi con la parte piatta della spada. Non causò gran danno, solo un grosso livido.

Seguì un nuovo attacco.

Poi un altro.

Ancora uno.

Per lunghi minuti, quell'arena delimitata da uomini si riempì di polvere, sudore, clangore di armi, bagliore di raggi del sole riflessi sugli scudi.

Colpo su colpo, spada su scudo, i tre Orazi stavano dimostrando di tenere egregiamente testa ai Curiazi, mentre sugli arti dei contendenti si continuavano ad aprire squarci, tributi di sangue a Marte.

La situazione sembrava in parità, finché il più possente dei Curiazi riuscì a conficcare tutta la lama della sua spada nell'inguine, non protetto dall'armatura, di uno degli Orazi.

Nonostante avesse ricevuto un colpo mortale, questi riuscì con la forza della disperazione a ferire a sua volta al fianco il rivale, ma solo di striscio; non avrebbe potuto fare di più, il soffio vitale stava già abbandonando le sue membra.

Tempo una manciata di istanti e il Romano cadde al suolo, morto.

Tre contro due.

Udendo insulti e grida di disapprovazione da parte dei suoi commilitoni, uno degli Orazi rimasti riuscì a divincolarsi dall'assedio del suo avversario e si voltò per accertarsi delle condizioni dei suoi fratelli.

Vedendo il gemello nella polvere, esanime, con tutta la rabbia che aveva in corpo, grazie a un'improvvisa torsione del busto, colpì il suo diretto avversario alla spalla, aprendogli un terribile squarcio.

Spinto il nemico a terra, approfittò di quell'attimo per correre in aiuto del fratello, con la speranza di poterlo ancora salvare.

Ma non fece in tempo neppure ad accertarsi delle sue condizioni che fu bloccato dal più possente dei Curiazi che nel duello riuscì a trapassargli la gola con la spada, uccidendolo[82].

---

[82] Dionigi non concorda con la versione di Livio. Secondo tale fonte, infatti, dopo che il primo dei fratelli Orazi cadde, il secondo, mosso da un cieco furore, riuscì a uccidere il rivale trafiggendolo alla gola e pareggiando il conto. Solo in un secondo momento fu preso alla sprovvista da un altro Curiazio che con un potente fendente quasi lo squartò.

Ho preferito in questo caso seguire Tito Livio, poiché la sua versione è quella più tramandata (forse perché più ha colpito l'immaginario collettivo nei secoli). Tuttavia, Livio non descrive le scene del duello né le morti dei contendenti e ho dovuto attingere da Dionigi alcuni dettagli in merito.

Tre contro uno.

Il gemello degli Orazi rimasto in vita, nel frattempo, stava avendo la meglio sul suo avversario.

Marco, questo era il suo nome, fino a quel momento non solo si era battuto molto bene, ma era rimasto illeso, forse grazie alla sua grande agilità e capacità di schivare i colpi del nemico.

Nemico che era ormai affaticato e in piedi a stento, gravemente ferito alla gamba.

Udito il boato della folla albana, che già festeggiava la vittoria, Marco si rese conto di essere rimasto solo.

Gli altri due Curiazi stavano dirigendosi verso di lui per dar manforte al fratello e chiudere una volta per tutte la questione.

Il Romano elaborò un veloce ragionamento: era illeso e anche relativamente in forze, mentre i suoi nemici sembravano feriti e stanchi. Ma erano ancora in tre, e avrebbero facilmente avuto la meglio su di lui, rimasto solo.

A meno che…

L'Orazio si mise a correre, tra gli insulti dei presenti.

- Quel codardo sta fuggendo! Seguìtelo! -

Mezzio Fufezio già pregustava un successo che lo avrebbe fatto diventare signore non solo di Alba ma anche di Roma.

I Curiazi si precipitarono dietro l'avversario ma compresero subito che non potevano reggere il passo, provati com'erano.

Marco si ritrovò quasi al termine del lungo corridoio creato dai soldati, avendo distanziato il primo della fila degli inseguitori di qualche decina di metri.

Dopo il capofila, quello con la spalla fuori uso, veniva il fratello ferito al fianco, che non riusciva a tenere il passo per il colpo di spada ricevuto poco prima.

Infine, a chiudere, l'ultimo degli Albani neppure correva ma saltellava penosamente su un piede solo. L'altra gamba, lorda di sangue, era ormai inutilizzabile.

Non appena Marco Orazio si rese conto che aveva distanziato abbastanza i tre rivali da riuscire ad affrontarli uno alla volta, prima rallentò la sua corsa facendosi raggiungere di proposito dal Curiazio più in forma, quello ferito alla spalla, poi si girò improvvisamente per attaccarlo.

Questi, spiazzato dalla mossa del Romano, fece appena in tempo a coprirsi con lo scudo ma venne sbilanciato e si ritrovò a terra.

Marco, a quel punto, non ebbe nessuna difficoltà a trafiggerlo con la spada.

Uno contro due.

Nel frattempo, era sopraggiunto il secondo Curiazio.

Aveva il fiato corto e imprecava, poiché aveva capito che il Romano non stava fuggendo ma aveva attuato l'unica tattica possibile per non soccombere.

Lo scontro fu durissimo, nonostante l'Albano fosse già ferito e dolorante. Dopo aver incrociato le lame più volte con il temibile guerriero, Marco riuscì a prenderlo di sorpresa.

Il Curiazio alzò d'istinto l'avambraccio per coprirsi il volto, ma lo scudo non poteva più aiutarlo: l'aveva gettato lui stesso poco prima, molti metri indietro, per guadagnare velocità nell'inseguimento.

La spada dell'Orazio gli staccò di netto il sinistro, dal gomito in giù. La mano mozzata cadde nella polvere, ridotta a un macabro oggetto di carne. Ironia della sorte, le dita non mollarono la presa dell'impugnatura neppure da inanimate.

Poco distante stramazzò anche il resto del corpo del Curiazio.

Marco lo finì.

Uno contro uno.

Gli eserciti, passati dalla disperazione all'estasi a turni alternati, piombarono nel silenzio.

L'Orazio muoveva verso il Curiazio rimasto.

Camminava lento, senza fretta.

Dove sarebbe potuto andare il suo nemico?

Faticava a muoversi, aveva bisogno di piantare penosamente la spada al suolo per potersi reggere sulle gambe.

Quando Marco gli fu addosso, l'Albano tentò di difendersi parando con lo scudo tutti i colpi che poteva.

Non si stava più assistendo a un duello entusiasmante ma a uno scontro palesemente impari.

Quando il Curiazio tentò di sbilanciare l'avversario con lo scudo, non fece altro che perdere lui stesso il già precario equilibrio.

Marco, con un calcio sferrato con la pianta del piede, gli spezzò la gamba sana e lo fece ruzzolare nella polvere.

L'Orazio aveva vinto.

I compagni esplosero in un urlo roboante, mentre egli si guardava intorno, per cercare i corpi dei suoi amati fratelli, quasi volesse dedicare loro la sua grande impresa.

L'ultimo nemico era ancora a terra, ai suoi piedi, incapace di alzarsi.

Rantolava, il Curiazio.

Prima di sferrare il colpo decisivo, Marco incrociò lo sguardo del suo signore, sopraggiunto a cavallo insieme con Mezzio Fufezio, giudici di gara supremi.

Gli occhi del terzo re erano socchiusi, ridotti a due fessure, sembravano ordinargli di concludere la battaglia nel sangue.

Vita o morte?

Tullo, l'espressione severa e accigliata, fece un cenno col capo.

Morte!

Il guerriero romano, ipnotizzato da quel volto maligno, mise fine all'incontro, scagliandosi con tutta la rabbia rimastagli sull'avversario inerme.

Lo colpì una prima volta, conficcandogli la spada in gola.

Poi iniziò a tempestarlo di botte con l'ausilio dello scudo.

Ancora e ancora, fino a che l'Albano non divenne una massa irriconoscibile.

Dovettero arrivare due compagni a portare via il vincitore dal cadavere ormai neppure più dalle sembianze umane.

Riuscirono a trascinarlo lontano, mentre ancora inveiva e sputava in direzione del nemico.

Marco aveva trionfato ma non si sentiva ancora sazio della vendetta.

Bramava altro sangue.

Sembrava impazzito.

I soldati uscirono dalla prima linea e corsero a recuperare i corpi dei caduti per offrire loro onori e una degna sepoltura.

Tullo si avvicinò a Mezzio Fufezio.

- La vittoria è mia.

Alba ora dipende da Roma, non il contrario.

Tuttavia, ti concedo di rimanere, fin quando mi piacerà, come esecutore della mia volontà.

Ma ricorda: sei un mero delegato.

Conduci gli uomini a casa, dunque, tienili ben addestrati e in armi.

Mi serviranno tutti nel caso le tue spie abbiano ragione e venissimo attaccati da Veio. -

Il dittatore albano rispose affermativamente, ma l'ordine gli era sembrato arrivare da lontano, voce di un sogno dal quale ci si risveglia bruscamente nel cuore della notte.

Mezzio, mentre il suo nuovo padrone parlava, stava ancora osservando atterrito l'Orazio, reso folle dal dolore e dello scontro appena conclusosi, urlare e dimenarsi.

Il governatore della mitica città fondata da Ascanio non aveva ancora realizzato di aver perso la libertà.

Soprattutto, non aveva ancora compreso quanto fosse terribile il potere di Roma.

La triste storia di Camilla Orazia

Diversi messaggeri erano corsi a Roma, precedendo l'ingresso degli altri in città. Annunciavano la vittoria e convocavano tutto il popolo alla porta Capena, dove a breve sarebbe tornato l'esercito, guidato da Tullo Ostilio e dall'eroe del momento, Marco Orazio.

Quando questi si presentò, trascinando le tre armature dei nemici sconfitti, fu sommerso da urla di giubilo e lanci di fiori.

Ombre.
Solo questo riusciva a scorgere il campione.
Ombre indistinte dall'aspetto mostruoso.
Denti aguzzi, occhi giganteschi su volti minuscoli, bocche spropositate, distorte in ghigni malefici.
Marco, lo sguardo ancora iniettato di sangue, la ragione oscurata dallo sforzo estremo di poco prima, intorno a sé vedeva soltanto mostri.
La prima figura che egli riuscì a riconoscere davvero fu Camilla Orazia, l'amata sorella.
Cosa ci faceva lì, fuori casa e senza il padre ad accompagnarla?
Marco, vedendola correre nella sua direzione, depose dall'animo qualsiasi intenzione di rimproverarla: sicuramente era uscita sola per l'ansia di accoglierlo, abbracciarlo, baciarlo.
Com'era bella, Camilla.
Al suo passaggio dissolveva le malefiche ombre e colorava quel mondo buio fatto di violenza.
Eppure, mentre lei gli si faceva vicina, Marco notava sul suo viso un'espressione tutt'altro che lieta.
Erano ancora i postumi della battaglia o davvero la sorella era triste?
Eppure... egli aveva vinto!
Era vivo!
Quando la giovane sciolse i capelli, disperata, e iniziò a piangere urlando il nome di uno dei Curiazi, a Marco fu tutto chiaro.
Camilla non lo stava aspettando per festeggiarlo ma per maledirlo, poiché aveva ucciso il suo innamorato!
Un Albano!

La donna, non appena si ritrovò a pochi centimetri dal campione, iniziò a sputargli sul volto, a inveire contro di lui, a battere i pugni sul suo petto.

Gli occhi dell'eroe si spalancarono, le pupille si dilatarono, i capillari esplosero.

Il respiro gli mancò e il suo cuore perse un battito.

Il cervello si spense.

Camilla, intanto, continuava a piangere e strillare.

Marco guardava il volto della sorella: era deformato dall'odio.

Adesso, anche lei era un mostro.

La sua bocca si contorceva, le parole che ne uscivano avevano un suono gutturale, incomprensibile.

L'Orazio avvertì una grande debolezza nelle membra, ma i forti tremiti di adrenalina che gli scuotevano il corpo dall'interno gli impedirono di svenire.

Dieci secondi.

Il tempo sufficiente per spegnere una vita.

Marco allontanò da sé la ragazza con uno spintone, sguainò la spada e gliela conficcò nel ventre.

Le urla morirono in gola alla giovane, mentre sulla sua veste candida si allargava una macchia densa e scura.

Camilla Orazia, ormai moribonda, si accasciò a terra.

- Tutta Roma si è riunita qui per festeggiare la mia impresa! L'impresa di tuo fratello!

Tutto il popolo si è dato appuntamento in questo luogo per onorare i caduti, grazie al sacrificio dei quali Alba Longa è ora un nostro dominio.

Onorano i tuoi fratelli caduti!

Morti! Trafitti e sfigurati nel corpo dalle lame di tre cani albani, uno dei quali tu osi piangere.

Come pensi io mi possa sentire?

Stupida e infantile sorella!

Per il tuo puerile amore disonori pubblicamente me, tuo padre, la tua famiglia e Roma stessa!

Se così deve essere, allora muori, perisci, vittima della tua immaturità e raggiungi il tuo innamorato.

E che la stessa sorte tocchi a chiunque in futuro disonori Roma! -

Furono ancora una volta i compagni a prendere di peso l'Orazio e condurlo via, lontano da una folla rimasta impietrita.

Tullo Ostilio non aveva fatto in tempo a rimettere piede in città che già qualcuno parlava di vittoria maledetta dagli dèi.

Quanto accaduto presso la porta Capena non poteva che gettare una luce fosca su tutta l'impresa di Alba Longa.

Le voci di malcontento si moltiplicavano: in fondo non era meglio la vita ai tempi di Numa? Perché ci si era messi in testa di conquistare una città sacra come Alba, madrepatria degli antenati?

Tullo non poteva far passare sotto silenzio l'omicidio poiché, anche se dal suo punto di vista l'episodio non rappresentava nulla di rilevante, ammazzare senza motivo una cittadina romana costituiva un reato della massima gravità.

Il re dovette convocare il colpevole, che si presentò accompagnato dal padre, presenti anche i pontefici.

Quando la riunione ebbe inizio, fu il padre degli Orazi a prendere la parola. Uomo all'antica, vantò la sua giurisdizione sui membri della propria famiglia, in particolare sui figli. Disse che Camilla si era macchiata di una colpa imperdonabile, infangando pubblicamente l'onore della casata, per di più in quello che doveva essere un giorno glorioso. Sebbene lui forse non sarebbe arrivato a ucciderla, continuò, tuttavia non se la sentiva di condannare il gesto di Marco, ancora in evidente stato confusionale per il duello, oltre che provato per la perdita dei fratelli. Supplicò il suo signore affinché perdonasse il campione di Roma.

Tullo, già intenzionato a risparmiare il suo nuovo pupillo, sapeva che non poteva limitarsi ad archiviare il caso, poiché i Romani esigevano una riparazione, almeno a livello religioso.

Così comandò ai pontefici di proporre un rito espiatorio, a patto che il popolo, interrogato, avesse ritenuto giusto concedere la grazia all'eroe di guerra[83].

L'assemblea venne convocata per il giorno seguente e si votò affinché l'Orazio venisse risparmiato.

---

[83] Secondo la tradizione fu proprio in questa occasione che nacque l'istituto di diritto romano della *provocatio ad populum*, formalmente introdotta dalla *Lex Valeria de provocatione* nel 509 a. C. (e quindi proprio all'inizio del periodo repubblicano) ma, come suggerito dalle fonti, di invenzione pontificia e già utilizzata in età regia.

La pena venne commutata in una pubblica umiliazione: passare a capo coperto sotto una trave di legno posta su due pali conficcati in cima a un'altura chiamata Velia.

L'uccisore dei Curiazi accettò di scusarsi davanti a tutti e la "trave della sorella", il *Tigillum Sororium*, rimase come monumento permanente, a memoria di quell'episodio.

Primo arco di Roma, da quel momento e per tutti negli anni a venire, ogni primo del mese di ottobre, i soldati sarebbero stati chiamati a sfilare sotto quella trave, in segno di atto purificatorio.

Mezzio Fufezio, un uomo diviso

85° - 87° ab Urbe condita

Nei tre anni che seguirono, Tullo rivolse la sua attenzione ai preparativi per la guerra contro Fidene e contro la protettrice, Veio.

Il terzo re, sino a quel momento, aveva temporeggiato per due ragioni.

La prima era che non voleva ripetere quanto successo contro gli Albani: stavolta lo scontro sarebbe stato totale, senza spazio per incertezze dovute alla poca sicurezza della propria forza militare.

Il nipote di Osto voleva espugnare la città partecipando in prima persona all'assalto e per far ciò sapeva che era necessario un addestramento serio e mirato per i cittadini romani.

Le nuove generazioni, quelle nate sotto il regno di Numa, non sapevano combattere, e chi era stato soldato ai tempi di Romolo era ormai troppo anziano per dare un valido contributo.

La seconda ragione fu che egli aveva bisogno di presentare l'attacco come giusto e voluto dagli dèi. Sicuramente i messaggi delle spie consegnatigli tempo addietro da Mezzio Fufezio, dai quali risultava evidente l'intento di Fidene di liberarsi dal giogo romano con l'aiuto di Veio, gli facevano gioco ma occorreva che tutti ne prendessero atto.

Gli Albani, per ordine di Tullo, erano già stati messi in allerta da almeno un anno, tanto che il loro governatore aveva predisposto al meglio l'esercito e lo stava mantenendo in costante allenamento.

La vita di due delle più importanti città del Lazio rimaneva sospesa, in attesa del momento fatale.

Fu proprio Mezzio a generare il *casus belli*.

La sua posizione non era invidiabile: intrappolato in un ruolo ingrato, trasformato nel fantoccio di Tullo Ostilio, osteggiato dagli abitanti di Alba Longa, che non si erano arresi a diventare secondi a Roma.

Fufezio, in particolare, non si perdonava il fatto di aver perso tutto a causa di uno scontro di soli tre uomini, quasi una banale scommessa.

Del resto, era stato lui stesso a proporlo.

Così, nella primavera di quell'anno, egli fece sapere segretamente ai regnanti di Fidene che, nel caso gli Etruschi avessero mosso guerra a

Roma, si sarebbe schierato solo in apparenza con l'alleato, per poi tradirlo sul campo e colpirlo alle spalle. A quel punto, Tullo, secondo quanto prospettò Mezzio ai Fidenati, si sarebbe trovato contro l'esercito di Alba, di Fidene e di Veio e non avrebbe avuto scampo.

In risposta, i rappresentanti della colonia filoetrusca si mostrarono ben lieti di riconoscere l'autorità perduta di Alba, a patto di riconquistare la propria piena indipendenza.

Gli accordi erano presi, mancava solo la prima mossa.

Ci pensò Fidene, la quale provocò apertamente Tullo.

Il terzo re non aspettava altro: partì con tutto l'esercito al completo, pronto a marciare sulla colonia mai doma.

Subito si mosse anche Alba Longa, forte di un'armata imponente, superiore a quella dell'Urbe.

Tullo, giunto per primo presso il fiume Aniene, attese Mezzio e, una volta che questi l'ebbe raggiunto, stabilì con lui il piano d'azione. Dall'altro lato del corso d'acqua, da giorni, se ne stavano accampate alcune truppe di Veienti: se anche solo un giavellotto fosse stato lanciato contro la loro protetta, essi si sarebbero schierati con tutta la propria potenza militare in sua difesa.

Tullo e Mezzio attesero un giorno ancora, poi attaccarono.

I Romani schierati sulla destra a fronteggiare i soldati di Veio, gli Albani sulla sinistra, ai piedi di una collina, baluardo contro l'armata di Fidene.

Il nipote di Osto stavolta non aspettò di parlamentare ma si buttò alla carica, alla testa dei suoi uomini, rivelando straordinarie doti di combattente e dimostrando di essere degno membro della *gens Ostilia*.

I Veienti furono messi in difficoltà dall'impeto dei Quiriti. Arretrarono.

Più di tre lunghi anni di allenamenti e preparativi stavano dando i frutti sperati.

Nel vivo della battaglia, un cavaliere giunse, allarmato, da Tullo: non si capiva cosa stessero facendo gli Albani, poiché, contrariamente ai piani, non avevano ancora attaccato sulla destra, tanto che i Fidenati stavano convergendo indisturbati in aiuto dei propri alleati tirreni.

Il re, madido di sudore, riuscì a defilarsi per qualche minuto dalla pugna e a scorgere i movimenti delle truppe alleate che, invece di rispettare quanto concordato il giorno prima, stavano risalendo la collina.

Mezzio aveva ordinato ai suoi di non intervenire, guadagnare l'altura e stare in disparte, spettatori di un massacro annunciato. Aveva in animo di tradire i Romani, lasciandoli soli contro forze numericamente superiori ma allo stesso tempo non se la sentiva di schierarsi apertamente contro Tullo. Roma, a suo parere, avrebbe perso e a quel punto i Fidenati non avrebbero potuto muovergli accuse sul mancato intervento al loro fianco. Del resto, con un esercito decimato e stanco, sarebbero stati in una posizione di grande inferiorità rispetto ai suoi guerrieri e mai avrebbero osato contraddirlo.

Tullo Ostilio, compreso che non poteva più contare su Fufezio, invece di ordinare la ritirata, incitò i suoi, mentendo.

- Romani! Calma!

I movimenti che vedete sul colle sono esattamente quelli da me ordinati.

Abbiamo trovato una via segreta e più celere per aggirare il nemico e prenderlo alle spalle.

Presto gli Albani saranno qui, dopo aver massacrato i Fidenati, per partecipare con noi all'assalto finale.

Volete stare inermi ad aspettare di essere salvati da coloro sui quali dovremmo regnare? Volete forse infangare le gesta degli Orazi, facendovi salvare dai Curiazi?

Fate vedere di che pasta sono fatti i figli di Romolo!

Se il nostro fondatore e il suo braccio destro, mio nonno, Osto, ci condurranno nell'impresa con la loro benedizione, prometto che istituirò altri dodici salii in onore di Quirino! -

Udite queste parole, i Romani si avventarono sulle milizie di Veio, sbaragliandole, e i Fidenati, che capivano Tullo perché dello stesso ceppo linguistico, si disunirono, temendo davvero un attacco alle spalle. La maggior parte di essi venne presa dal panico e batté in ritirata, scappando verso il fiume Aniene.

Mezzio, che dall'alto aveva un'ampia visione di tutto il campo di battaglia, comprese subito che la vittoria, contro ogni previsione, sarebbe stata romana.

Preoccupato dalla piega che stavano prendendo gli eventi, si risolse a intervenire per salvarsi la faccia con Roma.

Inoltre, i capi di Fidene dovevano morire, poiché avrebbero potuto rivelare le sue losche trame.

Così Fufezio ordinò ai suoi uomini di lanciarsi a tutta velocità giù dal crinale dalla collina e di inseguire gli sconfitti: nessun prigioniero, nessuna testimonianza del tradimento.

A questo punto, finalmente braccato su due fronti, ciò che era rimasto dell'esercito fidenate non trovò di meglio che correre all'impazzata senza meta.

Fu l'inizio del più tremendo massacro della fino ad allora breve storia di Roma.

Chi fosse stato spettatore della fine della battaglia, ovunque si fosse voltato, avrebbe potuto vedere morte.

Alcuni guerrieri furono trafitti tra le scapole da giavellotti scagliati da Romani, altri, inseguiti dagli Albani, si tuffarono nel fiume ben sapendo che sarebbero affogati a causa delle correnti.

Tutto ciò mentre i soldati di Veio urlavano dal dolore guardandosi i moncherini insanguinati, impietoso avanzo di quelle che erano state le loro braccia e gambe prima che su di esse fosse calata una lama quirita.

Mentre quell'atroce spettacolo giungeva al suo epilogo, i cavalieri trottavano per il campo in cerca di feriti da finire con un colpo di lancia al ventre, pesci perduti in un torrente di sangue, pronti a essere infilzati dai rozzi arpioni di primitivi pescatori.

Sic transit gloria mundi

Quando i corvi iniziarono a banchettare sui resti dei caduti, Mezzio si fece incontro a Tullo.

Il primo a cavallo, perfettamente riposato e pulito.

Il secondo a piedi, ricoperto di fango e sangue, i capelli incrostati e appiccicati sulla fronte. In mano una spada di fattura tirrena, strappata nel furore dello scontro chissà a chi ma non certo degna di un re.

Il governatore di Alba simulò noncuranza e il monarca finse di abboccare, mantenendo il controllo; fece un cenno col capo al traditore per confermargli che Roma aveva vinto, e che lui e i suoi uomini potevano tornare all'accampamento in attesa dei festeggiamenti del giorno successivo.

Mezzio, visibilmente sollevato, girò il suo cavallo e, petto in fuori, tornò tra i suoi soldati, convinto di averla fatta franca.

All'alba, gli eserciti vennero radunati per assistere al sacrificio purificatore.

Tullo Ostilio, ripulito e riposato, salì su una pedana improvvisata e prese la parola.

- Romani! Ieri si è compiuta la più grande impresa della storia del nostro popolo. Avete mostrato che il valore guerriero tanto caro ai nostri antenati scorre ancora nelle vostre vene.

Ora posso svelarvelo: io, il vostro re, vi ho ingannati!

Eravamo soli, contro Veienti e Fidenati, e con le nostre uniche forze abbiamo ottenuto il trionfo!

Non mi sono preso gioco di voi, miei uomini.

Mentirvi è stato necessario per il buon esito dello scontro.

Cercate di perdonarmi: non potevo far altro, nel momento in cui ho capito che eravamo vittima del tradimento da parte dei nostri alleati.

Non avevo impartito nessun ordine segreto agli Albani, essi stavano risalendo il colle per abbandonarci!

Solo in un secondo momento, resisi conto della disfatta dei Fidenati, loro alleati in segreto, sono tornati in battaglia, fingendo di compiere la propria parte per la lotta comune.

Ma a me non sfugge niente!

Il vostro re aveva visto e capito ogni cosa!

Non me la prenderò con gli Albani: essi eseguono gli ordini del loro comandante, come voi eseguite i miei.

L'unico responsabile di tutto ciò è Mezzio Fufezio!

Colui che ambiva a diventare il monarca della leggendaria Alba Longa si è rivelato un misero cane in cerca del padrone che gli offra l'osso più succulento.

Mezzio!

Hai tradito me e nello stesso tempo Fidene, rimanendo in disparte per allearti poi a convenienza.

Ora, maledetto, dopo che hai voltato le spalle al tuo signore, vorresti anche partecipare al suo banchetto? Non avrai neppure gli avanzi ma solo una giusta condanna per le tue scellerate azioni.

Sai, Mezzio, sono rimasto sveglio tutta la notte per trovare una degna punizione per colui che non ha saputo con chi schierarsi, con l'animo diviso tra Alba, Roma, Veio, Fidene e chissà chi altri.

Alla fine, ho trovato il supplizio per chi come te vuole andare da più parti. Dato che sei un uomo diviso, anche il tuo corpo verrà diviso, così potremo tenerti un pezzo per ciascuno!

Suvvia, Mezzio!

Non disperarti, non implorare pietà.

Ti sto dando l'occasione di riscattare la tua insulsa e miserabile vita con la morte. Sarai un monito per i tuoi concittadini, così che scelgano bene da che parte stare in futuro!

E adesso, amici albani, assisterete alla sorte che il Fato destina a chi tradisce Roma! -

Proferite queste parole, Fufezio, che invano tentava di discolparsi, venne circondato dalla guardia personale di Tullo e legato a due carri, posizionati in due direzioni opposte.

Poi, i soldati frustarono i cavalli per incitarli alla corsa.

Molti dei presenti non riuscirono a reggere lo spettacolo e voltarono il capo o misero le mani sugli occhi nel momento in cui Mezzio Fufezio, governatore di Alba Longa, fu squartato e ridotto in pezzi.

Tutti i suoi luogotenenti giurarono immediatamente fedeltà al loro nuovo signore.

I guerrieri provenienti dai ceti sociali più modesti chiesero di poter trasferirsi, con le famiglie, nell'Urbe.

I rampolli delle famiglie nobili mantennero un profilo piuttosto basso, prendendo tempo e accettando di seguire Tullo a Roma, poiché aveva promesso loro di farli diventare patrizi[84].

Appena prima di smontare il campo e mettersi in marcia, il re convocò in segreto una sua vecchia conoscenza, il suo campione, colui che riteneva più fedele alla causa.

Marco Orazio.

L'uccisore dei Curiazi ne aveva passate tante e aveva accumulato un tale odio nei confronti degli Albani da essere la persona giusta alla quale affidare quel compito così ingrato: distruggere la città rivale.

Tullo gli ordinò di mettersi subito in marcia, poi, radunato il resto del suo esercito e di quello che era stato di Mezzio Fufezio partì alla volta di Roma, ansioso di celebrare la vittoria con sacrifici pubblici.

Giunto a destinazione, convocato dai senatori, egli venne notiziato del fatto che, sebbene il popolo fosse ancora dalla sua parte e il suo consenso dopo questa vittoria fosse aumentato, l'esecuzione sommaria e cruenta dell'alleato non era stata una buona idea, perché contraria all'immagine pia che i Romani stavano faticosamente cercando di darsi.

Il monarca rispose che si trattava di dettagli insignificanti e che presto Roma si sarebbe fregiata di un nuovo esercito, di un ricco bottino e di un clamoroso aumento della popolazione, in procinto di raddoppiare grazie all'arrivo dei profughi albani.

Egli, senza consultare né i senatori né il popolo né i feziali, aveva già predisposto ogni cosa.

La gran parte dei soldati nemici gli aveva giurato fedeltà, i restanti erano comunque trattenuti a Roma: Alba Longa era rimasta priva di difensori. Non a caso, concluse il re, proprio in quei minuti, metà del suo esercito stava entrando dalla porta principale della capitale latina.

Marco Orazio espugnò Alba senza fatica.

---

[84] In particolare, Dionigi e Livio ci indicano i nomi delle famiglie albane a cui Tullo promise il patriziato. Mi riferisco ai Giulii, coloro che vantavano la discendenza diretta da Ascanio, i Curiazi (la *gens* dei tre gemelli guerrieri), i Cluvili (ovvero i parenti di Cluvilio), i Servili, i Gegani, i Metelli, i Quintili (o Quinzi), i Cleli.

Radunò con la forza parte del popolo e i rappresentanti della città nella piazza principale, per raccontare loro quanto era successo a Fidene, oltre che l'esecuzione di Mezzio. Concluse il suo discorso annunciando che l'esercito albano era già a Roma e lì sarebbe rimasto. Re Tullo, nella sua magnanimità, concedeva a tutti i cittadini di Alba la grazia e la possibilità di stabilirsi sul Celio, affinché iniziassero una nuova esistenza sotto il suo dominio.

Alla richiesta della nobiltà albana di poter mandare ambasciatori per trattare una pace o una resa, Marco Orazio rispose con la violenza e diede l'ordine di iniziare la distruzione della città.

L'uccisore dei Curiazi aveva perduto la sua umanità nel momento in cui aveva trafitto la propria sorella. Per quello era stato scelto da Tullo: impietosirlo sarebbe stato impossibile.

I soldati romani irruppero nelle abitazioni e ne scaraventarono fuori gli occupanti.

I tetti delle capanne vennero dati alle fiamme: case, campi, persino i templi, bruciarono.

I beni che i cittadini riuscirono a mettere in salvo e portare con sé non vennero requisiti ma tutto il resto fu saccheggiato.

Quando Marco Orazio già si trovava sulla strada del ritorno, alla testa di un'infinita colonna di profughi disperati e in lacrime, della capitale dei Latini, la gloriosa città fondata dal figlio di Enea, non era rimasto che un cumulo di macerie annerite dal fumo e sepolte dalla cenere.

Alba Longa, a circa cinquecento anni dalla sua fondazione, non esisteva più.

Le sue rovine vennero inghiottite dalle sabbie del tempo fino a polverizzarsi, scomparendo dalla storia.

Il dominatore del Lazio

88° - 105° ab Urbe condita

La primavera successiva, Roma aveva nuovamente raddoppiato la sua potenza. Tullo aveva allargato il numero dei senatori, aggiungendo i rappresentati delle famiglie albane più significative. Per ingraziarsi i suoi vecchi consiglieri aveva donato una nuova sede all'assemblea e fatto costruire l'imponente Curia Ostilia, edificata in muratura[85].

Con la bella stagione, il nipote di Osto decise di tornare a Fidene per regolare i conti: la città era stata sconfitta sul campo di battaglia qualche mese prima, ma i colpevoli della ribellione non erano mai stati puniti.

I Fidenati, vedendo arrivare un'armata tanto vasta, non trovarono tattica migliore che quella di trincerarsi all'interno delle mura.

Tullo si accampò intorno alla fortezza, costruendo fossati e palizzate così da rinchiudere gli abitanti e impedire loro di ricevere rifornimenti dall'esterno[86].

Quando gli ambasciatori avversari chiesero udienza al monarca, affinché risparmiasse i loro concittadini dalla morte per fame, egli risposte che avrebbe tolto l'assedio non appena la città gli avesse consegnati tutti i colpevoli del tradimento ordito contro Roma.

I congiurati vennero giustiziati sul posto.

Poi, liberate le vie commerciali, il re chiese l'accesso pacifico entro le mura, così da nominarne personalmente una reggenza di suoi fidati e rinnovare l'amicizia tra i due popoli.

Fidene fu pacificata e tornò sotto il controllo di Roma, con buona pace di Veio, che intanto si era preoccupata di mandare ambasciatori per rinnovare il trattato di non belligeranza con Tullo.

---

[85] L'edificio venne distrutto da un incendio nel 52 a. C. ma fu fatto ricostruire sotto Cesare (venne terminato solo sotto Augusto) e prese il nome di *Curia Iulia*. Lo possiamo ancora ammirare, situato nei pressi del Foro.

[86] La tattica militare di Tullo, così come viene descritta da Dionigi di Alicarnasso, ricorda quella di Cesare ad Alesia.

Ma il re guerriero non si sentiva ancora abbastanza soddisfatto delle sue imprese militari, così volse la sua attenzione verso la popolazione con la quale non si era ancora scontrato.

I Sabini.

Nell'anno 88° dalla fondazione, egli trovò il giusto pretesto per dichiarare una guerra.

A una trentina di chilometri dall'Urbe, presso una località denominata Feronia, si era soliti tenere periodicamente una festa in onore della dea Proserpina.

Il culto era comune anche ai Sabini e le celebrazioni erano un importante appuntamento per i contadini e i mercanti: si organizzava infatti un grande mercato dove era possibile concludere ottimi affari e venire in contatto con merci importate da terre lontane.

Durante quei giorni di festa, proprio mentre erano intenti a contrattare il prezzo di alcuni capi di bestiame, alcuni mercanti romani vennero rapiti, malmenati, derubati e abbandonati nei boschi lì intorno.

L'episodio, un comune caso di brigantaggio avvenuto in territorio neutrale, non era ovviamente ascrivibile a una condotta di politica estera né ci sarebbero stati gli estremi per una guerra giusta.

Eppure, Tullo mandò i feziali dai Sabini pretendendo le loro scuse oltre a un pingue risarcimento.

Questi non vollero saperne, anzi, rinvangarono il passato dichiarandosi loro quelli offesi dal fatto che Roma aveva sempre accolto i fuggitivi delle loro tribù, privandoli di una parte della miglior gioventù[87].

Tullo aveva ottenuto il pretesto che cercava.

Dichiarò guerra e portò l'imponente esercito ai confini con il nemico, non lontano da Feronia, presso la selva denominata Maliziosa.

Al suo arrivo trovò le tribù sabine schierate e pronte per lo scontro.

Tutto si risolse in una sola giornata e in un'unica battaglia: le perdite,

---

[87] Non dobbiamo dimenticare che stiamo parlando di quei Sabini discendenti da coloro che avevano preferito non aderire all'accordo stipulato con Romolo da Tito Tazio. Essi, per mantenere pura la propria identità culturale e la propria indipendenza, avevano sempre rifiutato di recarsi a Roma e non avevano mai approfittato del diritto d'asilo.

in quel primo giorno, furono così ingenti da ambo le parti che si decise di comune accordo di rinviare il conflitto a data futura[88].

Servirono probabilmente due anni per addestrare nuove reclute; infine, intorno alla novantesima primavera dopo la fondazione, gli eserciti si fronteggiarono nuovamente in campo aperto, stavolta presso Ereto.
I Romani subirono ancora molte perdite ma nel giro di poche ore la battaglia volse a loro favore, tanto che interi reparti di Sabini iniziarono disordinatamente a darsi alla fuga.
Tullo a quel punto divise l'esercito in due: una metà sarebbe rimasta con lui a combattere, l'altra avrebbe inseguito i fuggitivi sino ai loro accampamenti, per ucciderli.
Il nipote di Osto voleva chiudere il conto una volta per tutte.
Al tramonto, Ereto si ritrovò sommersa dai cadaveri dei soldati uccisi, in prevalenza Sabini.
Gli accampamenti poco distanti furono conquistati dai Romani, che vi si insediarono.
Re Tullo non aveva intenzione di andarsene fino a che tutti i disertori nemici fossero stati acciuffati dai suoi cavalieri e giustiziati. Non solo: era pronto ad accogliere con le maniere forti qualsiasi nuova ondata di Sabini avesse osato presentarsi per recuperare armature,

---

[88] Le modalità di svolgimento della guerra tra Tullo e i Sabini non devono stupire.
Obiettivo principale all'epoca era certamente la vittoria sul nemico ma essa non doveva avvenire al prezzo dell'eccessivo indebolimento del proprio esercito. Pertanto, la tattica maggiormente utilizzata era quella di imporre la propria superiorità durante una prima battaglia per impaurire l'avversario, fargli perdere fiducia e indurlo ad arrendersi o quanto meno a trattare una pace a condizioni a lui svantaggiose.
Il fatto che dopo una sola battaglia Tullo e i Sabini si fossero subito trovati d'accordo sul rinvio del confronto, significava che qualcosa doveva essere andato storto quel giorno. Un qualcosa che non solo non aveva permesso a nessun di imporre la propria superiorità ma aveva soltanto indebolito gli eserciti, più vulnerabili agli attacchi di altre potenze, come gli Etruschi.
Il fatto che i comandanti supremi avessero concordato di ritirarsi stava anche a significare che il conflitto tra Romani e Sabini non era dettato da rabbia o rancore, ma semplicemente vissuto come inevitabile per il futuro dei due popoli.
Una guerra condotta con la ragione invece che con la passione, insomma.

armi, bestiame e tutta la gran quantità di merci di cui egli si era impadronito occupando gli accampamenti.

Ma i giorni trascorsero placidi e gli unici che si fecero vedere, a più riprese, furono gli ambasciatori avversari, con richieste di pace.

Tullo impose le sue condizioni, pretendendo un risarcimento elevatissimo oltre che tributi molto onerosi.

Poi, siglata la non belligeranza, tornò a Roma, stracarico di bottino, e celebrò il suo terzo trionfo.

Trascorse un decennio.

Esattamente cento anni dopo la sua fondazione, Roma dovette ancora una volta prendere le armi, stavolta per difendersi.

Alcune città latine, che non avevano mai accettato il trattamento riservato alla loro madrepatria, fecero sapere a Tullo che non erano disposte a seguire Roma né a riconoscerla come loro superiore.

Egli inviò i suoi messi e, loro tramite, spiegò che tutti i Latini gli dovevano obbedienza per diritto naturale e divino.

Alba non esisteva più, era stata vinta in battaglia.

Secondo la legge del più forte, quindi, tutte le colonie avrebbero dovuto obbedienza al conquistatore.

Se anche questa tesi non avesse convinto i Latini, fece ripetere il re dai suoi emissari in tutti i villaggi, essi avrebbero dovuto pensare che gli Albani erano vivi e vegeti, così come lo erano le stesse famiglie nobili a cui erano soliti recare omaggio. Solo che adesso erano diventati contadini, soldati e commercianti romani i primi, e patrizi romani i secondi! Anche per questo motivo, le colonie di Alba Longa avrebbero dovuto obbedienza a Roma.

Poiché il ragionamento aveva un suo fondamento, i Latini chiesero del tempo per riunirsi (come erano soliti fare presso la madrepatria per assumere le decisioni più importanti per la sopravvivenza del loro popolo o per le maggiori feste religiose comuni), con la promessa che avrebbero presto fatto sapere a Tullo la loro decisione.

Le città di Cori e di Lavinium furono quelle che con maggior forza sostennero la loro contrarietà ad accettare il dominio romano.

Vennero eletti a capo di quella che possiamo considerare la prima lega latina in funzione antiromana, Anco Publicio (rappresentante di Cori) e Spurio Vecilio (rappresentante di Lavinium).

I due, insieme, dichiararono guerra a Roma.

Il conflitto durò cinque anni: anche in questo caso si trattava di misurare le proprie forze per decidere il futuro delle singole città. Non ci fu mai uno scontro totale, ma battaglie combattute tra manipoli, sconfinamenti reciproci di terreni, saccheggi tra accampamenti, sequestri di soldati e richieste di riscatti.

Medullia, seguendo l'esempio di Cori e Lavinium, si schierò contro Roma ed ebbe una dura punizione.

Cinque anni di scaramucce, dunque, ma interrotte da alcuni giorni di tregua nel momento in cui i Sabini, esasperati dalle condizioni dell'ultimo trattato imposto loro da Roma, erano tornati a dare battaglia. Approfittando del fatto che i loro acerrimi nemici erano impegnati su più fronti, non solo avevano tentato scorribande nei territori romani rimasti privi di difesa quando l'esercito si era trovato impegnato contro i Latini, ma avevano anche provato a stipulare alleanze con le maggiori città in lotta con l'Urbe.

Il tentativo era quello di unire le forze latine e sabine e sbaragliare il comune nemico.

Anco Publicio e Spurio Vecilio, memori di quanto accaduto a Mezzio Fufezio, di tutta risposta si erano recati da Tullo Ostilio, l'avevano informato dell'offerta ricevuta, dimostrandosi disposti ad accordare una momentanea tregua.

Le città latine avrebbero interrotto le ostilità per il tempo che fosse stato necessario a fronteggiare la nuova minaccia.

I Sabini rimasero spiazzati dal comportamento di coloro con i quali desideravano allearsi, ma ormai si erano esposti e avevano sfidato Tullo.

Si arrivò a un nuovo grande scontro in campo aperto, stavolta presso un luogo denominato Selva dei Malfattori.

L'esercito sabino venne massacrato in un solo giorno di scontri e le ostilità tra Roma e la lega latina poterono riprendere quasi subito.

Anche i Latini ben presto capitolarono.

Quando fu chiaro a tutte le città della lega che Roma non poteva essere battuta, e che il suo ruolo era quello di naturale sostituta di Alba Longa, qualasiasi tentativo ulteriore di ribellione venne interrotto.

Gli dèi ti hanno maledetto!

106° - 113° ab Urbe condita

Roma era diventata la città più potente del Lazio.

Tullo si sentiva finalmente soddisfatto o stava progettando nuove campagne militari?

I cittadini romani, che per troppo tempo avevano trascurato le proprie famiglie e i propri affari, desideravano poter vivere qualche anno in tranquillità.

Ma il re non volle saperne di smobilitare l'esercito.

Pretendeva che tutti i suoi sudditi dedicassero metà del loro tempo all'esercizio fisico e all'addestramento con le armi.

Era sacro dovere di ogni cittadino difendere la propria patria e Tullo teneva tutti gli abitanti maschi e atti a combattere sempre in perenne stato di allerta, lontani da una vita familiare e lavorativa serena.

Durante l'anno 107° dopo la fondazione, giunsero in senato alcuni contadini allarmati: nei pressi dei loro appezzamenti di terra, sul monte Albano, erano piovute dal cielo delle pietre.

Tullo inviò uomini di fiducia per accertarsi dell'accaduto.

Quando furono di ritorno dalla breve spedizione, testimoniarono che l'evento si era ripetuto in loro presenza.

Come se non bastasse, essi avevano udito una voce proveniente dai boschi limitrofi, la quale si lamentava per la sorte di Alba Longa e rammentava ai Romani di non dimenticare mai quali fossero le loro origini e quali dèi andassero onorati.

Era stato Fauno a parlare?

Il racconto impressionò molto la popolazione, tanto che si decise di proclamare nove giorni di preghiera, il Novendiale, rimasto poi nella tradizione[89].

---

[89] L'evento prodigioso è riportato da Tito Livio.

Ancora una volta possiamo tentare di trovare una spiegazione razionale.

Nella storia si sono verificati casi, seppur rari, di piogge di detriti dovute a tempeste marine, eruzioni di vulcani, vortici e trombe d'aria. Senza contare che anche una grandinata particolarmente violenta potrebbe aver impressionato i Romani, molto

Non trascorsero neppure due primavere: intorno all'anno 109° dalla sua fondazione, Roma dovette fare i conti con un'epidemia di peste.

Evidentemente, si mormorava, gli dèi continuavano a essere irati.

Tullo Ostilio però non voleva sentir parlare di superstizioni.

Del resto, lui stava bene: si sentiva in piena forma, segno che anche la peste aveva paura di lui!

Decise di non interrompere gli addestramenti: chi era stato colpito dalla pestilenza poteva considerarsi, almeno per un po', esonerato, ma chi era in forze doveva continuare a prepararsi.

Anzi, andava dicendo il terzo re, i nemici dell'Urbe avrebbero potuto approfittare del momento di debolezza per attaccare, come già successo qualche decennio prima, all'epoca di Romolo.

Gli addestramenti proseguirono nonostante l'infuriare dell'epidemia.

Passarono mesi, e i cittadini neppure poterono piangere i loro cari caduti vittima della malattia, perché si vedevano costretti a trascorrere tutto il proprio tempo libero correndo, cavalcando, scagliando giavellotti e duellando.

Una mattina qualsiasi, il monarca non si presentò alla solita rassegna dell'esercito ma gli addestramenti proseguirono sotto la guida dei suoi comandanti.

Anche la mattina successiva Tullo non si fece vedere.

Né quella dopo, né quella dopo ancora.

Il potente signore del Lazio era caduto vittima della peste.

Era quindi vulnerabile, il nipote di Osto, come tutti i mortali!

Da quel momento Tullo divenne a sua volta superstizioso e cercò in tutti i modi di placare quella che era convinto fosse l'ira divina.

Nell'anno 113° dalla fondazione, ormai allo stremo delle forze, il re fece studiare la situazione ai pontefici.

Gli vennero consegnati i *commentarii* sacri di Numa Pompilio; la soluzione si sarebbe potuta trovare al loro interno, con l'aiuto del

---

più superstiziosi di noi oggi e poco consapevoli dei fenomeni naturali, specialmente nel VII secolo a. C.

Non solo: si potrebbe anche pensare a una messa in scena creata appositamente per aumentare il malcontento nella popolazione nei confronti della politica del re, al fine di destabilizzare il regime.

nipote del religioso monarca, Anco Marzio, che da quel momento divenne molto amico di Tullo.

I due concordarono che, tra tutte le cerimonie trascritte dal prediletto della ninfa Egeria, quella più adatta da celebrare sarebbe consistita nei sacrifici segreti in onore di Giove Elicio.

Ogni più minuzioso dettaglio venne predisposto.

Il terzo re si isolò nel luogo deputato e seguì alla lettera le istruzioni lasciate per iscritto da Numa.

Tullo, in quell'occasione, chiese a Giove di mandargli un segnale, per indicargli cosa avrebbe dovuto fare affinché l'ira divina si placasse e la peste smettesse di tormentare la città.

La stessa notte si scatenò una violenta bufera sull'Urbe.

Il mattino seguente Roma fu svegliata dalla notizia che fece tirare un sospiro di sollievo a tutti: durante il temporale un fulmine aveva colpito la dimora regale.

Tutti gli occupanti erano morti a causa dell'incendio che ne era seguito: Tullo Ostilio, la moglie, i figli, persino i domestici.

Era dunque quello, il segnale mandato da Giove?

L'incenerimento del re[90]?

Per le vie principali di Roma saltellarono i salii, recitando a gran voce il loro carmen.

- Cantate lui, il padre degli dèi!
Supplicate il dio degli dèi!
Quando tuoni, o dio della luce, innanzi a te tremano tutti gli dèi che anche da lassù ti hanno sentito tuonare! -

---

[90] L'immaginario comune, impressionato dalla versione di Tito Livio, ha tramandato un giudizio negativo su Tullo Ostilio: guerrafondaio, sanguinario, irrispettoso degli dèi. La stessa fine del re, ucciso nella propria dimora durante un temporale notturno a causa di un fulmine, sembra ricalcare quella di un precedente spietato monarca di Alba Longa, Alladio Silvio (a cui si è già fatto cenno in questo lavoro). Eppure, Dionigi di Alicarnasso tramanda un giudizio tutto sommato positivo di Tullo. Ci dice che il terzo re di Roma fu uomo degno di lode per il suo valore nelle armi, per il coraggio dimostrato nell'affrontare i pericoli, per il modo di condurre la politica estera, attendista e per nulla impulsivo e guidato sempre dal fine di superare gli avversari per condurre Roma alla vittoria.

CAPITOLO VII
ANCO MARZIO, UN REGNO DI LUCI E OMBRE

Il regicida

113° ab Urbe condita

Quando Numa morì, nell'anno 81° dopo la fondazione, Anco Marzio, suo nipote, aveva appena cinque anni.

Qualche tempo dopo, nella notte in cui Tullo Ostilio venne "incenerito", Anco era diventato un adulto di trentasette anni.

L'uomo aveva sicuramente preso parte a qualche campagna militare e si era fatto ben volere da molti membri del senato, oltre che da alcune delle famiglie patrizie più importanti.

Il malcontento che da tempo serpeggiava a Roma fu la sua occasione per emergere: da più parti egli veniva indicato come il candidato ideale per la successione al trono.

Non solo era di stirpe sabina (dopo Tullo, latino, secondo l'antico patto senatorio sarebbe stato nuovamente il turno proprio di un discendente di Tito Tazio) ma addirittura si trattava del nipote del grande Numa.

Le sue recenti apparizioni pubbliche, in veste di consigliere religioso del terzo monarca e officiante di riti religiosi avevano alimentato la speranza nel popolo e nelle alte cariche che Anco avesse ereditato dall'avo l'indole pacifica e la devozione per gli dèi.

Difatti, dopo un brevissimo periodo di interregno senatorio, nell'anno 113° dopo la fondazione, fu proprio il Marzio a venire nominato quarto re.

Contrariamente a quanto ci si poteva aspettare, non fu refrattario al potere.

A differenza di quanto aveva fatto il nonno, non esitò un attimo ad accettare l'offerta di comando.

Egli, in realtà, non aspettava altro. Voleva il potere e per ottenerlo era disposto a tutto.

Anche a uccidere.

Non era stata di Giove, la mano che aveva scagliato il fulmine sulla dimora dell'"empio" Tullo Ostilio[91] ma di Anco Marzio.

E quella mano era stata guidata da una parte dei senatori, che avevano già da tempo individuato nel nipote di Numa il candidato ideale per portare avanti i loro interessi.

Quando Tullo Ostilio si era ammalato di peste, i suoi oppositori avevano a lungo discusso sul da farsi.

Una parte di essi aveva insistito perché si attendesse la morte naturale.

In fondo, quanto tempo poteva mancare?

I cospiratori avevano soppesato attentamente tutte le possibilità, ma alla fine erano giunti alla conclusione più radicale: bisognava agire repentinamente, accelerando la fine di Tullo.

Non c'era tempo da perdere, dal momento che il re aveva in animo di nominare per testamento uno dei suoi figli come erede al trono. Ciò, andava sostenendo il monarca, avveniva già da secoli presso altre popolazioni, come per esempio presso gli Albani. E poiché circa un terzo dei nuovi senatori e delle nuove famiglie patrizie, oltre che quasi metà della popolazione totale di Roma, erano appena migrati da Alba Longa, l'operazione poteva benissimo essere percepita come più naturale di quanto un Quirita potesse percepire.

Tullo, diventato meno guardingo per l'età e la malattia, aveva messo al corrente dei suoi intenti alcune persone a lui care, tra cui l'uomo meno indicato.

Anco Marzio.

Il nipote di Numa era corso, casa per casa, dagli anziani più illustri, svegliandoli nel cuore della notte per avvertirli senza ritardo delle intenzioni del re.

Se il figlio di Tullo fosse salito sul trono non solo lui avrebbe perso la sua occasione ma gli stessi senatori quiriti si sarebbero visti perdere d'importanza a favore dei prediletti del nuovo eletto, quegli

---

[91] In particolare, a parlarcene è Dionigi di Alicarnasso quando, nelle sue *Antichità Romane*, riferisce alcune voci in merito all'assassinio del terzo Re, proprio per mano di quello che sarebbe stato il suo successore di carica. Siamo di fronte ancora a due diverse versioni: una mitica, la punizione divina, e una storica, il regicidio.

stessi Albani che non molti anni prima erano giunti a Roma come profughi, scacciati dalla loro città.

Ormai non vi era più dubbio alcuno: il re andava eliminato.
Ma un regicidio era un fatto grave, i *Patres* lo sapevano bene poiché in passato i loro avi avevano portato sulle spalle il peso delle accuse di aver posto fine alla vita di Romolo.
Inoltre, la dimora di Tullo era ben sorvegliata.
Il monarca era diventato paranoico: quale sicario sarebbe riuscito a intrufolarsi nella sua stanza senza essere notato?
Soltanto uno.
Anco Marzio.
Al di sopra di ogni sospetto, lui solo aveva accesso alla reggia senza dover subire controlli.
Anzi, era diventato proprio suo costume andare e venire con frequenza, poiché Tullo era solito mandarlo a chiamare quando doveva compiere un sacrificio o un rito religioso.
Così il nipote di Numa attese una notte particolarmente buia, quando fosche nubi si erano addensate su Roma, oscurando la luna.
Il vento ululava la sua malinconica litania mentre il congiurato, in compagnia di alcuni uomini fidati, entrava a palazzo.
Le guardie erano abituate alla sua presenza, non vi avevano nemmeno fatto caso.
I regicidi si erano mossi all'interno delle buie sale, spettri a tratti illuminati dal bagliore dei fulmini.
Quando la pioggia aveva iniziato a scrosciare, il rumore assordante aveva coperto le urla delle vittime.
Nessuno era sfuggito alla furia dei pugnali.
Né il re, ormai troppo debole e malato per tentare qualsiasi difesa né la moglie né i figli.
Erano stati tutti massacrati.
Gli assassini avevano deciso che avrebbero dovuto uccidere persino i domestici di turno quella notte: non potevano permettersi di lasciare testimoni.
Anco e i suoi avevano dato tutto alle fiamme, così da cancellare gli indizi del proprio passaggio e poter giurare che era stato Giove a scagliare un fulmine contro la reggia e tutti erano rimasti uccisi nell'incendio che ne era scaturito.

Se lo sosteneva il nipote di Numa, in contatto con gli dèi, c'era da fidarsi.
Oppure no?

Chi ha paura di Anco Marzio?

114° - 125° ab Urbe condita

Il re non disattese le aspettative e, come prima mossa, diede rinnovato impulso alla vita religiosa.

Bastò ricordare al popolo l'impegno e l'amore profusi da suo nonno mezzo secolo prima per ottenere credibilità.

Le tavole scritte da Numa vennero copiate dai pontefici e posizionate nel Foro, così che tutti potessero studiare riti e cerimonie per ogni ricorrenza, mese per mese.

Negli stessi giorni, Anco sciolse i cittadini dalla leva, permettendo loro di tornare a coltivare i campi, allevare il bestiame e commerciare; fu il suo modo di annunciare l'arrivo di un regno di pace, nel quale i Romani avrebbero potuto dedicarsi finalmente alle loro attività.

Le porte del tempio di Giano potevano tornare a chiudersi.

Per qualche mese, poiché i venti di guerra stavano iniziando a infuriare.

I Latini, sottomessi da poco da Tullo, venuti a conoscenza dell'identità del successore di colui che li aveva sconfitti, rialzarono la testa.

Anco Marzio sembrava in tutto e per tutto come Numa, più dedito agli dèi che incline alla lotta. Per la mentalità di quelle bellicose popolazioni, era il segnale di un'indole debole.

Quale migliore occasione per ribellarsi al giogo di Roma?

I maggiori centri della lega antiromana si riunirono e concordarono di mettere alla prova il quarto re provocandolo, così da valutarne la reazione.

Nell'anno 114° dopo la fondazione, i Latini diedero il via a numerosi episodi di sconfinamento tramite bande di predoni, i quali non si fecero scrupoli nel danneggiare campi, rubare bestiame, infastidire contadini.

Come da copione, Anco mandò i feziali per chiedere il rispetto dei trattati, oltre a un'equa riparazione per i danni subìti.

Di tutta risposta, i Latini fecero sapere che non intendevano pagare alcun prezzo. Non riconoscevano l'autorità di Roma e, morto Tullo, consideravano i trattati non più attuali e non più degni di rispetto.

Il nipote di Numa dovette suo malgrado ordinare nuovamente la leva[92] e prepararsi a combattere.

Nella primavera dell'anno 115° dopo la fondazione, egli si diresse, alla testa dell'esercito, a una quindicina di chilometri a sud, presso una delle città latine ribelli: Politorium.

Lì, dimostrò che egli era ben diverso da suo nonno e che due o tre anni lontani dall'addestramento non avevano certo fatto dimenticare ai Romani come si usavano spada, lancia e scudo.

La città latina fu conquistata e tutti i suoi abitanti condotti forzosamente sull'Aventino, così da espandere l'abitato di Roma e accrescerne la popolazione.

Durante il successivo anno, poiché gli animi dei Latini non si erano placati, Anco marciò su altri due centri: Tellenae e Ficana.

Li conquistò e ne deportò la popolazione, facendola accomodare sempre sull'Aventino.

La lega tornò a fare fronte comune e si trincerò a Medullia, cittadella fortificata situata sulla riva sinistra del Tevere.

---

[92] Tutti i cittadini maschi abili, commercianti, artigiani, agricoltori o allevatori, dovevano trascorrere alcuni periodi dell'anno prestando servizio sotto la guida del proprio signore. Dovevano seguirlo in guerra (si spiega così l'importanza dei salii, che dividevano il calendario in tempi per lavorare e tempi per combattere, e quella dei feziali, che avevano il compito di far comprendere come fosse necessaria, giusta e inevitabile la guerra, sempre vista come *extrema ratio* in caso fallissero le opzioni diplomatiche).

I cittadini-guerrieri venivano divisi in classi, in base alla propria ricchezza, poiché era onere del singolo provvedere all'armamento: combattere era un dovere, non si ricevevano compensi anzi, si dovevano sostenere costi tali che molte famiglie finirono per indebitarsi.

L'esercito complessivamente era di dimensioni modeste: si era passati da meno di trecento guerrieri all'epoca di Romolo a tremilatrecento unità combattenti all'epoca di Anco Marzio. Trecento, i più ricchi, erano coloro che potevano permettersi un cavallo o un carro da guerra. Gli altri, meno abbienti, combattevano a piedi, con armamenti più o meno leggeri.

Una parte dell'esercito, insieme alle proprie famiglie, venne inviata a Politorium, disabitata da mesi ma ancora intatta.

Scopo dei Latini era ridare impulso al centro, annullando così la conquista romana.

L'episodio fece andare su tutte le furie Anco il quale, durante la successiva primavera, nell'anno 117° dopo la fondazione, si presentò nuovamente alle porte di Politorium con tutto l'esercito, fece strage dei nemici e rase al suolo la città, per rendere ancora più chiaro il messaggio a chi si opponeva al suo potere.

Nella seguente campagna militare ruppe gli indugi e mise sotto assedio Medullia, mobilitando ancora una volta i suoi guerrieri al completo, per risolvere alla radice il problema.

La fortezza si rivelò estremamente difficile da conquistare e la resistenza dei nemici fu strenua; si susseguirono numerose battaglie e si contarono innumerevoli caduti da ambo le parti.

La guerra durò altri tre anni, e venne combattuta a più riprese terminando intorno all'anno 124° dopo la fondazione.

Finalmente, l'esercito tornò a Roma carico di bottino e con al seguito alcune migliaia di nuovi profughi, da stanziare nella valle Murcia, tra il Palatino e l'ormai popoloso Aventino, e sul Gianicolo.

La nuova espansione cittadina, sia in termini di abitato sia in termini di popolazione, dovette essere gestita con la progettazione di nuove infrastrutture.

Fu ampliata la cerchia di mura e venne fatto costruire, al fine di collegare rapidamente i nuovi quartieri con i preesistenti, il primo ponte sul Tevere, edificato interamente con pertiche e assi di legno, al quale venne dato il nome di Sublicio.

Gli ultimi abitanti, poveri e deportati forzosamente, faticavano a rispettare le leggi, vuoi per ignoranza vuoi per ribellione. I reati aumentarono e divennero un problema che non poteva più essere gestito tra poche famiglie e le rispettive clientele.

Anco fu costretto ad adottare soluzioni per mantenere l'ordine pubblico, come la costruzione del primo carcere (chiamato *Tullianum* perché completato durante il regno successivo di Servio Tullio).

L'Etrusco

124° - 130° ab Urbe condita

Durante l'ultima fase della guerra contro i Latini si fece notare un certo Tarquinio, soprannominato l'Etrusco.
Egli godeva della piena fiducia di Anco Marzio tanto da venire posto al comando di tutta la cavalleria romana[93].
Era stato all'indomani della vittoria contro Medullia che il re aveva affidato al suo abile guerriero il primo importante compito: rimanere

---

[93] Dionigi, nel trattare la biografia di Anco Marzio, all'improvviso fa comparire sul campo di battaglia un nuovo personaggio: Tarquinio l'Etrusco.
Una veloce lettura della fonte potrebbe far ritenere che, prima dell'arrivo del futuro quinto re, Lucio Tarquinio Prisco, si fosse fatto strada a Roma un altro Tirreno.
Se fosse così, ci troveremmo di fronte a una figura storica ricordata da un'unica fonte. Eppure, prestando attenzione alla cronologia degli eventi che lo stesso Dionigi si sforza di presentare nella parte delle *Antichità Romane* in cui affronta la vita di Servio Tullio, mi pare di poter affermare che Tarquinio l'Etrusco sia proprio "quel" Tarquinio. Semplicemente lo storico ha "maldestramente" fatto comparire il successore di Anco Marzio all'improvviso, senza dare alcuna spiegazione al lettore, rischiando così di portarlo fuori strada.
L'ipotesi di un personaggio anticipatorio della dinastia dei Tarqunini sarebbe stata sicuramente "invitante", tuttavia, credo si debba escludere, per almeno due ragioni.
La prima è temporale: il futuro re fece il suo ingresso in città nel primo decennio di regno di Anco Marzio, poiché Gellio colloca il suo arrivo nel 640 a. C., mentre Licinio nel 634 a. C. Esiste quindi perfetta compatibilità con la comparsa sul campo di battaglia dell'Etrusco, databile intorno al 630 a. C. Tarquinio avrebbe avuto almeno tre anni di tempo per ambientarsi nell'Urbe, ingraziarsi alcune famiglie patrizie e infine mettere a disposizione il suo enorme patrimonio, utile alla riorganizzazione delle operazioni militari, diventando di fatto il principale finanziatore reale.
La seconda ragione riguarda il nome stesso: Tarquinio emigrò a Roma come Lucumone ma ben presto scelse un appellativo romano, ovvero Lucio (da Lucumone appunto) Tarquinio (perché proveniva dalla città di Tarquinia). Quando fece la sua comparsa sul campo di battaglia, intorno al 630 a. C. egli era ancora un immigrato, non un patrizio, eppure militava nella cavalleria, rango militare tipico delle classi benestanti. Solo una volta sconfitta Veio, cinque anni dopo, nel 625 a. C. l'Etrusco fu nominato con provvedimento regale patrizio e senatore. Ecco che quindi Lucumone, o meglio Lucio Tarquinio l'Etrusco divenne dopo Veio il patrizio Lucio Tarquinio "Prisco" (Prisco, che significava proprio il "primo" della sua *gens*).

accampato nei dintorni della città sconfitta, per impedire che le forze ostili potessero anche solo pensare di riorganizzarsi.

Le incursioni dei nemici non erano infatti cessate e, seppur ormai privati del grosso della potenza militare, i Latini non solo non parevano arrendersi ma continuavano addirittura a creare problemi con azioni di disturbo.

L'Etrusco, con i suoi cavalieri, possedeva la velocità d'azione necessaria per coprire vaste zone in breve tempo così da poter tenere sotto controllo la situazione.

Fu forse Tarquinio, dopo l'ennesimo scontro con una banda di predoni che infestava la zona, a mandare messaggeri a Roma per avvertire il re (che nel frattempo era tornato a occuparsi degli affari cittadini) del fatto che si era imbattuto in manipoli composti da cittadini di Fidene, giunti a sostegno delle sacche di resistenza latina. La colonia filo etrusca, per l'ennesima volta, era insorta contro l'Urbe.

Anco esitò prima di imporre con la forza la sua autorità: sapeva che portare l'esercito a Fidene significava contrapporsi anche a Veio.

Inviò i feziali per chiedere spiegazione di quanto stava accadendo ma ebbe delle risposte vaghe.

Si vide quindi costretto a dirigersi, nell'anno 125° dopo la fondazione, alle porte della mai doma comunità.

Lì si accampò, con la speranza che i magistrati e le alte cariche cittadine cercassero una soluzione pacifica e riconfermassero la loro devozione a Roma.

Numerosi furono i contatti diplomatici tra le parti ma i Fidenati non risultarono mai chiari e determinati nelle proprie intenzioni: dissero di aver individuato i comandanti della rivolta ma non li consegnarono, adducendo ogni volta una diversa scusa nell'intento di guadagnare tempo.

Attendevano rinforzi da Veio?

Anco Marzio, fiutato l'inganno, finse di stare al gioco e concesse loro sempre più giorni, mentre i suoi uomini scavavano un tunnel che, partendo dall'accampamento, sbucava proprio all'interno della cinta muraria.

Quando l'opera fu terminata, per confondere i nemici, diede ordine di attaccare frontalmente le fortificazioni, come se stesse tentando di espugnare la fortezza.

I soldati di Fidene si difesero con facilità, pensando che il loro avversario avesse commesso un passo falso a causa dell'impazienza.

Non compresero che Anco non stava agendo avventatamente, ma li stava aggredendo con una tattica astuta.

Quando il piano si rese palese, era ormai troppo tardi.

Mentre i Fidenati erano concentrati a respingere l'attacco alle mura, manipoli di Romani uscirono dal tunnel, ritrovandosi in città.

Fecero strage degli avversari, presi alla sprovvista.

Subito dopo aprirono le porte ai propri compagni, i quali sciamarono dall'ingresso principale e completarono l'opera.

Anco, a battaglia terminata, parlò nella piazza principale; ribadito a chiare lettere che il popolo doveva dichiarare fedeltà a Roma e smetterla di fare affari con Veio, si fece consegnare i capi della rivolta e li giustiziò sul posto.

Graziò i cittadini della vita ma lì punì permettendo il saccheggio di qualsiasi abitazione. Sarebbe stato quello il giusto indennizzo non in precedenza concesso.

Tarquinio l'Etrusco che ruolo ebbe in questa guerra?

Sicuramente una posizione di comando e una partecipazione attiva: forse condusse l'assalto diretto volto a distrarre il nemico, forse guidò la manovra di aggiramento tramite il tunnel.

Pacificata Fidene, sempre durante la stessa estate, l'Urbe marciò contro i Sabini.

I discendenti del mitico Clauso, seguendo l'esempio dei Latini, avevano deciso di attaccare le campagne di Roma per minarne l'autorità.

L'Etrusco era al seguito di Anco: si distinse ancora una volta poiché, utilizzando la stessa tattica messa in atto contro Medullia, mentre il monarca con la fanteria sbaragliava gli accampamenti dei nemici, egli, grazie alla sua cavalleria, si muoveva rapido su più fronti, sgominando tutte le sacche di resistenza sparse sul territorio.

I Sabini, sconfitti, si disgregarono.

Ciascuna tribù pensò solo a mettersi in salvo, ignorando le sorti delle altre. In quella confusione generale, i Romani occuparono tutti gli accampamenti.

Coloro che optarono per la fuga vennero inseguiti, raggiunti e uccisi dai cavalieri dell'Etrusco, mentre coloro che scelsero di tornare alle basi per trincerarvisi trovarono ad attenderli Anco con la fanteria.

Anche questa guerra terminò pochi giorni dopo i massacri, quando gli ambasciatori giunsero dal signore di Roma per arrendersi e trattare le condizioni per la pace.

Nell'anno 126° dopo la fondazione ci furono ulteriori aggressioni da parte degli abitanti di Veio, i quali saccheggiarono e uccisero mercanti romani nei pressi di Fidene, città che non avevano mai smesso di rivendicare.

Anco Marzio dovette ancora una volta mobilitare l'esercito e, nel corso della primavera successiva, tornò nelle campagne intorno alla colonia contesa.

Stavolta non si limitò a osservare i confini ma penetrò in territorio etrusco dando alle fiamme alcune coltivazioni, come si usava fare per provocare l'avversario.

I Veienti decisero di corrergli incontro e affrontarlo in una battaglia in campo aperto.

Grazie ancora una volta all'abile Tarquinio, che chiuse con la cavalleria in una morsa gli Etruschi tagliandogli la via di fuga a tergo verso la propria città, Anco ebbe la meglio sull'eterna rivale, cosa che portò a una nuova tregua.

Il trattato non resistette a lungo: intorno all'anno 129° dopo la fondazione, Veio decise di romperlo.

Le due potenze si scontrarono presso la città di Alla.

Roma ebbe ancora una volta la meglio.

Venne rinnovato l'accordo di non belligeranza ma in esso si inserì un'equa riparazione per Roma: le fu assegnata l'intera *Silva Maesia*, fascia di terreno a sinistra del Tevere, che si estendeva sino al mare, dove tradizione vuole venisse fondata, *ex novo*, l'importantissima Ostia[94].

Ancora una volta il merito della vittoria, e della conseguente espansione territoriale, fu di Tarquinio L'Etrusco e della sua cavalleria, tanto che il re, per riconoscenza, decise di includerlo tra i patrizi e lo nominò senatore.

---

[94] Ostia poteva essere considerata una colonia, ma non nel senso visto sino a quel momento. Anco decise di progettare dal nulla un sito urbano funzionale alla madrepatria e totalmente dipendente da essa. Quasi un suo prolungamento.
La città, come sarebbe poi accaduto per altre in futuro, non aveva un suo Foro, a dimostrazione del fatto di come non fosse affatto istituzionalmente autonoma, ma anzi continuamente sottoposta alle indicazioni amministrative provenienti da Roma. Questa sua struttura "unica" per l'epoca regia, confermata anche dagli studi effettuati sulla base degli scavi archeologici, ha portato a ritenere come le complesse procedure occorrenti all'organizzazione e pianificazione di questo nuovo tipo di colonia non possano combaciare con quanto indicato dalle fonti.
Ostia fu costruita, almeno nella sua versione "definitiva", non, come vorrebbe la tradizione, sotto il regno di Anco Marzio, bensì soltanto dopo il 338 a. C.
La sua progettazione venne affidata a tre commissari straordinari, nominati con provvedimento del senato, i quali durarono in carica tre anni. Essi furono responsabili dell'andamento dei lavori ma ebbero anche pieni poteri in merito alla scelta di tutto il personale occorrente: agrimensori, tecnici, operai. Il terreno venne sezionato per zone: porto, mercato, magazzini, saline, pascolo, bosco, abitato. Venne istituita una vera e propria campagna di reclutamento volontario per agevolare il trasferimento in cambio di benefici (che variavano probabilmente tenuto conto del livello sociale degli emigranti).
Nacquero prima le infrastrutture e poi, solo in un secondo momento e con il lavoro dei coloni, vennero edificate le abitazioni.
Non è escluso che la verità stia nel mezzo: forse in epoca regia Ostia non fu edificata e abitata ma rimase solo un porto naturale e uno scalo commerciale, che permetteva anche lo sfruttamento delle saline: il sale era un prodotto molto prezioso perché fondamentale nella conservazione dei cibi. Per Roma, il prepotente ingresso nel commercio del sale fu un'ennesima svolta. Del resto, come ci ricorda anche Plinio il Vecchio nella sua *Naturalis Historia*: *"nihil esse utilius sale et sole"*, niente è più utile del sole e del sale.

Una sentenza mai emessa dai posteri

131° - 138° ab Urbe condita

Le guerre, per Anco, sembravano non finire mai.

Dopo Latini, Sabini e Veienti fu il turno di un popolo fino a quel momento sconosciuto, in migrazione dalla dorsale appenninica verso il Lazio.

I Volsci, genti dedite all'agricoltura e all'allevamento ma di indole molto bellicosa, erano in cerca di bottino, nuove terre da coltivare e pascoli, oltre che di centri urbani da occupare.

Più di mezzo millennio dopo la migrazione dei Sabini, era venuto il momento di resistere a un secondo spostamento di massa.

Roma riuscì, presidiando i suoi confini, a respingere scorrerie e attacchi ma alcuni siti come Anzio, Corioli, Longula, Privernum, Velitrae caddero nelle mani dei Volsci.

Proprio contro Velitrae si diresse l'esercito di Anco Marzio, per chiarire ai nuovi arrivati come non gli fosse permesso infastidire Roma.

Il quarto re si accampò fuori dalle mura e, come nel suo stile, le circondò con un fossato e con palizzate, accerchiando e isolando la sua preda. Nel caso non fosse riuscito a conquistare la città con i suoi guerrieri, l'avrebbe presa per fame.

Ancora una volta la tattica del logoramento funzionò.

Dopo qualche tempo, i Volsci si arresero: consegnarono i responsabili degli attacchi nei confronti dell'Urbe affinché venissero giustiziati e indennizzarono Roma per i danni che le avevano causato. Infine, fu siglato il primo trattato di pace tra i due popoli.

Con quest'ultimo trionfo terminarono le gesta del nipote di Numa, il quale, ormai anziano, nell'anno 138° dopo la fondazione, ventiquattro primavere dopo la dipartita di Tullo Ostilio, morì nel proprio letto per ragioni naturali.

Anco trascorse i suoi ultimi giorni di vita assistito dall'affetto dei suoi due figli, uno dei quali già maggiorenne e con l'amibizione di regnare.

Esalò l'ultimo respiro tra le braccia dell'amico più fidato, precettore dei suoi eredi: quell'Etrusco divenuto patrizio e senatore con il nome di Lucio Tarquinio Prisco.

Colui che, da lì a poco, sarebbe diventato il quinto re di Roma.

Il primo della "dinastia etrusca"[95].

---

[95] Per meglio inquadrare il personaggio di Tarquinio sarebbe opportuno studiare la civiltà da cui proveniva. Gli Etruschi, popolo potente e misterioso, erano giunti da lontano, secoli prima. Avevano sbaragliato gli insediamenti villanoviani nei territori oggi corrispondenti alla Toscana e a parte del Lazio e lì si erano insediati.

Abili navigatori, per primi in Italia organizzarono una flotta.

Sapevano lavorare il ferro, il rame, lo stagno, tanto che, lo abbiamo visto, le stesse armi in dotazione dei primi guerrieri romani erano state acquistate da mercanti etruschi. Avevano costruito città migliori dei villaggi circostanti: Tarquinia, Veio, Cere, Vulci erano protette da mura e potevano vantare reti fognarie e strade organizzate per i commerci.

Se gli Etruschi fossero stati un popolo unito, avrebbero schiacciato Roma senza troppa difficoltà. Ma essi erano litigiosi e, come i Greci, preferivano arroccarsi ciascuno nella propria città-stato, in eterna rivalità gli uni con gli altri. Anche la loro visione della vita era individualista: pensavano ad arricchirsi, presi dall'innata abilità di commerciare, che li portò presto a diventare esperti viaggiatori. Si recavano nelle odierne Liguria, Lombardia, Piemonte, Sardegna ma anche oltre le Alpi. Furono loro, nell'antica Italia, a sostituire il baratto con la moneta. Dalla cultura vivace, si dimostravano interessati alle arti, al teatro, all'estetica e alla cura del corpo. Gli uomini così come le donne, poiché queste ultime godevano di grande prestigio sociale e libertà.

Roma era affascinata dalle città dell'Etruria (così come popolo, senato e Anco Marzio furono affascinati da Lucumone…), ma Etruschi e Romani erano troppo diversi per poter convivere serenamente. E poi, gli Etruschi mal tolleravano l'espansione continua dell'Urbe, la quale sotto Anco Marzio è probabile contasse già trentamila abitanti, più di un decimo dei quali guerrieri. Inoltre, lo sbocco sul mar Tirreno e il porto di Ostia, oltre che l'accesso alla via Salaria, costituivano per alcune città etrusche un'indebita ingerenza nei propri affari. Da quelle parti, fino a quel momento, le uniche rotte commerciali erano stato quelle di Veio.

Non è semplice stabilire con precisione se nel VI-V secolo Roma venne effettivamente dominata dagli Etruschi, stipulò con essi trattati oppure ne subì soltanto un mero influsso culturale. Fatto sta che non solo sopravvisse allo scontro, ma arrivò a cancellare ogni traccia di cultura tirrena: l'antica civiltà villanoviana aveva trovato nei Romani dei rappresentati formidabili, i quali non solo non avevano accettato di scomparire ma, dopo una prima resistenza, avevano iniziato a guadagnare terreno a discapito dei vicini. Anche in quest'ottica vanno studiati gli ultimi tre monarchi del periodo regio, la cacciata dei Tarquini, la liberazione dal giogo monarchico, la nascita della repubblica.

Anco Marzio, che avrebbe dovuto essere l'erede politico del nonno e garantire la serenità ai suoi cittadini, aveva invece dimostrato di possedere una formidabile predisposizione al comando militare.

Il suo regno, che a prima vista appare luminoso e glorioso, a uno studio approfondito risulta macchiato da ambizione, opportunismo, tradimento.

Egli aveva dichiarato sin dal primo giorno di avere come obiettivo la pace e la religione, ma nei fatti fu sempre costretto a combattere, di volta in volta contro nemici diversi: Latini, Sabini, Etruschi, Volsci[96].

Con lui al potere, ai Romani era rimasto ben poco tempo per concentrarsi su cerimonie e riti, oltre che sui propri affari privati.

Del resto, non certo al singolo cittadino era dedicato il suo progetto. Da grande politico, fu lungimirante: il suo obiettivo era la grandezza di Roma.

Sotto il suo governo, l'Urbe si era ancora una volta ampliata e aveva conquistato nuovi territori, aprendosi addirittura un importante sbocco sul mare.

Nuove rotte di scambio erano state inaugurate e i mercanti romani avevano potuto entrare, in modo piuttosto prepotente, nel commercio del sale, uno dei più redditizi per l'epoca.

Le casse del tesoro si erano rimpinguate grazie ai ricchi bottini sottratti alle potenze straniere, tra saccheggi e risarcimenti ottenuti.

La popolazione era cresciuta notevolmente, a danno dei Latini e dei Sabini.

Anco Marzio fu, dal punto di vista di Roma, un capo esemplare.

Il perfetto rappresentante, capace di dare una risposta precisa al bisogno del popolo di continuare una politica imperialista, volta alla

---

[96] Tranne nel caso dei Volsci, che ben potrebbero aver infastidito Roma con scorribande, dati i movimenti migratori in atto, pare quantomeno insolito che a turno, tutti i vicini di Anco si siano messi a invadere il territorio dell'Urbe per poi negare ai feziali un risarcimento. Sotto quest'ottica, alcuni episodi come la distruzione di Politorium, rea di essere stata abitata nuovamente dai Latini nonostante fosse stata resa città fantasma dai Romani pochi mesi prima, o come lo sgomento degli ambasciatori di Fidene e il loro prendere tempo in ordine alla concessione di un risarcimento a Roma, dopo essere già posti in stato d'assedio e circondati, possono farci sorgere qualche interrogativo sul reale comportamento di Anco Marzio, forse in cerca di pretesti per iniziare "guerre giuste".

conquista prima dell'intero Lazio e poi, nei secoli, di gran parte del
mondo all'epoca conosciuto.

CAPITOLO VIII
TARQUINIO PRISCO, UN MANIPOLATORE AL POTERE

Dalla Grecia a Roma, passando per l'Etruria

Intorno all'anno 104° dopo la fondazione, mentre Roma stava combattendo la sua prima guerra contro una lega di città latine, in Grecia, per la precisione a Corinto, un mercante di nome Demarato, non riuscendo più a sostenere il governo tirannico di Cipselo[97], decise di affrontare un lunghissimo viaggio, con nave ed equipaggio propri, per trasferirsi in Etruria.

Demarato già conosceva quelle terre per lui tanto lontane poiché da tempo importava alcuni prodotti italici e ne esportava altri dall'Ellade.

Così, il ricco greco si stabilì a Tarquinia, città che da almeno tre secoli poteva vantare di essere uno dei principali centri del mondo etrusco. Lì, egli si integrò sin da subito, anche grazie ai molti contatti che aveva creato durante i suoi spostamenti d'affari.

Arrivò con una minima parte della sua fortuna ma non gli fu difficile prosperare e arricchirsi ancora una volta in maniera spropositata.[98]

---

[97] Cipselo di Petra fu un sanguinario tiranno di Corinto, città che governò dal 657 a. C. sino al 628 a. C. Livio fa riferimento a una rivolta alla quale Demarato avrebbe preso parte (rivolta che fallì e che lo costrinse a fuggire per evitare di essere giustiziato). Conferma l'intolleranza da parte del nostro al regime di Cipselo anche Cicerone nel *De Re Publica*.

[98] Tacito nei suoi *Annales* ci racconta addirittura che fu proprio Demarato a far conoscere agli Etruschi l'alfabeto greco.

Ora, che ciò costituisca verità o meno, sicuramente l'episodio può venire letto come la "personificazione" di tutta una rete di contatti tra le civiltà greca ed etrusca e in particolare il segnale evidente dell'assorbimento culturale da parte della seconda nei confronti della prima.

Pensiamo a un'innovazione nel campo dell'ingegneria delle costruzioni come le coperture dei tetti delle abitazioni in tegole o, nel campo della tattica militare, l'uso della falange oplitica: entrambe furono prima messe a punto in Grecia intorno al 650 a. C., poi assorbite e sperimentate in Etruria tra il 650 a. C. e il 600 a. C. e infine giunsero a Roma.

Il fuggitivo di Corinto si innamorò di una donna del posto e in lui crebbe il desiderio di formare una famiglia.

Ebbe due figli: Lucumone[99] e Arrunte.

Il Greco fece in modo che i figli ricevessero un'ottima educazione e lì mandò a studiare presso i migliori maestri dell'area tirrenica.

Una volta che i ragazzi ebbero raggiunto la maggiore età chiesero al padre di aiutarli nella ricerca di una moglie.

Arrunte non ebbe difficoltà a sposare una giovane del posto, mentre Lucumone, che era innamorato di Tanaquil, nobile fanciulla di Tarquinia, non fu accettato dalla famiglia di lei, poiché era Etrusco solo per parte di madre.

Ma le sorti dei due fratelli stavano per ribaltarsi e la vita stava per giocare un altro brutto tiro a Demarato, stavolta senza concedergli la possibilità di rivincita.

Arrunte infatti morì poco dopo, per motivi ignoti.

Il dolore fu troppo grande, per un uomo che già in passato aveva attraversato i mari delle sofferenze: Demarato, a pochi giorni dalla perdita del figlio, spirò.

Beffa finale, la sposa di Arrunte, rimasta troppo in fretta vedova, si rese conto soltanto dopo aver perso marito e suocero di essere incinta.

Si trovò senza nessuna tutela, così come il nascituro, il cui sfortunato padre era passato a miglior vita senza aver mai ereditato alcuna quota del patrimonio del nonno, essendo a lui premorto. Né Demarato

---

[99] Gli studiosi sono divisi: alcuni pensano che l'appellativo Lucumone significhi "re" o comunque "magistrato". Altri invece ritengono si tratti solo e semplicemente di un nome comune etrusco.

Io mi sento di poter proporre, coerentemente con l'impostazione e la chiave di lettura di questo mio lavoro, un'ipotesi che in qualche modo dà ragione a tutte e due le teorie. Il lettore ricorderà che, nella guerra tra Romolo e Tito Tazio, il primo era alleato con un capo etrusco di nome Lucumone. Questo può significare che il nome che Demarato diede a suo figlio forse, in origine, indicava una condizione di attitudine al comando o si ispirava a un mitico monarca ma, nel 650 a. C., era diventato un nome comune dato a molti bambini (come quello dell'altro figlio, Arrunte).

Non avrebbe senso logico invece ritenere, tramite una lettura a posteriori (che porterebbe addirittura a ritenere la non esistenza storica del personaggio di Tarquinio Prisco), che Demarato, un mercante ricco ma pur sempre un mercante, abbia dato a un neonato un nome indicante la condizione di futuro re.

aveva fatto in tempo a redigere testamento in favore del futuro nipote.

Tutto l'ingente patrimonio del mercante di Corinto passò automaticamente all'unico erede legalmente riconosciuto: Lucumone[100].

Da quel momento, il giovane non nascose più la sua superbia e il suo ego smisurato tanto che, divenuto proprietario di un numero di beni maggiore di qualsiasi altro nobile della città, si ripresentò alla dimora di Tanaquil per chiedere di nuovo la sua mano.

La fanciulla stavolta ottenne l'approvazione da parte della famiglia.

Il suo pretendente non era un nobile, certo.

Non era neppure Etrusco, se non per metà.

Tuttavia, ora era il più ricco di Tarquinia e questa caratteristica lo rendeva d'un tratto più etrusco e più nobile di qualsiasi altro uomo.

Pochi mesi dopo il matrimonio di Lucumone, la moglie del defunto Arrunte mise alla luce un maschio: il bambino venne chiamato come suo padre, Arrunte, ma con l'aggiunta dell'epiteto Egerio[101], ovvero colui che non aveva ottenuto nulla in eredità e pertanto nasceva in condizione di indigenza.

Lucumone, nel frattempo, stava tentando di farsi strada in politica: era mosso da una grande ambizione, eppure le sue abilità manipolatorie, che tanto successo avevano ottenuto in famiglia, non attecchivano sui suoi concittadini[102].

---

[100] Le fonti sono piuttosto sbrigative nel descrivere i motivi delle morti di Arrunte e Demarato.

Il primo perì per cause sconosciute, all'improvviso, e il secondo pare per il troppo dolore, quindi forse di attacco cardiaco. Poiché tutto il patrimonio passò nelle mani di Tarquinio ed egli da quel momento iniziò a comportarsi in modo arrogante, viene qualche sospetto su possibili sue responsabilità in entrambi gli eventi.

[101] Il piccolo Arrunte Egerio, sia che fosse nato senza eredità per sua sfortuna sia per un piano criminale ben organizzato dallo zio, come avremo modo di vedere, riuscì comunque a vivere in modo piuttosto agiato a dispetto del nome, derivante dalla parola latina *egestas*. Egli si trasferì in tenera età a Roma con Lucumone, il quale lo tenne sempre sotto la sua protezione, affidandogli anche incarichi di grande rilevanza (vuoi per amore verso il fratello defunto, vuoi per rimorso).

[102] Le fonti non ce ne spiegano i motivi, e lo stesso futuro re di Roma non li chiarì mai, preferendo lasciare questi anni della sua vita nel mistero. Tuttavia, è lecito chiederselo: perché egli venne respinto dall'alta società di Tarquinia? Era istruito dai

Il figlio di Demarato si trovava in un vicolo cieco: se l'alta società etrusca lo avesse continuato a respingere, la sua carriera politica a Tarquinia non sarebbe mai potuta decollare.

Quando capì di avere le mani legate, decise, in accordo con la moglie, di trasferirsi nell'unico regno che avrebbe potuto valorizzare le sue eccezionali doti politiche: Roma, una città "multietnica" e "meritocratica", dove Latini, Sabini e Etruschi convivevano e avevano l'opportunità di dimostrare il proprio valore senza essere vittima di alcun pregiudizio.

migliori maestri e possedeva beni in grande quantità. Aveva sposato la figlia di un nobile di rilievo e sicuramente non gli mancavano quelle doti che avrebbe tirato fuori in seguito a Roma per incantare patrizi e senatori. Forse a Tarquinia erano girate delle voci sinistre sulla serie di sfortunati eventi che avevano portato Lucumone nella condizione di tentare la scalata sociale?

Lucumone, in arte Lucio Tarquinio Prisco

120° - 139° ab Urbe condita

Lucumone arrivò a Roma, passando dal Gianicolo, intorno all'anno 129° dopo la fondazione.

Ad accompagnarlo c'erano la moglie, i domestici, la cognata e il nipote Arrunte Egerio.

Non appena ebbe messo piede nel territorio dell'Urbe, un'aquila scese in picchiata e afferrò il suo berretto, strappandoglielo dal capo.

Poi, l'uccello riprese quota e fece una serie di volteggi fino a sparire.

Pochi secondi, giusto il tempo di lasciare i viaggiatori a bocca aperta e tornò, per posare di nuovo il cappello proprio dove l'aveva preso, sulla testa di Lucumone.

Tanaquil, esperta nelle arti divinatorie, emise un urlo di gioia: il segno era di buon auspicio, quasi prodigioso, e poteva significare soltanto che il marito si sarebbe innalzato socialmente così tanto da svettare su qualsiasi altro.

L'Etrusco dal canto suo fece di tutto per farsi notare: quando i Latini, riuniti in forze a Medullia, iniziarono a costituire un serio pericolo, comunicò ad Anco Marzio di essere pronto non solo a combattere in prima persona, ma a mettere a disposizione una cifra da capogiro per armare l'esercito.

Lucumone, che nel frattempo aveva deciso di romanizzare il suo nome in Lucio Tarquinio, riuscì ad avere udienza presso il re.

Il resto lo fecero le sue abilità manipolatorie: gli ci vollero pochi giorni per diventare finanziatore oltre che amico del monarca.

Non si limitò solo a questo: si arruolò come cavaliere e dimostrò grandi doti di combattente e di stratega militare.

La brillante vittoria contro Veio, lo abbiamo visto, fece di Lucumone il patrizio Lucio Tarquinio Prisco, il secondo uomo più potente di Roma. Ma avere dalla propria parte il regnante poteva non essere sufficiente, così egli cercò il favore di molte famiglie patrizie, organizzando banchetti e feste.

Non si dimenticò neppure di aiutare la povera gente. Spesso si fermava a chiacchierare per strada con tutti e all'occorrenza forniva piccole somme di denaro in regalo per permettere alle famiglie plebee di risolvere problemi per loro insormontabili ma dal punto di vista delle sue sostanze del tutto insignificanti.

Quando Anco Marzio si ammalò gravemente, Lucio Tarquinio rimase al suo capezzale e venne nominato tutore dei suoi figli.
Gli fu affidato il testamento, nel quale non si può escludere fosse prevista la successione al trono per il discendente più grande del monarca, ancora poco più che un ragazzo. Sono vari gli elementi che possono farlo ipotizzare, primo tra tutti il comportamento dei figli di Anco durante tutto il corso della loro vita.[103]
Anche le mosse di colui che voleva impadronirsi del potere supremo lo dimostrano: non è un caso che, quando le condizioni del quarto re si aggravarono ulteriormente, Tarquinio, utilizzando sempre le sue doti manipolatorie, convinse i due ragazzi a non struggersi nel dolore.
Per non cadere ammalati anche loro, propose il tutore, avrebbero fatto meglio a trascorrere qualche giorno all'aria aperta, magari organizzando una villeggiatura poco distante, durante la quale svagarsi andando a caccia o cavalcando nei boschi.
Anco Marzio, quando esalò l'ultimo respiro, si trovava chiuso nella sua stanza solo con colui che considerava il suo più caro amico.
Tarquinio Prisco non poteva lasciarsi sfuggire un momento tanto favorevole: con i figli del monarca ancora lontani, si affrettò, sicuramente grazie all'intervento di una parte del senato, a far convocare immediatamente i Comizi per eleggere un nuovo capo dell'Urbe.

---

[103] Forse i due ragazzi erano già da tempo a conoscenza di una decisione in tal senso da parte del padre. Durante gli ultimi giorni di vita di Anco sembrava che essi fossero in una condizione di aspettativa. Poi, beffati dal tutore, rimasero in attesa del proprio turno per anni e anni. Infine, quando capirono che Servio Tullio avrebbe preso il posto di Tarquinio, realizzarono che non si sarebbero mai seduti sul trono. Del resto, a ben pensarci, la nomina di Lucio Tarquinio Prisco a tutore dei figli da parte del re indicava esplicitamente la sua intenzione di passare il trono in eredità ai ragazzi, magari non subito ma non appena avessero avuto l'età per governare.
Ironia della sorte, Anco Marzio, l'uomo incaricato di impedire che Tullo Ostilio organizzasse la successione dei figli, aveva finito per tentare la stessa manovra.

Bisognava fare in fretta e approfittare del momento di fragilità del popolo. Da buon manipolatore, egli non voleva permettere a nessuno di riflettere, non voleva che ci fosse un solo giorno di interregno.

Doveva colpire in modo fulmineo, intervenendo sugli animi scossi e sulle menti indecise e offuscate dal dubbio.

Quando tutti i rappresentanti del popolo furono presenti, colui che era stato Lucumone si pose al centro della scena e prese la parola.

- Il re è morto!

Anco Marzio, successore di Tullo Ostilio, capo esemplare in pace come in guerra non è più tra noi.

Io stesso ho chiuso le sue palpebre pochi minuti fa.

Ricorderemo per sempre chi è stato: Roma grazie a lui è divenuta ancora più grande e gloriosa.

Ora, se avessimo molte ore a disposizione, potrei elencare le costruzioni che egli ha fatto progettare, così come i regni che ha sottomesso e i nemici che ha sconfitto, tra cui i selvaggi Volsci.

Ma è tutto già noto e non voglio far perdere più tempo di quanto occorra a voi, miei amati concittadini. Né mi permetterei mai di distogliervi dall'amministrazione pubblica, dalle vostre botteghe, dai vostri campi o anche solo dall'affetto delle vostre famiglie.

Anco Marzio, è bene dirlo, verrà ricordato anche per il suo fervore religioso: grazie a lui Roma è tornata la beneamata degli dèi.

Del resto, egli era nipote del grande Numa Pompilio.

Entrambi, di stirpe sabina, discendenti da quel Tito Tazio che agli albori della città aveva condiviso il trono con il fondatore.

Non furono tutti grandi uomini, questi?

Forse non all'altezza di Romolo, il primo romano, ma sicuramente migliori di quel Tullo Ostilio, anch'egli romano, che finì per essere fulminato da Giove!

Furono questi i primi re della storia del vostro, del mio popolo.

Due capi romani e tre sabini, uno dei quali addirittura entrato a Roma come nemico!

Mi sono trasferito in mezzo a voi come fece il grande Numa. Ho imparato tutto sui vostri avi e, come vi ho appena dimostrato, sui vostri capi. Sono stato nominato primo comandante di cavalleria in guerra, consigliere negli affari civili in pace e niente meno che tutore dei figli di quell'Anco Marzio che oggi ci ha lasciati.

Prima di esalare l'ultimo respiro, egli mi ha chiesto di reggere il regno, affinché la sua stirpe possa maturare, diventare saggia e, quando sarà pronta, prendere il posto che gli spetta.

Anco si fidava di me più che di un fratello poiché aveva riconosciuto nella mia persona la somma delle qualità etrusche, greche e romane. Queste doti ora sono pronto a rimetterle in gioco, per rendere ancora più grande la vostra, la mia patria!

C'è qualcuno qui, tra i presenti, che necessita ulteriori prove del mio valore? Ho appreso tutte le leggi romane, i riti, i costumi; ho combattuto in prima persona i nemici in battaglia; non ho esitato a spendere di tasca mia, e moltissimo, per armare i vostri figli; ho aiutato i ricchi, perché potessero diventare ancora più ricchi e i poveri, perché potessero non far soffrire eccessivamente la fame ai propri cari.

Io ho fatto tutto questo!

Sì, proprio io, che in passato ho teso la mano a tanti che oggi riconosco qui riuniti, chiamati a decidere il futuro di Roma.

Non farò i vostri nomi, amici, ma in cuor vostro sapete quanto ho fatto per ciascuno di voi.

Quanti favori avete ricevuto?

Innumerevoli.

Oggi sono io a chiedere un favore a voi, uno solo.

E non per me stesso ma ancora una volta per la nostra città.

Io vi chiedo, amici e stimati concittadini, di eleggermi vostro capo!

Lucio Tarquinio Prisco, quinto re di Roma! -

Terminato il discorso, l'assemblea scoppiò in un boato di approvazione. Il senato, già di fatto controllato dall'Etrusco, e che da lì a pochi giorni sarebbe stato ulteriormente ampliato di cento membri (ovvero arricchito dei senatori *minores*, coloro che erano diventati patrizi successivamente ai consiglieri latini, sabini e albani)[104] procedette con la cerimonia di incoronazione.

---

[104] Il senato, l'abbiamo visto nei capitoli precedenti, fu sempre raddoppiato o comunque "rimpolpato" ogni volta che, a seguito di un'importante guerra, Roma dovette in qualche modo scendere a patti con una larga fetta di nuovi abitanti provenienti da un diverso regno. Era già capitato con i Sabini, dopo che Tito Tazio

Era l'anno 139° dalla fondazione e l'opera manipolatoria di Lucumone sull'intera Roma aveva avuto pieno successo.

---

era stato aggregato al trono e la cosa si era ripetuta in seguito con gli Albani, all'indomani della distruzione di Alba Longa.

Verrebbe da interrogarsi su queste nuove cento famiglie patrizie "minori": si trattava di Etruschi? Se così fosse, potrebbe aver ragione chi ritiene che Tarquinio Prisco in realtà sia salito al potere non come le fonti ci narrano ma con la forza, da vero e proprio conquistatore.

A mio avviso questa teoria non è neppure da prendere in considerazione: a ragionare così, le stesse fonti avrebbero dovuto nascondere l'invasione di Roma da parte di Tito Tazio. Inoltre, quale città etrusca avrebbe potuto conquistare l'Urbe? Non Tarquinia: l'archeologia ha dimostrato che all'epoca di Anco Marzio era già in declino, sicuramente meno importante di altri siti. Ancora più improbabile si potesse trattare di Veio: Tarquinio Prisco guerreggiò proprio contro Veio e vinse. Mi viene difficile pensare anche all'intera Dodecapoli: solo successivamente, sotto Porsenna, accadrà un simile evento.

A mio avviso non dobbiamo concentrarci su una conquista di Roma da parte di una potenza tirrena ma piuttosto sull'aggettivo attribuito ai nuovi senatori. Essi erano "minores" che stava a significare forse che le nuove cento famiglie si erano innalzate dal resto della popolazione diventando patrizie... ma non erano poi "così tanto patrizie" da essere considerate di pari dignità sociale delle altre! Ora, se gli Etruschi avessero vinto una guerra, la nobiltà conquistatrice non avrebbe accettato di contare meno della precedente, anzi avrebbe tentato di sostituirla. Sono pertanto propenso a credere che le cento nuove famiglie patrizie "minori" vennero create da Tarquinio Prisco come ricompensa verso coloro che lo avevano appoggiato e aiutato a salire al potere. Non solo ricchi mercanti e uomini potenti provenienti da Tarquinia, ma anche altri personaggi influenti e ambiziosi, magari latini, rimasti esclusi dalle classi nobiliari sino a quel momento. Una situazione di questo genere giustificherebbe l'attribuzione di una importanza minore delle nuove famiglie, così da non scontentare eccessivamente i patrizi di vecchia data, gelosi dei propri privilegi e del proprio *status*.

Apiole, la prima conquista di Tarquinio

140° ab Urbe condita

I Latini, morto Anco, commisero lo stesso errore del passato: pensarono che il suo successore non fosse all'altezza di colui che li aveva battuti e iniziarono a sconfinare nel territorio dell'Urbe per saccheggiarne le campagne.

Era il loro modo di saggiare il polso al nuovo monarca, per capire se fosse giunto il momento di tentare un'ennesima rivolta e riconquistare la propria indipendenza.

Tarquinio venne a sapere che alcuni dei razziatori provenivano dalla città di Apiole.

Mandò subito i feziali per domandare il risarcimento del caso.

Non avendolo ottenuto, si ritenne libero di iniziare la sua manipolazione anche in politica estera.

Roma entrò in guerra[105] inviando l'intero esercito verso i confini per schiacciare le sparute bande di saccheggiatori che allarmavano i contadini.

Il costo di una tale operazione era folle, ma Tarquinio anticipò gran parte delle spese. L'occasione era troppo ghiotta: poteva dimostrare a sé, a Tanaquil, ai suoi vecchi concittadini, ai Romani e persino agli dèi che avrebbe superato in guerra tutti i suoi predecessori: Romolo, Mezio Curzio, Osto e Tullo Ostilio, Marco Orazio, Anco Marzio.

Le unità combattenti latine, appostate lungo i confini romani, vennero sbaragliate in pochi giorni: la cavalleria, nel tipico stile dell'Etrusco, fece il resto, scatenando un'autentica caccia all'uomo alla quale nessun nemico sopravvisse.

Ma una tale impresa si era rivelata troppo modesta per ottenere il trionfo. Tarquinio decise allora di marciare senza indugio sulla città che lo aveva sfidato.

I Latini, presi alla sprovvista, chiesero aiuto alle altre comunità.

---

[105] Utilizzo il termine guerra con Tarquinio Prisco nella sua accezione moderna. Egli combatté Latini, Sabini ed Etruschi per gran parte della durata del suo regno: gli scontri durarono più anni, diverse città vennero coinvolte, furono combattute molte battaglie collegate dagli eventi le une alle altre.

I cittadini di Apiole poterono beneficiare di qualche rinforzo che, sopraggiunto a infastidire l'avanzata del quinto re, lo costrinse a rallentare. Ma l'Etrusco non voleva perdere un solo giorno di marcia, così divise in due le sue forze: una parte avrebbe continuato a dirigersi verso la città nemica, l'altra avrebbe ingaggiato battaglia con i nuovi arrivati.

Due furono gli scontri principali di questi giorni, combattuti nell'arena naturale costituita dal percorso che dall'Urbe portava ad Apiole, e furono vinti entrambe, senza troppa fatica, da Roma.

Nel frattempo, l'altra metà degli uomini, guidati dal re, era giunta all'obiettivo principale.

Assediata la città, tutti gli abitanti dovettero prendere le armi a difesa delle mura; invano, perché fu uno sterminio.

Chi tentò di opporsi ai Romani morì combattendo, chi si arrese venne catturato e venduto come schiavo. La stessa sorte toccò a donne, anziani e bambini: tutti ridotti in schiavitù. Del resto, Roma poteva vantare cento nuove famiglie patrizie, servivano almeno un migliaio di domestici.

Ripulito il sito da abitanti e beni di un qualche valore, Tarquinio comandò che l'intera cittadina fosse bruciata e che le mura venissero abbattute: Apiole venne cancellata dalla storia.

Tornato a Roma organizzò un trionfo e intere giornate di giochi chiamando pugili, acrobati e cavalieri dall'Etruria.

Per realizzare la più grande celebrazione che la storia di Roma avesse mai visto allestì, munendolo di gradinate e palchi in legno, il Circo Massimo. La struttura venne edificata in modo tale che gli spettatori avrebbero assistito ai giochi non tutti insieme, poveri e ricchi, famosi e ignoti, soldati semplici e cavalieri, ma in settori distinti in base al censo e al ruolo sociale.

Il più abile dei comandanti

141° - 143° ab Urbe condita

La primavera successiva vide aprirsi l'opportunità di nuove campagne militari: al quinto re serviva però un pretesto per iniziarle, perché così voleva la consuetudine. Gli fu sufficiente argomentare, come motivazione, l'essere stato ostacolato da alcune città latine l'anno precedente, quando stavano tentando di aver ragione di Apiole.

La smania di dimostrare la sua abilità nel comando militare portò Tarquinio ad attaccare quella che sin dai tempi di Romolo era stata colonia romana, Crustumerium, accusata di aver appoggiato la rivolta dell'anno precedente[106].

L'Etrusco portò l'intero esercito contro la città, stavolta senza preavviso. Non fu necessario lanciare neppure un giavellotto: le porte si aprirono e ne uscirono alcuni membri anziani dell'assemblea dei Crustumerini, supplicando pietà e chiedendo al re di rivelare loro come avrebbero potuto evitare quella che sarebbe stata una sicura strage. L'azione di Lucumone a quel punto era paralizzata: egli non poteva ordinare ai suoi soldati di massacrare gente inerme. Chiese ai rappresentanti dei Crustumerini che gli venissero consegnati coloro che l'anno precedente avevano tramato contro di lui.

Gli anziani risposero di essere estranei a qualsiasi congiura e di non sapergli indicare i traditori.

Alla fine, Tarquinio entrò personalmente in città, catturò alcuni uomini che riteneva colpevoli di aver appoggiato la rivolta dell'anno precedente e si limitò a bandirli dal regno.

Sistemata la questione con Crustumerium, il re ripetè l'operazione con Nomentum.

Ancora una volta bastò la sola vista dell'arrivo dell'intero esercito romano a far uscire i Latini dalla città, armati solo di segnali di pace e suppliche di venire risparmiati.

---

[106] Livio è molto superficiale e sbrigativo nel riportare le operazioni militari di Tarquinio. Dobbiamo quindi rifarci all'unico autore che ne parla, Dionigi di Alicarnasso.

Tarquinio a quel punto ci provò con Collatia.

Finalmente trovò resistenza da parte degli accusati i quali, prima diedero battaglia in campo aperto poi, sconfitti, continuarono a combattere trincerati dietro la mura, in attesa di rinforzi da parte di altri villaggi latini. Rinforzi che non arrivarono, ragione per la quale dovettero arrendersi a Roma.

Il quinto re non si accanì sulla popolazione ma sequestrò tutte le armi e fece bottino, come risarcimento per i costi sostenuti.

Prima di andarsene lasciò una guarnigione a capo della quale mise il giovane nipote Arrunte Egerio, che da quel giorno prese anche il nome di Collatino, poiché di fatto divenne il governatore della città, tornata sotto l'influenza romana.

Ultimo atto di questa fase di guerra, Tarquinio si diresse contro Corniculum che era guidata da un grande comandante, Tullio. L'assedio durò per diverse settimane, poiché gli abitanti opposero una strenua resistenza.

Molti Romani caddero e altri dovettero essere trasportati via a causa delle ferite ricevute, tuttavia, le perdite maggiori le subì, giorno dopo giorno, assalto dopo assalto, proprio Corniculum.

Tullio, il signore della roccaforte latina, si trovò in chiara difficoltà tanto da non sembrare neppure più in grado di gestire la situazione: iniziò a perdere consensi sul fronte interno. La fazione filoromana ottenne la possibilità dalle altre parti politiche di trattare la resa.

Ma non ci fu neppure tempo per un primo incontro diplomatico: Tarquinio lanciò l'attacco definitivo.

Tullio, insieme ai migliori uomini che aveva ancora a disposizione, si oppose, resistendo come poteva.

Morì durante l'assalto.

La roccaforte venne espugnata.

I soldati romani, entrati in città, saccheggiarono le abitazioni, poi trassero fuori tutti i cittadini, destinati a diventare schiavi come punizione per la loro ostinata resistenza, e infine diedero tutto alle fiamme, così come avevano già fatto con Apiole.

Tra le donne che vennero catturate e fatte prigioniere ci fu anche la moglie di Tullio, Ocresia, la quale fu scelta da Tanaquil come domestica personale. L'Etrusca volle proteggere quella prigioniera, incinta, ed evitare che subisse una sorte troppo umiliante o perdesse il bambino. Del resto, le due erano simili: avevano affidato il proprio destino ai mariti, vivevano di fortuna riflessa.

Nell'anno 142° dopo la fondazione, i capi dei Latini si riunirono e concordarono sul fatto che la situazione con Roma era ormai sfuggita di mano. Essi non potevano starsene senza far nulla, attendendo di essere sgominati e distrutti comunità dopo comunità.
Così, mentre il quinto re era impegnato a punire in battaglia i Camerini, gli altri villaggi del *Latium Vetus* decisero di aprirsi a delle alleanze con tribù sabine e città etrusche.
La guerra si stava pericolosamente allargando e i popoli sottomessi a Roma stavano tentando di unire le forze per liberarsi del nemico comune. Come distinguere a quel punto l'aggressore dall'aggredito?

Nell'anno 143° dopo la fondazione, Sabini e Latini attaccarono le campagne romane.
Tarquinio schierò l'esercito al completo fuori città e diede subito battaglia: i discendenti di Clauso e quelli di Enea avevano due accampamenti separati e molto distanti tra loro, ma il condottiero di origine etrusca non ebbe dubbi: i suoi uomini non dovevano dividersi. Diede ordine di concentrare l'attacco verso il solo accampamento latino e di ignorare quello sabino.
I nemici di Roma preferirono uscire in campo aperto e la battaglia durò per tutta la giornata.
Quando scese la sera, sulla fredda terra si potevano contare morti in egual numero per entrambe le fazioni contendenti.
Il mattino dopo, Tarquinio tornò davanti all'accampamento latino per continuare il combattimento ma questa volta i suoi avversari rimasero trincerati all'interno delle fortificazioni.
Il quinto re preferì raccogliere armi e armature dei soldati morti rimasti sul campo e rientrare nei propri alloggiamenti, senza dare l'attacco.
Il terzo giorno, l'esercito di Roma si ripresentò presso l'accampamento latino e stavolta trovò nuovi soldati schierati con i nemici: erano arrivati insperati rinforzi dall'alleato tirreno.
Si scatenò una grande battaglia, vinta splendidamente da Tarquinio, il quale condusse la carica in prima persona proprio contro l'ala etrusca, che sorprese con una mossa di accerchiamento e sbaragliò.

Nel frattempo, la fanteria costrinse alla fuga i Latini ma stavolta li
seguì fin dentro l'accampamento, lasciato senza difese, uccidendo
tutti e impadronendosi di un copioso bottino.
Gli sconfitti, temendo che Tarquinio tornasse a marciare sulle loro
città, rimaste a ranghi ridotti a causa delle recenti campagne militari
fallimentari, mandarono ambasciatori e si dichiararono pronti ad
accettare le condizioni di pace dei Romani.
Lucio Tarquinio, in replica, promise che avrebbe risparmiato coloro
che avevano osato sfidarlo e li avrebbe lasciati liberi di governarsi, a
patto che essi gli restituissero disertori, prigionieri e schiavi che
erano stati catturati durante quegli anni di scontri.

Racconti di prodigi

Lucio Tarquinio Prisco, anche suggestionato dalla moglie Tanaquil, fu uomo superstizioso.

Nella sua vita accadde più di un episodio dal sapore prodigioso.

Oltre al particolare volo dell'aquila avvenuto durante il suo ingresso nel Gianicolo, eglì dovette assistere ad altri due fatti inspiegabili, accaduti qualche anno dopo la presa di Corniculum.

Il primo si verificò in un una fredda notte d'inverno.

Tarquinio venne svegliato da uno dei suoi servi, il quale gli raccontò che il figlioletto di Ocresia, serva personale di Tanaquil, aveva preso fuoco e stava bruciando vivo mentre dormiva.

Quando il re e la sua compagna raggiunsero il giaciglio di Servio Tullio (al piccolo era stato dato lo stesso nome di suo padre, eroico difensore di Cornicolum, con l'aggiunta del prenome Servio, a indicarne la condizione servile) trovarono il bambino profondamente addormentato e ignaro del fatto di essere avvolto dalle fiamme.

Tanaquil mantenne la calma e si avvicinò al corpicino: non emanava il calore che ci si sarebbe attesi da un principio di incendio!

Nel frattempo, il servo era sopraggiunto con un otre colmo d'acqua: fu fermato dall'Etrusca, la quale disse che stavano assistendo a un qualche prodigio e che Servio Tullio non andava svegliato.

Rimasero tutti lì ancora mezz'ora, a vegliare il piccolo addormentato, fino a che Servio si destò spontaneamente.

Al primo sbadiglio il fuoco scomparve: il ragazzino stava bene e la sua pelle non riportava alcun tipo di ferita o ustione.

Per Tanaquil non c'erano dubbi: era stato mandato loro un segno inequivocabile dagli dèi.

Servio Tullio era da considerarsi un predestinato e andava liberato dalla condizione di schiavitù.

Tarquinio, che aveva da sempre tenuto in gran conto le intuizioni della moglie, gli assegnò subito un valido maestro e iniziò da quel giorno a trattarlo come fosse un membro della famiglia[107].

---

[107] La storia di un tale prodigio, fatta mettere in circolazione dai coniugi Tarquini, fu probabilmente il metodo ritenuto più consono per mascherare una strategia di lungo

Il re, del resto, aveva avuto soltanto due figlie: un maschio all'interno della casa reale non poteva che essere utile ai fini della conservazione del trono.

Non tutti gli auspici però furono favorevoli.
Il signore di Roma, che aveva ancora un conto in sospeso con Sabini ed Etruschi, avendo notato come la cavalleria fosse stata determinante durante le ultime spedizioni militari, pensò di aggiungere tre nuove centurie a quelle create da Romolo dei Tiziensi dei Ramni e dei Luceri, magari dotandole del proprio nome.
La tradizione imponeva che una tale operazione ottenesse il favore degli dèi, interrogati tramite l'arte aùgurale.
In quegli anni, autorità suprema nel campo era Atto Navio.
Il sacerdote fu indicato al monarca come l'unico in grado di interpretare i segnali celesti su una questione così importante.

La sua storia parlava per lui: Atto Navio era un predestinato.
Nato in una famiglia modesta, il padre possedeva soltanto un piccolo campo e qualche maiale.
Un caldo giorno di settembre di molti anni prima, il piccolo Atto si trovò a fare da guardia agli animali ma si addormentò sotto un albero.
Il risveglio fu pessimo per il bambino: i porci erano scappati!
Egli non aveva il coraggio di comunicarlo al genitore, così si recò presso un tempietto poco distante e pregò gli dèi, facendo un patto con loro.
Una promessa puerile, che solo a un bambino di quell'età sarebbe potuta passare per la mente.
Egli giurò che, se fosse stato messo in condizione di recuperare i porci perduti, avrebbe portato in offerta alle divinità il grappolo più grande della vigna del padre.
Lo sconforto l'aveva portato all'estremo tentativo di fare uno scambio col cielo.

---

corso: "adottare" un bambino per garantire, come volevano già fare i precedenti regnanti, una continuità familiare al trono.

Il cuore del piccolo Atto rimaneva pesante, sulla strada verso casa. Già stava predisponendo l'animo a ricevere una severa punzione quando all'improvviso si imbattè proprio nei maiali del padre!

Atto Navio, pazzo di gioia, restituì il patrimonio di famiglia al genitore.

Il giorno dopo corse nel campo per cercare il grappolo più grande. Voleva onorare la promessa fatta agli dèi, ma la pianta era così carica di frutti, tutti simili tra loro, che l'impresa risultava davvero ardua.

Allora, il bambino pensò di dividere con una linea immaginaria in parte sinistra e destra la vigna e di chiedere un segnale dal cielo.

Dove poteva mai nascondersi l'uva più ghiotta?

Un uccello volò in picchiata e si posò proprio sopra un grappolo di dimensione eccezionali, grande almeno il doppio di tutti gli altri.

Il piccolo rimase così colpito dall'episodio che decise di raccontare tutto al padre, mostrandogli proprio il frutto.

Questi, che in vita sua non aveva mai visto nulla di simile, pensò si trattasse di un prodigio e portò il figlio dal più famoso aùgure etrusco affinché venisse educato nella sacra arte.

E quel ragazzino imparò così in fretta e diede responsi così incredibili negli anni che divenne il più famoso del suo tempo.

Per questa ragione Tarquinio si affidò a lui: se avesse avuto il suo benestare, nessuno avrebbe potuto contestare la decisione di creare centurie di cavalieri aggiuntive sotto un nome nuovo.

Il giorno stabilito Atto Navio interrogò il cielo e, con grande stupore generale, il responso fu negativo.

Tarquinio andò su tutte le furie ma il sacerdote fu irremovibile: nessun segnale era stato rilevato, pertanto, nulla andava mutato dell'attuale ordine costituito.

A quel punto, Tarquinio (che come abbiamo visto non era uomo da accettare un rifiuto) schernì l'uomo, mettendo in dubbio le sue capacità.

Pochi giorni dopo, il monarca convocò nel Foro, alla presenza di testimoni, l'indovino. Gli domandò se avesse voluto trarre un ulteriore auspicio per lui, in merito alla possibilità di realizzare un certo progetto misterioso. Non gli era dato sapere di cosa si trattasse, aggiunse Tarquinio, poiché questa informazione era stata rivelata solo ai testimoni lì presenti. Atto Navio avrebbe dovuto limitarsi a rispondere un sì oppure un no.

Era il metodo scelto dal monarca per valutare la sua buona fede, oltre che le sue capacità.

Atto, molto serenamente, accettò: avrebbe tratto l'auspicio, pur non sapendone nulla.

L'indovino si ripresentò nel Foro nel giorno stabilito e disse al re che, qualsiasi fosse stato il quesito posto, il volo degli uccelli aveva indicato una risposta positiva.

Ciò che Tarquinio aveva in mente di fare era quindi buona cosa.

Il signore di Roma proruppe in una fragorosa risata: era riuscito nel suo intento, aveva smascherato il truffatore!

Svelò l'inganno: egli aveva formulato un quesito impossibile!

Aveva infatti chiesto agli dèi se fosse stato il caso o meno di tagliare a metà con un coltello una cote, lo strumento di ferro utilizzato per l'affilatura delle lame.

Atto Navio rimase impassibile e confermò quanto i segnali avevano indicato: ciò che Tarquinio aveva in animo di fare si poteva fare, così aveva letto in cielo.

Il re, nel divertimento generale, prese il coltello e lo passò sulla cote. Incredibilmente essa si ruppe in due parti uguali!

Il monarca dovette scusarsi pubblicamente con l'aùgure.

Dichiarò davanti a una nutrita rappresentanza del popolo (e sicuramente di coloro che stavano per essere nominati nuovi cavalieri) che un uomo così caro agli dèi come Atto andava celebrato con grandi onori e una statua, che fece erigere, nel Foro.

Alla luce dei fatti, Tarquinio dovette rivedere anche il suo atteggiamento nei confronti del primo responso, quello relativo all'istituzione di nuove centurie di cavalieri alle quali attribuire il proprio nome.

Ulteriori cavalieri sarebbero comunque stati nominati, poiché una nuova classe nobiliare era salita alla ribalta negli ultimi anni.

Tuttavia, essi si sarebbero dovuti accontentare di militare sotto le insegne dell'originaria ripartizione creata dal fondatore, Romolo.

Rimasero quindi i Tiziensi, i Ramni e i Luceri, ma il loro numero venne raddoppiato così da far spazio per i nuovi guerrieri[108].

---

[108] Ancora una volta possiamo provare a spiegare il mito in ottica storica, come fu per i prodigi accaduti a Numa Pompilio.

Perché, per esempio, non immaginare una messa in scena architettata da Tarquinio in combutta con Atto Navio, con tanto di utilizzo di una cote fasulla, fatta con materiali fragili o già "spezzata in due"? Non dobbiamo dimenticare infatti che il re etrusco andò al potere grazie all'appoggio di tutta una serie di famiglie ricche, le quali, non facenti parte della "società che contava", avevano investito le loro speranze su di lui. Ed egli non poteva dimenticare quanto dovesse loro: ecco perché doveva cercare di accoglierne le richieste. Ma tali pretese non potevano essere digerite facilmente dalla nobiltà romana di vecchio corso, gelosa dei suoi privilegi (l'abbiamo visto in occasione della creazione dei senatori *minores*).

I nuovi patrizi erano per censo cavalieri nell'esercito ma militavano in centurie che portavano nomi a loro del tutto estranei. Da qui la loro, se vogliamo anche legittima, richiesta di istituire nuove centurie chiamate con nomi etruschi. Tarquinio deve essersi scontrato con la vecchia nobiltà quirita, gelosa della propria storia e deve aver capito che, per salvaguardare la sua posizione, avrebbe dovuto ancora una volta mediare. E quale miglior modo che giocare sulla superstizione tipica dell'epoca e sulla paura di scontentare gli dèi?

Il più famoso Augure vivente aveva dato parere negativo, il re si era opposto ma poi, a causa di un prodigio, si era dovuto ricredere.

I nuovi patrizi dovevano rassegnarsi: le centurie di recente creazione avrebbero comunque continuato a portare i nomi antichi di Tiziensi, Ramni e Luceri. O volevano forse sfidare i numi e venire inceneriti da un fulmine come Tullo Ostilio?

Acque infuocate

144° - 145° ab Urbe condita

Tarquinio aveva dimostrato di non essere inferiore ai suoi predecessori nel comando militare.

La guerra contro i Latini era iniziata con un fuocherello acceso dai nemici ed era stata traformata in un vero e proprio incendio, che gli aveva portato ulteriore potere, fama e ricchezza.

Le città che si erano timidamente ribellate erano state tutte o date alle fiamme o ricondotte sotto il dominio di Roma.

Eppure, l'Etrusco sentiva di avere un conto ancora aperto con i Sabini. Essi non erano mai venuti alle mani direttamente con i Romani, tuttavia avevano appoggiato le rivolte addirittura mettendo in campo l'esercito e allestendo un imponente accampamento militare. Il tutto si era rivelato niente più che una mossa intimidatoria, certo. Ma Tarquinio continuava a coltivare dentro sé il dubbio: se non avesse mantenuto la calma e la fermezza nelle proprie decisioni? Se non avesse ignorato il campo sabino e avesse diviso i suoi uomini in più reparti? Come sarebbe andata a finire?

Ogni volta che ripensava a quella battaglia giungeva alla medesima conclusione: i Sabini avevano messo in pericolo Roma e la loro condotta doveva essere punita.

Inoltre, egli era a capo della super potenza del Lazio e per mantenere saldo il proprio ruolo doveva reprimere nel sangue ogni tentativo di sabotaggio. Non poteva premettersi nessuna debolezza.

I Sabini, dal canto loro, non erano tranquilli e temevano ritorsioni. Non attesero di venire attaccati: bastò l'invio dei feziali per far in modo che essi riunissero e mobilitassero i propri guerrieri, per riversarli ai confini di Roma.

La lotta si consumò in un'unica giornata: una battaglia di poche ore con continui capovolgimenti di fronte e che alla fine non vide né vincitori né vinti.

Neppure i giorni seguenti furono significativi: non venne lanciato un solo giavellotto, poiché sia Tarquinio sia il comandante sabino rimasero acquartierati negli accampamenti, organizzando la ritirata del proprio esercito da tergo e a piccoli gruppi, di nascosto dall'avversario.

Roma non si sentiva pronta: gli uomini erano ancora fiaccati dagli anni di guerra con i Latini.

Anche i Sabini non ritenevano di poter fronteggiare la potenza nemica, ma confidavano di riunire ulteriori villaggi sotto un unico vessillo, per ripresentarsi con un'armata numericamente irraggiungibile.

Nella primavera dell'anno 145° dopo la fondazione, i discendenti del mitico Clauso tornarono all'attacco: essi posero il proprio campo nella zona di Fidene, dove l'Aniene confluiva nel Tevere.

Questa volta potevano contare sull'inattesa alleanza con gli Etruschi, che avevano fornito un'intera armata in appoggio.

I due accampamenti, quello sabino e quello tirreno, vennero allestiti uno di fronte all'altro, ciascuno su un diverso lato dell'alveo del fiume. A unirli, un ponte di legno costruito per l'occasione, in modo tale da garantire continui aiuti e rinforzi reciproci.

Sull'acqua inoltre, sotto il ponte, era ormeggiata una buona quantità di imbarcazioni, utili agli approvvigionamenti oltre che al trasporto dei soldati.

Un'organizzazione perfetta, chi mai avrebbe potuto batterli?

Tarquinio dovette temporeggiare e scelse di accamparsi su un'altura poco distante.

Per qualche giorno non ci fu nessuno scontro ma il quinto re non smise un attimo di studiare i movimenti tra i due accampamenti nemici i quali, sicuri della loro formidabile strategia, attendevano soltanto di essere attaccati.

Una notte, Tarquinio ordinò di preparare alcune piccole imbarcazioni stracolme di materiale infiammabile come legna secca, zolfo, pece.

Poi le fece mettere in acqua e spingere al largo.

Alcune, portate dalla corrente, giunsero a destinazione e arrestarono il loro dolce moto solo una volta incontrate le barche nemiche, ancorate tra i due accampamenti, sotto il ponte.

La difficoltà dell'operazione fu aumentata dal buio e dal silenzio: i soldati dovevano muoversi nell'oscurità e senza far rumore per prendere di sopresa gli avversari che, a poche decine di metri, dormivano, cullati dallo sciabordio delle onde.

Una volta che le trappole galleggianti furono in posizione, il quinto re diede il segnale agli arcieri.

Il cielo si illuminò di frecce infuocate.

La gran parte dei dardi cadde in acqua ma alcuni colpirono le barche facendo divampare in men che non si dica l'incendio.

Non solo le imbarcazioni vennero distrutte ma le fiamme, portate dal vento, divamparono anche nel campo etrusco.

I Sabini, accortisi di quanto stava accadendo, attraversarono il ponte in forze, per aiutare gli alleati.

Tarquinio, già in armatura e a cavallo, con l'esercito pronto dietro sé, diede il segnale e attaccò l'accampamento sabino, rimasto privo di occupanti.

Etruschi e Sabini, intrappolati nell'incendio del campo tirreno ormai distrutto, dovettero arrendersi e furono catturati in massa.

Tarquinio, grazie alla sua astuzia, aveva riportato una grande vittoria.

Poche settimane dopo, poiché i Sabini non erano riusciti a mettere d'accordo le tribù per rifornire il fronte di nuovi guerrieri, inviarono ambasciatori a Roma e, loro tramite, riconobbero la sconfitta e chiesero una tregua di sei anni.

Inginocchiatevi al cospetto del re!

Gli Etruschi, a differenza dei Sabini, non si diedero per vinti.

Del resto, non potevano permettersi un'umiliazione come quella subìta la primavera precedente. Da troppo tempo Roma costituiva per loro una vera e propria spina nel fianco.

Veio, ancora e sempre Veio, si mise a capo dell'improvvisata lega e coinvolse Caere e Tarquinia, la quale aveva un conto in sospeso con quel suo figlio mai accettato dalla nobiltà cittadina ma eletto addirittura capo dalla potenza rivale.

La mossa dei Tirreni si rivelò prevedibile: essi invasero, stavolta senza trame oscure ma con la forza bruta, Fidene.

Ancora e sempre Fidene.

Lì, posero il quartier generale, lasciando una guarnigione, in attesa di coinvolgere altre città-stato nella coalizione antiromana.

Tarquinio, appena il bel tempo lo permise, preparò la spedizione. Divise le sue forze in due: il grosso venne guidato da lui personalmente in direzione di Veio, il resto fu condotto a Fidene dal suo braccio destro, Arrunte Egerio Collatino.

Sfortunatamente, il nipote non diede gran prova di sé in quell'occasione: confidando eccessivamente nelle sue abilità e nella forza dei suoi uomini, assaltò la città ma venne respinto.

Dovette ripiegare presso il suo accampamento, fatto edificare a poca distanza, ma anche qui venne colto in fallo dal nemico che, pochi giorni dopo, fece una sortita e riuscì a dare battaglia, mietendo vittime su vittime tra i Romani.

Arrunte, sconfitto, non poté fare altro che ritirarsi, lasciando Fidene in mano ai nemici.

Tarquinio intanto aveva ricacciato i Veienti all'interno delle mura e stava distruggendo le campagne nemiche: l'arrivo dei rinforzi da parte di Caere non cambiò la situazione poiché i Romani sembravano inarrestabili.

I Veienti rimasero spettatori per molte settimane della disfatta degli alleati e della distruzione delle loro scorte alimentari.

Una volta che campi, pascoli e fattorie della zona furono ridotti in cenere, il quinto re tornò a Roma.

Nell'anno 147° dopo la fondazione, Tarquinio marciò in direzione di Caere. Qui ripeté le devastazioni intorno alla città, finché gli Etruschi non decisero di far uscire l'esercito dalle mura, per fermare lo scempio.

Nella mischia che ne seguì i Romani vennero messi a dura prova ma alla fine costrinsero gli abitanti di Caere e ritirarsi nella rocca e subire passivamente l'assedio.

Gli uomini di Tarquinio rimasero lì, accampati, per tutta la stagione, facendo grande bottino e privando per i mesi successivi l'avversario delle scorte alimentari.

Gli assediati resistettero a lungo ma, nell'anno 148° dopo la fondazione, in autunno, affamati e preoccupati dall'arrivo della stagione fredda, si arresero.

Tarquinio finalmente fu libero di dirigersi verso Fidene.

Arrunte Egerio Collatino volle essere presente e partecipare all'assedio. Il suo orgoglio era stato ferito e necessitava di una giusta riparazione: ora che lo zio era di nuovo con lui voleva proprio vedere quanto coraggio avrebbero avuto quei traditori di Fidenati!

La potenza dell'attacco fu tale che non solo l'esercito etrusco, occupante sino a quel momento la fortezza, fu sbaragliato, ma anche la città stessa cadde.

Fidene venne invasa e tornò saldamente sotto il controllo di Roma.

Molti Tirreni morirono, altri vennero presi prigionieri.

In quell'occasione, Tarquinio non si risparmiò quanto a fustigazioni in piazza e addirittura decapitazioni.

Nell'anno 149° dopo la fondazione ci fu l'epilogo di quest'ennesima guerra.

Gli Etruschi, infatti, si erano solo momentaneamente ritirati. Erano infatti riusciti a mettere insieme una nuova armata, grazie al contributo di altri alleati.

Il nuovo esercito marciò in direzione di Ereto, in Sabinia.

I capitani tirreni erano stati avvisati del fatto che, negli ultimi tre anni, la gioventù locale era cresciuta nel rancore, covando rinnovati sentimenti antiromani.

La sosta a Ereto si rivelò inaspettatamente infruttuosa: i Sabini non volevano saperne di rompere la tregua.

Gli Etruschi posero l'accampamento: sicuri delle loro fonti, decisero di attendere l'arrivo dei misteriosi giovani guerrieri sabini.
I giorni passarono e nessun drappello di nuove reclute si presentò all'appello.
Una mattina, il campo etrusco si risvegliò di soprassalto.
Le vedette urlavano a più non posso il nome del popolo più temuto della storia.
- Romani! -
Migliaia di guerrieri stavano marciando nella loro direzione e non si trattava dei tanto attesi giovani sabini in cerca di vendetta, ma di Romani!
Tarquinio, informato della posizione dell'armata nemica, aveva deciso di prenderla in contropiede e piombarle addosso con tutto l'impeto di cui era capace.
Ci fu l'ultima grande battaglia, che portò al quinto re un'ennesima vittoria e a Servio Tullio, suo braccio destro nell'occasione, la prima gloria militare.

Roma poté vivere giorni di banchetti e danze e, come sorpresa finale, la processione alla reggia di una nutrita delegazione di ambasciatori tirreni.
Uno per ogni comunità sconfitta.
I messi chiesero a Tarquinio di cessare le ostilità, anche in considerazione del fatto che stava combattendo contro il proprio popolo.
Quali meravigliose parole per le orecchie di quello che fu il giovane ambizioso Lucumone, figlio di un mercante greco fuggito da Corinto!
Nessun vino, tra quelli che vennero bevuti copiosamente in quei giorni di festeggiamenti, fu tanto dolce e inebriante quanto il pensiero che l'intera Etruria ora si inginocchiava ai suoi piedi.
Lucumone aveva avuto la più grande rivincita che avesse mai potuto concepire, ma non dimenticò che quel popolo aveva accolto suo padre Demarato molti anni prima e gli aveva dato una nuova vita.
Così, assicurò i suoi ospiti che avrebbe deposto le armi ma in cambio di due condizioni.
Primo: tutti i prigionieri catturati durante le varie operazioni militari dovevano essere restituiti.

Secondo: tutte le città tirrene dovevano riconoscerlo come suprema autorità.

Gli ambasciatori tornarono in patria per ripresentarsi qualche settimana dopo con al seguito un gran numero di Romani desiderosi di riabbracciare le proprie famiglie.
A Tarquinio vennero consegnate le corone d'oro di tutti i signori tirreni, i loro troni eburnei, gli scettri adornati da aquile, le tuniche purpuree con palme d'oro ricamate, i fasci littori.
Il senato decretò che tutti questi simboli sarebbero divenuti per sempre di spettanza di ogni futuro re di Roma.

Il fiume Aniene si tinge di rosso

150° - 159° ab Urbe condita

Tarquinio, che non si sentiva ancora soddisfatto, si presentò ai suoi concittadini, al senato e ai feziali per chiedere loro se non fosse da considerarsi giusta un'altra guerra contro i Sabini.

L'argomento sul quale invitava a riflettere era semplice: l'esercito etrusco, solo un anno prima, si era fermato presso Ereto, evidentemente perché aveva ricevuto garanzie da parte dei Sabini che in quel luogo avrebbe trovato giovani ribelli ad attenderli per unirsi a loro.

Perché i discendenti di Clauso non avessero rispettato le promesse, poco importava: l'istigazione a prendere le armi contro l'Urbe c'era stata ed era da considerarsi sufficiente perché Roma tornasse sul piede di guerra.

Venuta a conoscenza dell'accusa, la frangia di quei giovani sabini già propensa ad aiutare gli Etruschi la primavera precedente prese il sopravvento all'interno di numerose tribù e un grande esercito venne allestito per muovere contro l'Urbe, attraverso il fiume Aniene.

Una volta che gli accampamenti furono posizionati, Tarquinio piombò sui nemici, imberbi e con poca esperienza.

Il campo sabino venne occupato dai Romani che avevano così guadagnato un avamposto ideale per la prosecuzione del conflitto.

In pochi giorni gli sconfitti furono pronti alla rivincita.

Stavolta il numero era dalla parte dei discendenti di Tito Tazio quando piombarono sull'accampamento di Tarquinio.

Il quinto re dovette limitarsi a resistere poche decine di minuti, poiché una seconda "ondata" di soldati romani stava già oltrepassando l'Aniene per dargli manforte: i Sabini, increduli davanti alla vastità dell'esercito avversario, si persero d'animo e fuggirono, inseguiti dalla cavalleria di Arrunte, che stavolta onorò il nome di famiglia.

Pochi riuscirono a far perdere le loro tracce, gli altri vennero trucidati.

L'anno successivo, il 151° dopo la fondazione, i Sabini decisero di tentare un'ultima, disperata, mossa, radunando ogni singolo ragazzo, uomo e anziano atto a portare le armi.

Il luogo deputato per ammassare tutte le forze rimaste fu ancora una volta il fiume Aniente. La guida dell'operazione fu affidata a un famoso comandante sabino, del quale non sappiamo nulla, neppure il nome.

Tarquinio Prisco, non appena venne a conoscenza di questi movimenti, che non passarono certo inosservati, superò il fiume e riconquistò l'accampamento già strappato al nemico l'anno prima.

Il capo delle forze avversarie si limitò a fingere di voler riprendersi il suo campo, impegnando i Romani in scaramucce e piccole provocazioni, mentre in realtà stava facendo fortificare un colle poco distante, suo vero quartier generale.

Voleva guadagnare tempo, il comandante sabino, perché attendeva ulteriori guerrieri, già in marcia da altre città alleate. Solo con un numero di uomini ancora maggiore avrebbe potuto avere la meglio.

Passarono i giorni, e Tarquinio si stancò dell'atteggiamento attendista dell'avversario.

Non voleva più perdere energie reagendo a piccole provocazioni che davano luogo soltanto a qualche scambio di giavellotti o qualche inseguimento a cavallo, voleva un vero scontro.

Si risolse così a dare battaglia.

Tentò più di un assalto al colle ma il luogo era ben fortificato e difeso, tanto che dovette desistere.

Il comandante avversario rimaneva trincerato e non aveva nessuna intenzione di combattere in campo aperto: mancavano ancora all'appello troppi guerrieri.

Tarquinio, non potendo conquistare il colle, lo isolò, circondandolo completamente. Precluse così ai nemici sia la possibilità di nuovi approvvigionamenti di cibo, sia quella di essere aiutati da milizie giunte a supporto, le quali sarebbero state obbligate a passare attraverso le spade dei soldati romani.

I Sabini vennero giocati dalla tattica di Tarquinio ma non si consegnarono: una notte, col favore di una tempesta, organizzarono una fuga massiccia.

Il comandante e tutti i suoi uomini scesero dal colle, sbaragliarono i pochi soldati romani che incontrarono e fecero perdere le loro tracce. Il mattino seguente, Tarquinio Prisco salì sull'altura rimasta abbandonata e vi trovò armi, bestiame, materiali e molti feriti che erano stati vergognosamente abbandonati al proprio destino dai compagni. Ancora una volta il quinto re potè tornare in città carico di bottino e schiavi.

Per oltre un quinquennio non ci furono altri scontri significativi tra i due contendenti.
I Sabini si limitarono a qualche scorreria in territorio romano, giusto per contenere il nemico impegnato entro i propri confini.
A Tarquinio la situazione di stallo stava bene: respingere qualche manipolo nemico gli permetteva di mantere i suoi concittadini sempre sotto le armi e di rafforzare l'esercito, aumentando la cavalleria.
Era convinto che presto sarebbe arrivato il momento dello scontro decisivo con il capo nemico e voleva essere preparato.
Il giorno giunse nella primavera dell'anno 158° dopo la fondazione. I Sabini si riversarono ai confini e divisero l'esercito allestendo due diversi accampamenti.
Anche Tarquinio divise i suoi uomini, stavolta in tre grandi gruppi: lui rimase al comando della parte più imponente e pose a capo delle altre due il nipote Arrunte Egerio Collatino e il giovane Servio Tullio. Quest'ultimo, alla guida delle forze alleate latine, obbligate a fornire guerrieri a Roma, si distinse per il suo valore militare.
La battaglia si risolse in una mattinata e i Sabini subirono una clamorosa sconfitta.
Tarquinio Prisco tornò a Roma ancora una volta carico di bottino e si guadagnò un trionfo.

Nell'anno 159° dopo la fondazione, il quinto re decise di dare l'attacco finale e portò l'esercito alle porte delle principali roccaforti sabine.
Il nemico era troppo provato dalle recenti sconfitte per difendersi: le fortezze si arresero tutte e, pur di non finire distrutte o sotto il giogo di Roma, chiesero la pace in cambio della restituzione dei prigionieri oltre che della corresponsione di alti risarcimenti.

Fu l'ultima spedizione militare di Tarquinio Prisco, colui che era riuscito a trionfare su tutti: Latini, Etruschi e, infine, Sabini.

Acta est fabula, plaudite!

160° - 175° ab Urbe condita

Sotto il regno di Tarquinio Prisco, Roma aveva compiuto un altro grande passo verso il proprio radioso futuro.

L'Etrusco, nonostante i gravosi impegni militari, aveva anche trovato il tempo di costruire, oltre al Circo Massimo, una nuova cerchia di mura, un tempio a Giove, uno a Minerva e uno a Giunone. Inoltre, egli aveva terminato i lavori per il sistema fognario più grande e moderno dell'epoca: la *Cloaca Maxima*.

Il numero delle famiglie patrizie era aumentato: diretta conseguenza fu un maggior numero di senatori, cavalieri e due nuove vestali[109], che da quattro passarono a sei.

Lucumone aveva sconfitto tutto e tutti, ma dovette arrendersi al nemico che nessun mortale potrà mai battere: la vecchiaia.

Quando il re compì ottant'anni, iniziò a sentirsi debole e decise che, per continuare a gestire al meglio i numerosi impegni derivanti dalla sua carica, avrebbe dovuto servirsi di una persona di fiducia.

Escludendo Egerio Arrunte Collatino, la scelta non poteva che ricadere su Servio Tullio, sin dall'infanzia preparato al comando.

Per rafforzare il legame familiare, il giovane nato schiavo era stato fatto sposare con una delle due figlie di Tarquinio.

Del resto, gli unici due veri eredi di sangue, nati dall'altra figlia del monarca, erano infanti. Servio avrebbe potuto fungere da loro tutore per i successivi tre decenni, regnando.

Il discendente dello strenuo difensore di Corniculum iniziò a comparire spesso in pubblico, prima insieme con Tarquinio e poi solo, partecipando a funzioni pubbliche o cerimonie religiose come suo delegato.

---

[109] Conosciamo anche il nome di una vestale dell'epoca, Pinaria Vergine, figlia di un certo Pubblio, la quale, a dispetto del suo nome, venne punita proprio per essere stata scoperta mentre veniva meno al sacro voto di castità. L'incremento di due unità del numero delle sacerdotesse, a mio avviso, è un'ulteriore conferma del fatto che Tarquinio fu costretto ad aumentare alcuni "posti di rilievo" per accontentare le famiglie che lo avevano appoggiato.

Nessuno aveva nulla da eccepire: il giovane piaceva alla cittadinanza, anche perché aveva già fatto buona mostra di sé in guerra.

Nessuno, tranne coloro che si sentivano i legittimi successori al trono: i due figli di Anco Marzio.

Essi avevano atteso per oltre trent'anni di poter riottenere ciò che pensavano gli spettasse di diritto.

Quando compresero che si stava preparando una "naturale successione" a beneficio di Servio Tullio, cercarono un modo per far precipitare il gradimento che l'anziano Etrusco continuava ad avere presso il popolo e spodestarlo.

Caso volle che, proprio in quei giorni, il collegio degli aùguri stesse passando un travagliato momento: da tempo nessuno aveva più visto Atto Navio.

I figli di Anco colsero l'opportunità e diffusero dei pettegolezzi secondo i quali era stato proprio il re a far assassinare il noto indovino, occultandone il corpo.

I cospiratori tentarono di far leva su quella parte di antico patriziato che si era sentita offesa dalla creazione di nuovi nobili, tanto che uno degli argomenti di quei giorni fu che Roma non avrebbe dovuto tollerare oltre il dominio di uno straniero come Lucumone.

Servio Tullio non rimase a guardare mentre qualcuno tentava di incolpare il suocero per sottrargli il comando: tenne un discorso nel Foro e riuscì a far cadere le accuse.

Rimasti senza altra possibilità, i figli di Anco architettarono l'assassinio di Tarquinio. A quel tempo, era ancora prerogativa del re fungere da tribunale supremo sui cittadini.

L'anziano Lucumone poteva esercitare quella funzione comodamente seduto a casa sua, nel cortile antistante la reggia, motivo per il quale aveva deciso di continuare a svolgerla in prima persona, senza delegarla.

I congiurati progettarono un piano diabolico: pagarono degli assassini perché si presentassero, vestiti da pastori, con tanto di capi di bestiame al seguito, a chiedere giustizia al monarca, col pretesto di volergli affidare la risoluzione di una controversia sorta in seguito a un banale sconfinamento di pascolo.

La tragica commedia[110] fu organizzata ad arte e i sicari recitarono così bene il copione da riuscire persino a strappare ai presenti qualche risata.

Comportarsi da sempliciotti era solo uno stratagemma per creare un clima disteso a palazzo. Nessuno sospettò quanto stava per accedere.

Uno dei finti contendenti, fingendo goffaggine mista a collera verso il suo pseudo rivale riuscì ad avvicinarsi alla persona di Tarquinio, seduto tra da due littori.

Quel manigoldo assoldato per pochi soldi era già arrivato a una distanza inferiore al monarca di quanto era mai era stato permesso financo agli ambasciatori delle più potenti città etrusche.

D'un tratto, egli si gettò ai piedi di Lucumone, quasi volesse baciarglieli in segno di massima sottomissione: il re doveva aiutarlo, diceva tra i singhiozzi, e dargli ragione, perché doveva sfamare la moglie malata e il figlioletto già denutrito.

Tarquinio si preoccupò di arretrare i piedi, per non venire toccato dal bifolco, ma non si rese neppure conto che quello aveva sfoderato una scure, fino a quel momento abilmente nascosta tra le pelli di animale che indossava, e gli stava balzando addosso.

Le risate si tramutarono in grida d'orrore quando l'arma venne piantata in testa al re.

Il potente monarca si accasciò prima in posizione seduta e poi scivolò a terra, ripiegato su se stesso. Sul suo capo non c'era più l'elegante capello di foggia tirrena tolto e poi riposto da una splendida aquila, ma la lama insanguinata del regicida.

Era stato colpito senza neppure riuscire a difendersi, Tarquinio, colto di sorpresa. Aveva solo cercato di alzare il braccio per proteggersi,

---

[110] Non a caso ho scelto come titolo del paragrafo la locuzione latina *"Acta est fabula, plaudite!"* ovvero "La commedia è finita, applaudite!". Tale modo di dire, tipico del teatro romano (successivamente all'epoca trattata nel presente lavoro) era utilizzato per annunciare la fine di uno spettacolo. Svetonio, nella sua "Vita di Augusto" fa pronunciare al primo Imperatore di Roma questa frase in punto di morte.

con quello che gli rimaneva dei riflessi che un tempo gli avevano permesso di ottenere successi militari impensabili[111].

Terminava così, nel sangue, la vita di Lucio Tarquinio Prisco, una volta Lucumone, erede di una sconfinata ricchezza, manipolatore, cavaliere valoroso, grande condottiero, straordinario politico.

Quinto re di Roma.

---

[111] Quando cerco di visualizzare nella mente la scena della morte di Tarquinio Prisco, il mio pensiero va a uno dei dipinti della celebre Tomba François e a un altro "Tarquinio", rimasto misterioso: Gneo Tarquinio Romano.

Conosciamo l'esistenza di questo personaggio grazie a una fonte archeologica: la sepoltura di Vulci, ritrovata nel 1857, ci ha riconsegnato un importante ciclo di affreschi eseguiti da pittori etruschi e raffiguranti temi della guerra di Troia e di imprese di eroi tirreni.

In una delle scene troviamo tale *Cneve Tarchunies Rumach*, Gneo Tarquinio il Romano, aggredito da tale *Marce Camitlas*. Mentre l'aggressore è nudo, Tarquinio è accovacciato a terra, avvolto in una toga interamente bianca. Sembra si arrenda al proprio destino; preso alla sprovvista, capisce che sta per venire pugnalato a morte. Impressionante la ferocia di *Marce Camitlas*, che afferra la vittima per i capelli mostrandogli come da lì a pochi attimi egli non avrà alcuna pietà.

Non sappiamo a quale episodio della storia etrusca, che ci è in larga parte sconosciuta, gli artisti dell'epoca abbiano voluto far riferimento. Sicuramente il fatto, data la posizione primaria del dipinto all'interno della tomba, doveva essere stato molto noto.

Gneo Tarquinio Romano, a parere del Pallottino, apparteneva alla famiglia patrizia dei Tarquini (M. Pallottino, *Etruscologia*, Hoepli, Milano 1955, p. 116). E se si trattasse proprio di Lucio Tarquinio Prisco? "L'Etrusco" per i Romani e "il Romano" per gli Etruschi, non fu forse, da anziano re, ucciso da alcuni sicari mentre si trovava nella reggia? Anche con un'interpretazione simile, l'episodio dipinto si potrebbe legare alla trama principale del ciclo di affreschi, relativa alle gesta di Macstarna, identificato dall'imperatore Claudio in Servio Tullio...

CAPITOLO IX

SERVIO TULLIO, LO SCHIAVO CHE DIVENNE RE

Re per fatti concludenti

Tutti, alla reggia, erano in preda alla confusione più totale.

Soltanto l'ormai settantacinquenne Tanaquil riuscì a rimanere lucida, nonostante fosse la persona più colpita dall'accaduto. Gettatasi sul corpo, non ancora cadavere, del marito, impartì quattro ordini ai littori.

Il medico doveva venire convocato d'urgenza; Servio andava reperito immediatamente; il popolo doveva essere rassicurato sul fatto che l'attentato non era stato mortale; gli attentatori dovevano essere catturati.

Quando Tullio varcò la cinta del cortile della dimora regale, trovò i due scagnozzi malconci per le percosse subìte, incatenati e sorvegliati dalle guardie.

Tarquinio era stato portato in camera da letto, senza vita.

Il "quasi sesto re" venne avvicinato dall'Etrusca, la quale gli suggerì il da farsi: si sarebbe dovuto presentare al popolo e ai senatori, portando con sé i due prigionieri.

I sicari avevano infatti nel frattempo confessato i nomi dei mandanti dell'omicidio: andava emanato senza ritardo un ordine di cattura per i figli di Anco Marzio!

In attesa che anche quei due fossero arrestati e condotti al giudizio per rispondere del loro crimine, Servio avrebbe dovuto continuare a gestire gli affari di stato in vece del monarca.

Avrebbe pensato lei, aggiunse Tanaquil, a far credere a tutti che il marito era soltanto ferito e non in pericolo di vita.

Roma non doveva cadere nel panico anzi, bisognava approfittare della situazione per regolare una volta per tutte i conti con i Marzi.

Tolti di mezzo i pretendenti al trono, avrebbe annunciato la morte di Tarquinio consegnando di fatto la corona all'unico degno di portarla, Servio Tullio.

Ogni cosa andò come Tanaquil aveva predisposto, tranne una: la cattura dei figli di Anco Marzio.

I due, infatti, vistisi perduti, erano riusciti a trovare protezione a Suessa Pomezia, sito oggi perduto ma anticamente possedimento dei Volsci, l'unica forza stanziata a poca distanza da Roma e libera da rapporti diplomatici con essa, quindi in grado di garantire una certa protezione. Il capo del popolo osco-umbro non solo ricavò da questa ospitalità una grossa somma di denaro ma pensò di crearsi degli alleati potenti per mettere un domani le mani sull'Urbe.

Poco male, deve aver pensato la donna: avrebbe in ogni caso concordato con Servio la strategia migliore per il passaggio del potere nelle sue mani.

Difatti il genero si presentò al processo circondato dai littori, con addosso il mantello ornato da strisce di porpora. Con estrema disinvoltura si accomodò nel posto riservato al monarca. Riportò l'esito delle indagini, dalle quali emergeva la responsabilità di alcune famiglie patrizie, oltre quella dei Marzi. Condannò in contumacia all'esilio i figli di Anco, confiscandone ogni bene. Ammonì tutti coloro che avevano in animo di continuare ad appoggiare atti di insubordinazione che, visto il grave momento che Roma stava attraversando, non ci sarebbe stata tolleranza alcuna.

Nessuno ebbe niente da obiettare, né quel giorno né nei successivi.

Quando le acque si furono calmate, Servio annunciò pubblicamente che le condizioni di Tarquinio Prisco, data l'età avanzata, si erano complicate all'improvviso ed egli era venuto a mancare.

Venne preparato tutto l'occorrente per celebrare un maestoso funerale e il corpo del quinto re fu agghindato a dovere, seminascosto da vesti, fiori e altri ornamenti, per far sì che nessuno si accorgesse dell'avanzato stato di decomposizione.

Servio presenziò alla cerimonia, sempre adornato dai segni del comando supremo.

A fine giornata si recò alla reggia, circondato da tutti i littori.

L'indomani si svegliò e si recò nel Foro, avvolto dal mantello con strisce di porpora, scorta armata al seguito.

Per i Romani iniziava una giornata come tante.

Certo, avevano saputo della dipartita di Tarquinio, ma da quanto tempo ormai l'Etrusco non gestiva gli affari pubblici?

Servio Tullio divenne, per la prima volta nella storia di Roma, monarca per fatti concludenti.

Non ci fu bisogno di nomine, votazioni, acclamazioni, usurpazioni. Nulla.

Semplicemente i cittadini dell'Urbe si era alzati dal loro giaciglio, l'alba successiva al funerale di Tarquinio Prisco, e si erano dedicati ciascuno alle proprie occupazioni: chi calzolaio, chi fabbro, chi costruttore, chi vinaio, chi contadino, chi pastore.

Chi sesto re di Roma.

Servio... del popolo

175° - 176° ab Urbe condita

Era l'anno 175° dopo la fondazione.
Roma aveva il suo nuovo padrone.
Eppure, se il passaggio di potere fu vissuto come un qualcosa di assolutamente scontato per la maggioranza della cittadinanza, il comportamento di Servio non piacque ad alcune famiglie patrizie, specialmente quelle che si erano sentite, seppur in modo velato, minacciate durante il processo contro i Marzi.
Da più parti venne sollevata una questione di legalità procedurale della successione.
Quando il nuovo re venne a conoscenza delle trame che si ordivano a suo danno, deciso a giocare d'anticipo e a carte scoperte, ordinò che *Patres* e rappresentanti del popolo si riunissero, affinché udissero ciò che aveva loro da dire.

- Sono stato informato del fatto che alcuni lamentano il modo in cui sono divenuto monarca. Posso capirlo, ma vorrei che ascoltaste le mie ragioni, che sono le ragioni di Roma.
Coloro che si dichiarano conservatori contestano il fatto che io non abbia rispettato le procedure e mi sia, in sostanza, autoproclamato. Ebbene, perché non me lo avete detto subito? Se qualcuno di voi si ritiene più degno a ricoprire questo ruolo, si faccia pure avanti e lo metteremo ai voti.
Lucio Tarquinio Prisco fu forse proposto dal senato e acclamato dal popolo? No. Egli prese di fatto le redini, in veste di persona più fidata del precedente regnante, Anco Marzio, appena morto. Tarquinio conosceva gli affari della città perché già da tempo li amministrava insieme ad Anco.
Lo stesso non sta succedendo anche oggi? Per mesi ho sostituito mio suocero negli affari civili e religiosi, dopo essermi distinto in quelli militari.
Preferireste forse richiamare da Suessa Pomezia i Marzi? Avete dimenticato che si tratta proprio dei mandanti del regicidio e che abbiamo deciso di esiliarli solo pochi giorni fa?

Io devo tutto a Tarquinio e a Tanaquil.

Molti anni fa, essi salvarono la vita a mia madre, Ocresia.

Quando nacqui, non solo venni affrancato dalla mia condizione di schiavitù, ma ebbi la fortuna di crescere come un patrizio romano.

Tanto fu l'amore e la fiducia che ricevetti che ebbi in sposa una delle loro figlie, Tarquinia!

Certo, so cosa state pensando a riguardo.

Mia moglie ha una sorella, la quale ha dato alla luce due bambini, Lucio e Arrunte, è vero.

Ritenete che sia più corretto che il trono passi a loro, in via ereditaria? E a chi dei due, precisamente? E soprattutto, volete essere governati da un fanciullo?

Oppure, e mi rivolgo a voi, senatori, volete esercitare un interregno di numerosi anni, in attesa che i bambini diventino adulti?

Continuerò a reggere il regno, col vostro favore, per conto dei legittimi successori del grande Lucio Tarquinio Prisco! -

Servio non aveva ancora concluso il suo lungo discorso ma dovette prendersi una pausa, per fare in modo che si udissero bene le urla di giubilo e soddisfazione di quei senatori *minores* rappresentanti la nuova nobiltà etrusca e latina, che si erano previamente accordati con lui per indirizzare l'opinione pubblica.

- Sentite con le vostre orecchie!

Il senato è con me!

Eccomi, dunque, vostro re.

Sono pronto a comandare ma anche a servire le frange di popolo che soffrono la povertà. Le guerre degli anni passati hanno portato da una parte molte famiglie a indebitarsi e dell'altra hanno arrecato grandi bottini a Roma. Ci penserò io a riequilibrare la situazione e sollevare tutti dai propri affanni, elargendo il denaro necessario a chi ne ha bisogno.

Predisporrò nel Foro uno spazio apposito, dove debitori e creditori insoddisfatti potranno venire a mostrarmi i documenti, così che io possa provvedere a saldarli.

Contrasterò con fermezza la pratica dell'usura, poiché ritengo intollerabile che qualcuno si arricchisca sulle spalle della povera gente.

Abolirò la schiavitù per debiti.

Chi non ha ancora un appezzamento di terra da coltivare, lo avrà.
Roma si è ingrandita ulteriormente, non abbiamo problemi di spazio.
La popolazione è aumentata in questi decenni, ragione per la quale
indirò un censimento.
Ho intenzione di riformare il sistema di tassazione in base alle
sostanze di ciascuno, così da addossare maggiori spese a chi può
sostenerle, sgravando i più poveri da oneri eccessivi.
Infine, darò anche peso politico a chi ha minor censo, cambiando le
metodologie di espressione del voto: chi oggi è solo spettatore delle
decisioni ne diverrà partecipe.
Sono il vostro re, voglio la felicità e il benessere di tutti voi! -

Quella minoranza di senatori che si era fatta promotrice di una
congiura ai danni di Servio capì in quel momento che avrebbe
dovuto tenere un profilo molto basso e continuare a tramare
nell'ombra, poiché Roma aveva scelto il suo figlio prediletto.
Nel tripudio generale, anche i sostenitori degli esiliati Marzi, dopo
essersi scambiati un'occhiata furtiva, attenti che nessuno scorgesse la
profonda delusione dipinta sui loro volti, si unirono alle entusiastiche
urla di acclamazione:

- Servio Tullio nostro re! -

Il Lustrum: cinque anni di grandi riforme

177° - 182° ab Urbe condita

Roma, durante il regno di Servio Tullio, subì una fondamentale riorganizzazione.

Venne costruita una nuova cerchia di mura, che finalmente inglobava tutti e sette i colli.

Con il favore degli aùguri, la città venne divisa in quattro parti: Palatina, Suburrana, Collina ed Esquilina.

Anche le tribù urbane predisposte da Romolo aumentarono e divennero quattro, una per ciascuna zona.

La riorganizzazione amministrativa procedette con la suddivisione delle campagne circostanti in ventisei distretti, anche essi denominati tribù. E poiché le zone rurali non erano protette dalle mura ed erano più esposte a scorrerie, attacchi e saccheggi, il re fece iniziare la costruzione di rocche fortificate sparse sul territorio, opere difensive utili sia allo stanziamento di soldati di guardia che al ricovero dei contadini e dei pastori in caso di attacco.

Roma, alla fine, ne uscì suddivisa in trenta tribù.

L'Urbe sarebbe d'ora in avanti stata amministrata per quartieri e ciascun abitante avrebbe dovuto familiarizzare con il concetto di "residenza". Chi risiedeva in una determinata tribù doveva far riferimento a un particolare tribuno o prefetto e a lui dichiarare dove viveva, da quante persone era composto il suo nucleo familiare, che occupazione svolgeva e a quanto ammontavano le sue sostanze.

Ciascuno avrebbe in tal modo pagato alla tribù di appartenenza una quantità di tasse proporzionata alle proprie possibilità economiche, e sarebbe stato inserito nella corrispondente classe dell'esercito.

L'organizzazione facilitò Servio Tullio nel censimento.

Non conosciamo il risultato finale del complesso conteggio ma dalla composizione delle forze armate possiamo ipotizzare che Roma ospitasse in tutto circa centomila persone.

Le operazioni durarono cinque anni e il periodo fu chiamato *Lustrum.*

Quando il monarca ebbe a portata di mano tutti i dati di cui aveva bisogno riordinò l'esercito, che risultò composto da centonovantatré gruppi di cento uomini (centurie) per un totale di diciannovemilatrecento unità combattenti[112].

La popolazione atta a portare le armi venne suddivisa in una classe di cavalleria, composta dai più ricchi e ordinata in diciotto centurie (a superamento delle tre centurie create da Romolo e raddoppiate, almeno nei numeri, da Tarquinio Prisco) e in sei classi di fanteria, composte da centonovantaquattro centurie, suddivise in base alla ricchezza.

Centomila assi era il patrimonio richiesto per poter accedere alla prima classe, composta da ottanta centurie. L'equipaggiamento consisteva in almeno l'elmo, lo scudo rotondo, gli schinieri, la corazza, dei giavellotti e la spada. Di questa classe facevano parte anche due ulteriori centurie composte da fabbri.

Settantacinquemila assi era il patrimonio richiesto per poter accedere alla seconda classe, composta da venti centurie. L'equipaggiamento consisteva in almeno lo scudo ovale, gli schinieri, i giavellotti e la spada.

Cinquantamila assi era il patrimonio richiesto per poter accedere alla terza classe, composta da venti centurie. I guerrieri erano liberi di fare a meno delle protezioni ma dovevano equipaggiarsi con almeno lo scudo ovale, i giavellotti e la spada.

Venticinquemila assi era il patrimonio richiesto per poter accedere alla quarta classe, composta da venti centurie. I guerrieri avevano l'obbligo di dotarsi soltanto di giavellotto corto e lancia.

Undicimila assi era il patrimonio richiesto per poter accedere alla quinta classe, composta da trenta centurie. I guerrieri avevano l'obbligo di dotarsi soltanto di una fionda e reperire delle pietre come

---

[112] Studi recenti hanno portato a ritenere questi numeri esagerati.
Nel già citato *L'esercito di Roma* di Chris McNab si ipotizza un esercito serviano composto da un'unica classe di opliti formata da quaranta centurie, per un totale di quattromila guerrieri (del resto, all'epoca di Anco Marzio, solo pochi decenni prima, l'esercito contava tremilatrecento unità). A parere di questo autore, fonti come Livio o Dionigi si confondono con una riforma censitaria avvenuta in epoca repubblicana inoltrata, poco prima della guerra che portò alla distruzione di Veio, tra il 406 e il 396 a. C.
Nel mio "racconto", ho cercato ancora una volta di tenere fede alle fonti antiche ma i dubbi sulla loro esattezza sono più che leciti.

proiettili. Di questa classe facevano parte anche tre ulteriori centurie, composte da suonatori di corno e di tromba.

Tutti coloro che avevano un patrimonio inferiore a undicimila assi facevano parte di una sesta classe residuale. Si trattava della massa dei capite censi, ovvero, tradotto, coloro che potevano contare solo sulla propria persona. Essi furono esentati dal prestare servizio militare, impegnati com'erano nella lotta per la sopravvivenza quotidiana.

La riforma scontentò i patrizi, più esposti alle spese e ai pericoli.

Per riequilibrare la situazione, ed evitare che quella frangia di famiglie nobili sempre pronte ad appoggiare un ritorno dei Marzi in città aumentasse il proprio consenso, il monarca decise, per una volta, di andare contro l'interesse delle fasce deboli e tradì la promessa fatta di dar uguale peso politico a tutti.

I comizi, le assemblee cittadine deputate a prendere le decisioni più importanti, non vennero più riuniti per curie ma per centurie. Durante le votazioni si procedeva ora per censo: i primi a esprimere la loro opinione erano gli appartenenti alle diciotto centurie di cavalieri, seguìti, nell'ordine, da chi componeva le classi di fanteria. La prima classe contava ottantadue centurie, con il risultato che difficilmente le votazioni proseguivano oltre, e quindi tutti i provvedimenti venivano proposti, approvati o abrogati solo da chi aveva un patrimonio superiore a centomila assi... i più ricchi di Roma!

Guardati dalle genti ma soprattutto dai parenti

185° - 216° ab Urbe condita

Il potere di Servio continuava a essere minacciato, oltre che dall'interno anche dall'esterno.

Gli Etruschi si erano formalmente sottomessi a Tarquinio Prisco, consegnandogli i segni del potere e siglando con lui un trattato di non belligeranza. Ciò, non solo perché erano stati più volte sconfitti ma anche perché il precedente signore di Roma godeva di molta considerazione, non ultimo per i suoi natali.

Servio Tullio, invece, era di sangue latino, per di più nato in condizione servile. Città come Veio, Cerveteri e la stessa Tarquinia non erano disposte a rinnovare il proprio impegno con Roma ed erano pronte a sfidarne, per l'ennesima volta, la potenza.

Le fortificazioni sparse nelle campagne romane tornarono utili: a pochi mesi dalla loro ultimazione, i contadini vi si riversarono in massa in cerca di riparo mentre i loro campi venivano devastati dai guerrieri tirreni

Servio Tullio non poteva stare a guardare, con il nemico alle porte: mosse l'esercito a difesa dell'Urbe, respingendo gli aggressori e costringendoli a ritirarsi.

Gli Etruschi rimasero sorpresi: la riforma serviana dell'esercito li aveva messi davanti a una forza numerosa e ben organizzata.

I capi delle tre comunità tirrene tennero consiglio e deciso che avrebbero dovuto radunare un'imponente armata, coinvolgendo tutte le dodici città-stato più potenti del loro popolo, la Dodecapoli.

Per i vent'anni seguenti si alternarono scaramucce ai confini di Roma, attacchi da parte di quest'ultima prima a una città poi a un'altra, grandi battaglie in campo aperto.

Furono tre gli scontri decisivi, poiché Servio celebrò tre trionfi, che lo portarono alla vittoria finale. La guerra si concluse infatti nell'anno 202° dopo la fondazione.

Tullio ricevette da tutti i membri della Dodecapoli gli stessi onori che aveva ricevuto il suo predecessore, con la consegna formale nelle sue mani dei segni del comando.

Il sesto re fu clemente con nove delle potenze avversarie, siglando un trattato senza nulla pretendere all'infuori dell'omaggio già ricevuto.

Tuttavia, non poteva soprassedere sul comportamento delle altre tre città, quelle che avevano dato via al conflitto: Veio, Tarquinia e Cerveteri dovettero cedere alcuni territori, distribuiti in seguito ai cittadini romani ancora privi di un appezzamento da coltivare.

Sistemate le questioni di politica estera, il re dovette tornare a preoccuparsi della lotta per il potere.
Erano ormai passati molti anni da quando Tarquinio era stato assassinato e i suoi nipotini, all'epoca in tenera età, si erano fatti uomini. Servio era stato nominato loro tutore e li aveva legati a sé.
Facendo tesoro della sua stessa esperienza, infatti, aveva dato loro in moglie le sue due figlie, entrambe di nome Tullia.
La maggiore, dal carattere docile, andò in sposa a Lucio Tarquinio, uomo ambizioso e arrogante.
La minore, più capricciosa e altezzosa, venne concessa in matrimonio al mite Arrunte Tarquinio.
Entrambe le unioni si rivelarono infelici.
Ad accrescere il malcontento familiare ci pensò anche l'ambizione di Lucio, il quale si chiedeva che senso avesse il fatto che il suo tutore non avesse ancora avviato le pratiche di successione.
La sua voglia di vederci chiaro e di prendersi ciò che riteneva gli spettasse trovava in Tullia una decisa opposizione: la fanciulla adorava il padre e mai avrebbe fatto qualcosa che avesse potuto turbarne l'equilibrio.
Anche Arrunte pareva poco propenso a farsi condizionare dai malumori di Lucio. Egli ripeteva sempre che era grato agli dèi per il fatto di essere uno dei cittadini più importanti di Roma, ricco e nelle migliori condizioni possibili per dedicarsi ai suoi studi. Perché mai avrebbe dovuto mettere tutto a repentaglio?
Nonostante ciò, egli rassicurò sempre il fratello: Lucio, da un lato non poteva sperare nel suo appoggio, ma dall'altro non aveva neppure nulla da temere da lui. Alla morte di Servio egli si sarebbe fatto da parte spontaneamente, così da permettergli di regnare indisturbato. Non sarebbe certo stato un nuovo Remo!
Tullia minore invece odiava il padre e disprezzava l'uomo che era stata costretta a sposare, ritenendolo senza spina dorsale.

La donna, più in linea con le ambizioni di Lucio, iniziò con lui una relazione clandestina, fondata non sull'amore ma sul rancore nei confronti di Servio.

Nell'anno 216° dopo la fondazione, Arrunte morì in circostanze misteriose e, a poche settimane di distanze, la stessa sorte toccò a Tullia maggiore.
Il patto scellerato tra Lucio e la sua nuova compagna aveva dato i primi frutti: gli amanti avevano assassinato i rispettivi coniugi ed erano ora liberi di iniziare la loro associazione a delinquere mascherata da relazione amorosa.
Il tutto apertamente, sotto gli occhi di una Tarquinia sconvolta dal dolore e di un Servio preoccupato, perché aveva iniziato a sospettare che le due serpi che aveva allevato stessero complottando contro di lui.
Lucio Tarquinio si fece sempre più spavaldo, appoggiato da quelle famiglie patrizie che non si erano mai rassegnate a sottostare al governo di un monarca che consideravano illegittimo e che, deluse dai fallimenti dei Marzi, ormai del tutto fuori dai giochi, avevano trovato un nuovo capo che potesse ascoltare le loro richieste elitarie.

Vicolo Scellerato

216° - 219° ab Urbe condita

Nei tre anni successivi, Lucio non smise un solo giorno di tramare nell'ombra. Conquistò in breve tempo l'appoggio di quella parte del patriziato che era rimasta irriducibilmente oppositrice di Servio[113], tuttavia sapeva che, se voleva minare la fondamenta dell'ordine costituito, doveva cercare il sostegno di altri uomini potenti.

Avvicinò figli e nipoti di quei senatori *minores* creati da suo nonno, ricordando loro che un conto era stato appoggiare Servio quarant'anni prima contro i Marzi, un altro era appoggiarlo adesso che si schierava apertamente contro la *gens Tarquinia*, alla quale loro dovevano le proprie fortune e di cui lui era l'unico vero erede.

Chi avrebbero scelto? Il figlio di un comandante latino nato in schiavitù o il nipote dell'uomo che li aveva resi ricchi e potenti?

Lucio ricordò loro come Tullio avesse preso il potere con l'inganno. Come potevano non accorgersi che la scusa di reggere il trono come tutore dei nipoti di Tarquinio non aveva più alcuna ragione di esistere da almeno venticinque anni?

Il favore di coloro che non vennero convinti dalle parole e dagli argomenti logici fu acquistato con ricchi doni e promesse.

Passarono i giorni, le settimane, i mesi.

Il consenso intorno al nipote di Tarquinio Prisco cresceva, ma egli non si sentiva pronto.

Temeva di fallire e desiderava l'appoggio di un sempre maggior numero di personaggi influenti.

---

[113] Poiché erano passati quarant'anni dalla morte di Tarquinio Prisco, Lucio doveva aver circa quarantacinque anni. Dunque, i senatori, esponenti di alcune famiglie patrizie, che all'indomani del regicidio avevano appoggiato in segreto la fuga dei figli di Anco Marzio presso i Volsci a Suessa Pomezia, dovevano essere morti o davvero molto vecchi. Si trattava sempre delle stesse famiglie ma nelle persone dei figli degli antichi oppositori del regime. Nel frattempo, tra l'altro, dovevano essere venuti a mancare anche i Marzi, in esilio. Le fonti tacciono sul loro destino, usciti di scena all'indomani della presa del potere da parte di Servio Tullio e dimenticati dalla storia.

Una gelida alba d'inverno dell'anno 219° dopo la fondazione, Lucio, terminato un banchetto presso la casa di uno dei senatori *minores*, tornò presso la sua dimora visibilmente alterato dal vino.
Quando il nipote dell'Etrusco aprì la porta di casa trovò Tullia, in piedi, al centro della stanza ad attenderlo.

- Sei ubriaco!
Spero almeno il vino fosse buono, razza di imbecille!
Vi siete allietati, tu e tuoi facoltosi amici debosciati, con suonatori e danzatrici?
Qualche Tirrena di tuo gradimento l'hanno portata?
Mi vergogno di averti scelto come compagno!
Sto buttando i miei anni migliori, qui, chiusa tra quattro mura, ad aspettare un futuro che non arriva, mentre te la spassi tra una festa e l'altra con la scusa di crearti amici. Senti il richiamo delle mollezze, Lucio? E allora tornatene dai tuoi avi, a Corinto!
O vai a Tarquinia, se credi.
Fai un po' come vuoi, ma allontanati da Roma!
Quanto ci vorrà ancora? Stai rimandando solo perché hai paura!
Se avessi voluto stare insieme a un codardo avrei fatto a meno di ammazzare quell'idiota di tuo fratello!
E la povera Tullia? L'abbiamo tolta di mezzo per nulla?
Era una persona insulsa certo, ma non aveva mai fatto male a nessuno. Ci siamo macchiati di duplice omicidio, versando il nostro stesso sangue, lo capisci questo?
Agisci adesso Lucio, se ti è rimasta nelle vene anche solo una goccia del sangue di quel grand'uomo che fu Lucumone.
Agisci o tra noi sarà finita e gli dèi mi siano testimoni se non farò in modo che tu venga cacciato per sempre da Roma! -

Pochi giorni dopo, Lucio, circondato da uomini in armi, arrivò nel Foro e prese posto sul seggio regale, davanti alla Curia.
Fece in modo che venisse convocata immediatamente una seduta straordinaria del senato, annunciando che il settimo re di Roma li voleva riuniti al suo cospetto.
Per primi accorsero i rappresentanti delle famiglie da sempre avverse a Servio Tullio, poi sopraggiunsero tutti i senatori *minores*. Non fu un caso, essi sapevano bene cosa sarebbe accaduto.

Gli altri arrivarono stupiti, non sapendo bene cosa aspettarsi, ma tutti avevano compreso che era in atto un'usurpazione del trono, simile a quella avvenuta ad Alba Longa a danno di Numitore.

Quando l'assemblea degli anziani fu al completo, Lucio iniziò la sua invettiva, non risparmiandosi dal dire tutto il male possibile sul suo tutore.

- Sono seduto qui, poiché da questo momento sarò il vostro re.

Avete capito bene.

Servio Tullio è da considerarsi destituito dalla carica.

Che nessuno si opponga!

L'usurpatore non sono io ma è lui!

Lo è da decenni, con il vostro favore.

O vogliamo tutti continuare a farci ingannare e mentire a noi stessi? Vi siete mai fermati davvero a pensare, al di là dei vostri tornaconti personali, a chi è affidata l'amata patria? Al figlio di quello stesso comandante latino che si era fieramente contrapposto a Roma! Che si era contrapposto a mio nonno, ai vostri nonni!

Se i nostri padri hanno tollerato di obbedire per decenni a uno schiavo, figlio di un nemico e di una prigioniera, di certo noi non dobbiamo fare altrettanto. Vogliamo continuare ad affidare le nostre sorti a colui che ha approfittato della disgrazia che si è abbattuta sulla città, e mi riferisco all'omicidio di Tarquinio Prisco, per autoproclamarsi senza un periodo di interregno, senza sentire il parere dei senatori e dei rappresentanti del popolo?

A colui che, messo davanti alle sue macchinazioni da parte di pochi e fieri oppositori, i cui nipoti e figli oggi sono qui tra noi, pur di non cedere il comando, si autoproclamò anche tutore mio e del mio defunto fratello Arrunte?

Oh, grazie tante per la tutela, caro "zio" Servio!

Grazie ma ora basta! Ormai ho quarant'anni, la maggiore età l'ho raggiunta da parecchio!

Servio è vecchio, non ha più nulla da dare.

Lui stesso non fece forse in modo di prendere il posto di mio nonno, quando ormai ottuagenario, si trovava allo stremo delle forze?

Abbiamo sopportato soprusi e leggi ingiuste. Le famiglie patrizie si ritrovano oberate dalle tasse, mentre i contadini sono stati totalmente sgravati da ogni onere.

Non solo!
Hanno anche ricevuto appezzamenti da coltivare, terre conquistate da tutti i Romani, certamente, ma con i soldi e il sangue di quelle famiglie che oggi sono costrette a pagare per tutti.
Le famiglie patrizie!
Povera Roma, le cui casse sono state svuotate per rimettere i debiti di tutti i cattivi pagatori. Vogliamo parlare della legge che abolisce la schiavitù per debiti? Così recita: "non più con la propria persona ma solo con i propri beni un prestito sarà garantito".
Ma che belle paroline! Ma certo, grande idea! Se qualcuno chiede un prestito è ovvio che difficilmente avrà beni da mettere a garanzia!
Basta, i nostri padri hanno tollerato per troppo tempo tali ingiustizie. Ora è nostro compito prendere provvedimenti. -
Il discorso venne interrotto dall'ingresso del sesto re, accorso presso la Curia.
- *Patres*! Cosa sta accadendo qui? Per quale motivo siete riuniti? E tu Lucio, perché mai siedi lì? Come ti permetti di prendere il mio posto, me vivo? -
A queste parole scoppiò un tumulto.
I senatori più fedeli a Servio si sentirono in dovere di proteggere il proprio capo e si scagliarono contro coloro che inneggiavano al cambio di regime.

Lucio approfittò della confusione e si diresse verso il suo tutore.
In mente riecheggiavano le parole che aveva appena udito *"me vivo... vivo"*.
Fronte contro fronte, prima lo cinse in vita, poi lo afferrò per la veste e si mise a strattonarlo.
Sapeva che l'anziano nulla avrebbe potuto contro le sue forti braccia: gli fece perdere il già precario equilibrio e lo condusse fuori dall'edificio, trascinandolo.
Infine, si recò sulla sommità della scalinata d'ingresso.
Lucio, a quel punto, senza esitare un secondo, gettò il suo tutore verso il basso facendolo ruzzolare, scalino dopo scalino, sino al suolo.
L'usurpatore rientrò subito dopo in assemblea e fece in modo che le sue guardie personali riportassero l'ordine. Poi, tornato sul seggio regale, procedette con l'ordine del giorno.

- Calma, calma miei senatori!
Servio poco fa ha parlato a difesa della sua posizione, facendoci sapere che, a parer suo, io potrò regnare solo dopo la sua morte. Ebbene, signori miei, potete proclamarmi vostro re proprio ora. Poiché Servio è morto! -

Ma il figlio di colui che si era opposto alla furia di Roma, difendendo a costo della propria vita la rocca di Corniculum, era ancora aggrappato alla vita.
Ferito e con più di una frattura, aveva trovato la forza di trascinarsi lentamente, strisciando, nella disperata ricerca di qualcuno che potesse aiutarlo. Non agiva in modo lucido, Servio Tullio. Era mosso dal primordiale istinto di sopravvivenza.
Una scia di sangue segnava il suo percorso, dall'ingresso della Curia sino allo stretto vicolo Cipro, nei pressi del tempo di Diana, dove forse l'anziano monarca pensava di trovare ricovero.

Tullia era rimasta tutto il giorno impaziente chiusa in casa ma, quando aveva saputo che la riunione era iniziata, aveva ordinato al suo cocchiere di preparare il carro e i cavalli per farsi portare nel Foro. Voleva essere la prima a urlare al mondo intero che il suo uomo era divenuto re. Desiderava partecipare al momento, toccare quel potere che bramava da sempre.
Sfilare davanti a tutta Roma da regina.
Il cocchio corse a folle velocità per le strade dell'Urbe, passando per il pendìo del colle Oppio, attraverso la Suburra.
Giunse alla salita del clivio Urbio e svoltò a destra, superando il tempo di Diana e imboccando lo stretto vicolo Cipro.
Il cocchiere arrestò i cavalli.
Cos'era quel fagotto insanguinato in mezzo alla strada?
Una persona?
Un uomo anziano…
Servio Tullio!
Immobile, esanime.
Alla fine, non era riuscito a raggiungere il tempio.
Tullia rimase impassibile e nel suo cuore divampò, rinnovato, l'odio.
Diede ordine a un servitore esterrefatto di frustare i cavalli con tutta la forza che aveva nei muscoli.

- Investilo! -

Il corpo di quello che era stato il sesto re venne prima calpestato dagli zoccoli degli animali e poi straziato dalle ruote del carro.
Tullia, la veste macchiata da uno schizzo del sangue paterno, arrivò in tempo per congratularsi con il marito.
Ciò che rimaneva del cadavere di Servio Tullio era rimasto in mezzo al vicolo Ciprio, che da quel giorno venne soprannominato vicolo Scellerato.
Quei poveri resti furono raccolti dalla moglie Tarquinia, vennero sepolti ma non ricevettero omaggio in alcuna cerimonia pubblica.
Il primo provvedimento del nuovo signore di Roma fu infatti quello di fare in modo che il suo predecessore non fosse salutato neppure con un modesto funerale.
Iniziava così il regno di Lucio Tarquinio, "il Superbo".

CAPITOLO X
LUCIO TARQUINIO, IL RE SUPERBO

L'inizio dell'incubo

219° - 222° ab Urbe condita

Il primo giorno del settimo regno fu, per certi versi, il più cruento.

Il nuovo monarca convocò il senato e si presentò in assemblea circondato dalla sua guardia personale, composta in prevalenza da guerrieri etruschi, incorruttibili (anche perché difficilmente si sarebbe trovato qualcuno disposto a pagarli di più) ed essendo estranei a Roma totalmente indifferenti a parentele, rapporti tra le famiglie patrizie e clientele.

Le sue prime parole gelarono tutti i presenti.

Egli annunciò che avrebbe preso provvedimenti contro quei *Patres* che il giorno prima, quando Servio aveva fatto la sua comparsa nella Curia, ne avevano prese le parti, tanto da far scoppiare un parapiglia.

Lucio Tarquinio elencò, uno per uno, i nomi di quelli che considerava irrimediabilmente suoi nemici e li fece arrestare immediatamente dai soldati.

Furono tutti messi a morte come traditori della patria.

Al loro posto, annunciò il re, non avrebbe nominato nessun altro: per i suoi gusti il senato era già abbastanza numeroso. Se anche le sue fila si fossero assottigliate un po', male non avrebbe fatto.

I consiglieri rimasti, con buona pace di tutti coloro che l'avevano appoggiato, da quel momento sarebbero stati di fatto meri spettatori delle decisioni del tiranno, che smise di consultarli, oltre che di interpellare le assemblee del popolo.

Non erano più necessari pareri esterni: il signore indiscusso dell'Urbe credeva di sapere da solo con chi fare la pace o la guerra, quali leggi abrogare e quali approvare, chi condannare a morte e chi graziare.

Come ultimo punto dell'ordine del giorno ci fu la triste notizia della dipartita della suocera: giusto il tempo di aver dato sepoltura al marito Servio Tullio e l'anziana aveva deciso di suicidarsi per seguire il compagno di sempre.

Nessuno ne aveva le prove, ma erano tutti convinti che l'ex regina fosse stata tolta di mezzo la notte prima.

In poco più di ventiquattro ore, Lucio si era guadagnato la fama di capo più spietato che avesse mai calcato il suolo del Lazio.

Neppure le vecchie storie sul leggendario sovrano di Alba Longa, Romolo Alladio, avrebbero potuto reggere il confronto.

In seguito, il Superbo[114] abrogò le leggi volute da Servio Tullio e distrusse le tavole sulle quali erano incise.

Reinserì la possibilità di garantire i prestiti di denaro con la propria persona (quindi, la schiavitù per debiti). Gli usurai poterono tornare indisturbati all'opera e le fasce più deboli della cittadinanza a indebitarsi, anche perché ora avrebbero dovuto contribuire alla tassazione indipendentemente dal censo.

Non si spinse sino all'eliminazione delle norme precedenti ma non si curò neppure che esse venissero rispettate e applicate. Giudice supremo, non solo prendeva a male parole coloro che si presentavano alla reggia in cerca di tutela ma ben si guardava dall'attenersi ai precetti del diritto romano. Dispensava la sua particolare giustizia,

---

[114] A questo punto della narrazione mi pare opportuno specificare che le fonti principali attribuiscono un'origine diversa al soprannome del settimo re.

Secondo Livio, infatti, Lucio Tarquinio fu chiamato Superbo (anche per evitare di confonderlo con Prisco) all'indomani della morte di Servio Tullio e in seguito all'ordine di non lasciare che il corpo del suo precedessore fosse sepolto.

Dionigi di Alicarnasso però ci racconta, in modo piuttosto particolareggiato, come la moglie di Servio abbia seppellito il cadavere del vecchio monarca (ragione per la quale è stata poi assassinata dalla figlia Tullia).

Per Dionigi, Tarquinio non vietò che il cadavere di Servio fosse seppellito, bensì, oggi diremmo, impedì la celebrazione dei "funerali di Stato". Un comportamento sicuramente poco rispettoso della tradizione ma non tale da fargli guadagnare l'appellativo di Superbo.

Infatti, sempre per Dionigi, i Romani iniziarono a definirlo così nel momento in cui egli palesò il suo modo scellerato di amministrare la giustizia. Per i Romani il diritto era importante, ne furono i massimi teorici: vedere che il primo cittadino e primo giudice si comportava in modo così altezzoso, tanto da considerare la sua opinione personale più valida della tradizione normativa, gli valse l'appellativo con cui è rimasto famoso.

basata su opinioni personali e simpatie del momento, di volta in volta, a seconda dell'umore.

Disseminò la città e le campagne circostanti di spie, affinché a nessuno venisse in mente di cospirare a suo danno.

Creò ad arte false accuse verso i patrizi che aveva in antipatia o che sospettava gli fossero avversi, solo per poterli esiliare e poter confiscare loro tutti i beni, che tenne per sé incrementando notevolmente le sue già strabilianti fortune.

Obbligò tutti coloro che erano privi di un'occupazione stabile (quindi, in sostanza, i *capite censi* e chi non aveva un appezzamento di terra da coltivare o si era da poco trasferito nell'Urbe) a lavorare per i suoi progetti architettonici: tra le opere più significative cui mise mano ci fu il sistema di fognature, ampliato e migliorato, e il Circo Massimo, che venne terminato grazie a un grandioso progetto che prevedeva gli spalti circondati e coperti da eleganti portici.

Turno Erdonio dorme coi pesci

222° - 223° ab Urbe condita

Consolidata con la violenza la situazione politica interna, il Superbo rivolse l'attenzione fuori Roma, facendo congiungere in matrimonio sua figlia con l'uomo più potente e facoltoso di tutti i Latini: Ottavio Mamilio, capo della città di Tusculo e (almeno a suo dire) discendente in linea retta addirittura di Telegono, il figlio di Ulisse e Circe.

Il progetto di suocero e genero era quello di fare in modo che una parte dei Latini si unisse spontaneamente ai Romani, così che la forza militare di questi ultimi crescesse ulteriormente[115].

I Volsci, spina nel fianco per gli stessi discendenti di Enea e negli ultimi mesi poco propensi a rispettare le buone norme di vicinato, fornirono il pretesto ideale per la realizzazione dello scopo.

Venne organizzata una grande riunione presso Ferentina (dal nome del santuario della ninfa acquatica Ferentina, collocato tra il monte Albano e la città di Ariccia), per coinvolgere tutte le più influenti personalità locali.

L'alba del giorno stabilito, l'inusuale assemblea tardò a prendere il via.

Mancava uno degli organizzatori: Lucio Tarquinio.

Sicuramente un qualche imprevisto doveva averlo trattenuto, si convinsero i capi delle comunità latine, rabboniti da Ottavio Mamilio.

Le ore passavano e del Superbo non v'era traccia.

---

[115] Non conosciamo nulla del progetto di "fusione" tra Romani e Latini, pensato da Mamilio e Tarquinio, ma mi pare scontato che i due avessero in mente niente altro che una "incorporazione" dei secondi nei primi, non certo la creazione di un terzo popolo come era avvenuto per esempio molti secoli prima proprio alla nascita dei Latini, tra Aborigeni e Troiani. Le cause del fallimento di tale iniziativa, che portarono poi a inevitabili tensioni e conflitti, sono a mio avviso da ricercarsi nel fatto che mentre il centro decisionale di Roma apparteneva a un solo soggetto, le città latine erano divise e non tutte soddisfatte di come si era evoluto il quadro politico del Lazio dalla caduta di Alba Longa in poi. Una cosa è certa: a Mamilio la soluzione sarebbe convenuta. Egli aveva il controllo di Tusculo e si era già assicurato la parentela con il monarca, sposandone la figlia.

Il signore di Ariccia, Turno Erdonio[116], perse la pazienza.

- Non so voi, ma io sono stanco di aspettare.
Siamo qui, per volere di Tarquinio e Mamilio, sin dal sorgere del sole. Hanno deciso loro ogni dettaglio: luogo, giorno, ora.
E cosa fa il re di Roma? Neppure si presenta!
Non ho più intenzione di ascoltare le giustificazioni di suo genero. Vi aspettate forse che possa criticare colui che gli assicurerà di diventare il secondo uomo più potente del Lazio?
Avete almeno compreso il motivo per cui siamo stati riuniti qui, oggi? Non ditemi che siete così ottusi da non aver capito che stiamo per essere convinti a rifornire Roma di uomini, vero?
Evidentemente vi sta bene patire la stessa sorte di Alba Longa.
Allora forza, lasciate sin da subito le vostre case, i vostri beni, le vostre terre e la vostra libertà.
Siete davvero pronti a dare via tutto?
Sentiamo, cosa vi aspettate in cambio da Tarquinio?
Un posto in senato?
Il senato! Almeno prima contava qualcosa! Ormai i suoi membri se ne stanno a gironzolare per il Foro tutto il giorno, senza nulla da fare.
E chi osa fiatare viene pure ammazzato come un cane!
Ma voi, a quanto pare, siete contenti di stare qui a farvi prendere in giro da un personaggio del genere.
Il Superbo...
Quale altro nome potevano affibbiargli?
Sta tardando apposta! Ci vuole confondere, manipolare, umiliare. Ci tratta già come i suoi servi! Sapete cosa vi dico? Io non ho nessuna intenzione di... -

Il sole aveva appena iniziato a tramontare, quando l'invettiva di Erdonio fu interrotta bruscamente dai canti, ancora lontani, di un centinaio di soldati in avvicinamento.

---

[116] Turno Erdonio fu uomo molto illustre tra i Latini, rivale di Mamilio. Il suo comportamento impaziente e i giudizi negativi espressi sul Superbo furono dettati dal fatto che egli era a capo della fazione contraria a qualsiasi patto con Roma.

Tra i Latini riuniti si levò un brusio e tutti smisero di prestare attenzione al rappresentante di Ariccia per andare incontro al settimo re, che finalmente stava arrivando.

Come motivo per il clamoroso ritardo, il Superbo addusse l'aver dovuto presenziare a una controversia tra padre e figlio, questione molto delicata a cui non aveva potuto, né voluto, sottrarsi.

Erdonio, udita la giustificazione, non riuscì a tenere a freno la lingua e, prima di andarsene sdegnato, ribatté che non solo non gli sembrava più urgente una banale lite familiare rispetto al consesso di tutti gli uomini più in vista del popolo latino ma anche che la scusa era poco credibile. Lui, così come altri suoi concittadini, aveva sentito di come Tarquinio amministrasse, sbrigativamente e a braccio, la giustizia.

Il Superbo riuscì a stento a contenere la sua ira: fosse stato per lui avrebbe ordinato ai suoi soldati di tagliargli immediatamente la testa. Ma sapeva che non poteva agire in modo tanto sfacciato o avrebbe perso in credibilità nei confronti degli alleati.

La riunione venne semplicemente rinviata al giorno successivo.

Quella stessa notte, su consiglio del fedele Mamilio, Tarquinio attuò un losco stratagemma per togliere di mezzo l'oppositore.

Corrompendo alcuni abitanti di Ariccia, già piuttosto insofferenti al dominio di Erdonio, fece in modo che una grande quantità di spade fosse ammassata in segreto nel magazzino della casa di Turno.

Il mattino dopo, quando tutti i capi dei Latini furono presenti nuovamente presso la sorgente Ferentina, Lucio Tarquinio prese la parola e iniziò la sua recita.

- Signori, grazie per essere tornati qui. Ci siete tutti, vedo, eccetto uno. Me lo aspettavo e non posso che esserne lieto, così ho modo di parlarvi apertamente.

Turno Erdonio non si sbagliava, ieri.

Vi ho mentito.

Calma, calma. Ho le mie ragioni.

Il mio ritardo, è vero, non è dipeso da nessun impegno né da nessuna lite tra padre e figlio. Non sono giunto all'alba ma solo al tramonto per evitare di venire assassinato da Erdonio e dai suoi scagnozzi!

Capite perché era così arrabbiato ieri? Gli ho rovinato i piani! Voleva uccidermi! Proprio qui! E non certo da solo, perché mi è giunta voce che numerose sono le spade che egli nasconde in casa.
Volete una prova di quanto sostengo? Ariccia non è lontana, seguitemi e ve la darò. -

Quando i servi di Turno vennero obbligati ad aprire le porte, egli era ancora a letto.
Fu grande la sua sorpresa nel vedersi circondato dalla guardia personale del re di Roma e dai capi latini.
Gli uomini del Superbo sapevano dove cercare: vennero scoperte una cinquantina di spade, tra lo sdegno generale.
Erdonio urlava la sua innocenza, ma Tarquinio pretendeva di venire tutelato dagli alleati, minacciando una guerra.
Il signore di Ariccia venne incatenato in attesa del processo, fissato per il mattino seguente sempre presso il santuario luogo della riunione, ancora una volta slittata di ventiquattro ore.
Nonostante il Superbo fosse l'offeso, pretese di essere anche il giudice.
I servi di Erdonio erano pronti a testimoniare ma a parere del signore di Roma non era necessaria nessuna prova, né che nessuno parlasse, neppure lo stesso accusato.
Fu un "non processo", poiché si passò subito alla condanna: la morte.
La mente del folle partorì un supplizio nuovo[117], studiato per l'occasione: il condannato venne appesantito da pietre, legato a un palo di legno e gettato nella sorgente, dove annegò.
Subito dopo si tenne, finalmente, la tanto attesa riunione.

---

[117] La particolare pena di morte è di origine punica.
Questa considerazione può portare a ritenere che le fonti antiche siano state manipolate. A mio parere, invece, i fatti possono benissimo essere accaduti così come ci sono stati tramandati. Abbiamo visto come il Superbo fosse un "creativo" nell'amministrazione della giustizia. Sappiamo anche che il primo trattato tra Roma e Cartagine risale al 509 a. C., quindi pochi anni dopo la morte di Erdonio. Possiamo a mio parere ritenere quindi verosimile che Tarquinio fosse già entrato in in quel periodo in contatto con i Cartaginesi e, nell'indagare usi e costumi di quel popolo sconosciuto, fosse rimasto colpito da questo particolare castigo, tanto da volerlo provare.

Tarquinio e Mamilio illustrarono il loro progetto: i giovani latini volontari si sarebbero potuti presentare, da lì a pochi giorni, proprio a Ferentina, per essere arruolati in appositi squadroni.

Forte di questo aiuto, l'Urbe avrebbe marciato contro i Volsci.

Alcuni tra i rappresentanti delle città intervenute posero, timidamente, delle domande.

Sotto quale insegna avrebbero dovuto combattere i loro ragazzi? Come avrebbero fatto a procurarsi armi e armature? Con quali denari? In quale classe sarebbero stati impiegati? Sotto il comando di chi? E, qualora avessero riportato dei successi, in che modo la città di provenienza di ciascuno ne avrebbe tratto vantaggio?

Tarquinio prese la parola, rispondendo solo a una parte delle domande. Spiegò che ci avrebbe pensato lui, di tasca sua, ad armare tutti. Aggiunse che i suoi uomini erano esperti e avrebbero inquadrato ciascuno, dopo un sommario esame, nel reparto a lui più adeguato. Per quanto riguardava le insegne, non ce n'era bisogno che di una: quella di Roma.

Dalla risposta fu chiaro che i villaggi alleati all'Urbe non avrebbero beneficiato di un'eventuale vittoria: stavano solo fornendo i loro migliori giovani come forza militare aggiuntiva.

Il Superbo era venuto davvero a chiedere un tributo di uomini!

Un valoroso come Turno Erdonio si sarebbe alzato e, dopo aver detto in faccia a Tarquinio e a Mamilio ciò che pensava di loro, se ne sarebbe andato sdegnato.

Ma Erdonio giaceva sul fondo del fiume, legato a un palo, e nessuno aveva voglia di raggiungerlo.

Lo sai che i papaveri...

Forte di un esercito imponente, Roma fu la prima potenza del Lazio a riportare una netta vittoria sui Volsci, sottraendo loro addirittura Suessa Pomezia, dalla quale ricavò un grande bottino.

Con quel denaro, Lucio ordinò che venissero iniziati i lavori di un monumentale tempio in onore di Giove Vendicatore. Voleva ringraziare gli dèi per avergli concesso la forza di annientare la città, rea di aver dato rifugio ai figli di Anco Marzio, mandanti dell'omicidio di suo nonno.

Ebbro di successi, la primavera successiva diresse il suo esercito a circa venti chilometri a est dall'Urbe, per avere ragione di Gabi, importante centro commerciale che, come Fidene, era di origine latina ma coltivava forti simpatie etrusche.

La città, una vera e propria fortezza circondata da possenti mura, era considerata colpevole di aver accolto molti profughi volsci fuggiti da Suessa Pomezia e di non averli consegnati a Tarquinio perché ne facesse degli schiavi.

Gabi resistette per diverse settimane a ogni attacco, e numerose furono le perdite tra le fila dei Romani, tanto che il Superbo dovette, almeno inizialmente, arrendersi.

Decise così di ritirarsi, facendo giungere voce agli assediati che aveva ritenuto di desistere dal muovere ulteriori attacchi per dedicarsi al completamento dei lavori per la costruzione del tempio di Giove. Il figlio maggiore e comandante della cavalleria romana, Sesto, in più occasioni mostrò pubblicamente il suo disappunto nei confronti della decisione del monarca.

Il litigio familiare fu presto sulla bocca di tutti.

Si trattava in realtà di una messa in scena, architettata per fare in modo che Sesto, apparentemente scacciato da Roma, si potesse infiltrare all'interno della nobiltà di Gabi, così da poter creare una fazione filoromana in seno al nemico.

Difatti, una notte, Sesto si presentò alle porte della fortezza latina e chiese asilo.

Raccontò che il suo rapporto con il settimo re, in seguito ai dissapori per la fine della recente guerra, si era irrimediabilmente guastato ed egli non intendeva più vivere sotto la costante minaccia dell'assassinio.

La nobiltà della città rivale, dopo un'iniziale diffidenza, decise di prestare fede alle parole del principe, anche perché più di un mercante aveva confermato di aver sentito voci a tal proposito di recente, proprio a Roma.

Il figlio del Superbo venne ufficialmente ospitato a Gabi.

Non fu solo un atto di carità ma anche una mossa interessata: egli veniva considerato un valido comandante militare. In caso di futuri attacchi da parte di Roma, avrebbe potuto essere un elemento essenziale, non solo per i rancori che covava ma anche perché conosceva molto bene l'esercito dell'Urbe.

E Sesto, dal canto suo, per fugare qualsiasi dubbio, non fece mai trascorrere un solo giorno senza proferire aspre invettive nei confronti del padre con questo o quell'altro funzionario, dolendosi per la vergogna che un tiranno del genere avrebbe gettato anche su di lui e ricordando a tutti come si era comportato pochi anni prima, al santuario di Ferentina.

Quale beneficio avevano avuto i Latini dall'aver fornito tanti validi giovani? Quello di vederseli gettati nella mischia proprio contro Gabi, sito anch'esso latino?

Molti uomini di Sesto, i suoi fedeli, sciamarono in città nelle settimane successive a piccoli gruppi, falsi disertori dell'esercito romano.

Perché la commedia fosse ancora più credibile, il figlio di Tarquinio si mostrò accanito persecutore del suo popolo d'origine, guidando alcune incursioni nelle campagne nei dintorni dell'Urbe e partecipando, sempre con successo, ad alcune "spedizioni punitive" e scontri tra manipoli. Niente più che scaramucce, sicuramente concordate col padre, ma che gli valsero la fiducia incondizionata della nobiltà di Gabi e addirittura il comando dell'esercito.

Il figlio del Superbo divenne un esponente di spicco del partito antiromano e la sua autorevolezza crebbe a dismisura, tanto che alla fine divenne l'uomo più importante della fortezza latina.

Quando fu sicuro del proprio potere, egli inviò uno dei suoi scagnozzi a Roma, affinché facesse rapporto al re e gli illustrasse quanto credito ormai vantava presso la gente del posto.

Il Superbo accolse il messo del figlio nel proprio giardino.
Lucio non si fidava di nessuno; sapeva che qualsiasi particolare, anche il più insignificante, avrebbe potuto far fallire il suo piano.
Ascoltò il messaggero in silenzio, senza neppure annuire con il capo.
Quando l'uomo gli chiese cosa avrebbe dovuto comunicare in risposta a Sesto, Tarquinio fece cenno di seguirlo.
I due si recarono ai margini del cortile, davanti a dei bellissimi papaveri che crescevano alti e forti, svettando sopra ogni altro fiore.
Il re li indicò, guardò il suo ospite e, senza proferire una sola parola, tagliò i più belli, gettandoli a terra con sdegno.
Quando qualche ora dopo Sesto udì il racconto, capì che il padre lo invitava a non fidarsi di nessuno e gli comunicava che i tempi erano maturi per assassinare gli "alti papaveri".
Nei giorni successivi l'uomo più influente di Gabi convocò la cittadinanza e tenne un lungo discorso nella piazza principale.
Ricordò a tutti quanto aveva fatto per loro ma si rammaricò perché, a suo dire, alcuni esponenti dell'aristocrazia locale erano in combutta con il padre e pronti a riconsegnarlo perché venisse messo a morte a Roma.
Tra i presenti si levò un gran clamore: chi mai poteva volere una cosa del genere?
Sesto fece il nome del nobile cittadino più importante: Antistio Petrone. Un'accusa del genere non poteva basarsi su meri sospetti, così, il degno figlio del Superbo, mise in moto una macchinazione simile a quella che aveva portato alla rovina di Turno Erdonio.
Riuscì a farsi consegnare delle lettere scritte dal padre, recanti il sigillo regale e, con la complicità di un servo corrotto di Petrone, le fece nascondere nella dimora di quest'ultimo.
Quando tutto fu pronto, convocò nuovamente il popolo e disse che avrebbe mandato i suoi uomini a ispezionare la casa del sospettato.
Invitò tutti coloro che avessero dubbi a seguirlo e a partecipare all'ispezione così da assistere alla raccolta delle prove relative alla congiura in atto.

Le missive vennero alla luce e furono lette pubblicamente: in esse erano contenuti i nomi dei maggiori rivali di Sesto, fatti risultare implicati nella falsa congiura inventata ad arte. Tanto bastò perché fossero catturati e messi a morte in quella stessa giornata.

Sistemati i rivali interni, Sesto passò all'ultima fase della sua commedia: parlò ancora al popolo e disse che era stato informato che il Superbo, infuriato perché aveva perso i suoi alleati a Gabi, stava per marciare sulla città.

Cosa fare? La soluzione era solo una: aprire le porte al nemico e, sfruttando la sua parentela, stipulare un trattato nel quale formalmente Gabi sarebbe rimasta indipendente, con lui come governatore, ma sostanzialmente si sarebbe legata a Roma a livello economico, politico e militare.

Incredibilmente, nel momento di panico e sconforto generale, "l'idea" venne accolta come una grande soluzione dai latini, rimasti privi di guide come Petrone e in balìa delle astute macchinazioni dei Tarquini.

La fortezza, entro quella sera, fu di fatto consegnata a Lucio Tarquinio il Superbo.

Stupido è chi lo stupido fa

Oltre a Sesto, il Superbo aveva altri due figli minori, Tito e Arrunte, e un nipote, Lucio Giunio.

Questi era figlio di Marco Giunio, patrizio che vantava diretta discendenza da uno dei Troiani giunti al seguito di Enea, e da Tarquinia, figlia di Tarquinio Prisco.

All'indomani dell'omicidio di Servio Tullio, tutti coloro che erano sgraditi all'usurpatore avevano subìto la confisca dei propri patrimoni se non addirittura la condanna a morte.

Tra le vittime ci fu anche Marco Giunio.

Il figlioletto Lucio, orfano e nullatenente, utilizzò l'unica risorsa rimastagli per evitare di seguire il triste destino di famiglia: l'intelligenza.

Poiché lo zio stava facendo piazza pulita di tutti i possibili ostacoli al proprio potere, egli capì che, per salvarsi la pelle, l'ultima cosa che avrebbe dovuto fare sarebbe stata quella di mostrare orgoglio e desiderio di vendetta.

Così, il piccolo Giunio, il corpo privo di vita del genitore ancora davanti agli occhi, portato davanti a quello zio che non aveva mai prima di quel momento incontrato, si finse tardo di comprendonio, imbranato e impacciato nei movimenti.

Inciampò, cadde, farfugliò qualche frase sconclusionata destando l'ilarità del Superbo, dei suoi figli e dei sicari.

Ridevano a crepapelle, gli assassini, si prendevano gioco di lui, le mani ancora lorde del sangue di Marco.

Lucio Giunio continuò per svariati interminabili minuti la sua recita, fingendo inconsapevolezza riguardo alla gravità della sua personale situazione e all'inesistenza del suo futuro.

I suoi occhi dovevano rimanere asciutti e privi di emozione, quali quelli del più stupido di Roma. Non poteva piangere, anche se dentro di sé sentiva scorrere un fiume di lacrime più grande del Tevere.

Le sue mani di fanciullo, che tanto avrebbero desiderato afferrare una spada e piantarla nel petto di quei furfanti, non potevano neppure stringersi a pugno come sfogo per la rabbia e l'impotenza.

La parte venne interpretata egregiamente, tanto che il settimo re decise di risparmiarlo. Che pericolo poteva costituire per lui, quel ragazzino sfortunato?

Lucio Giunio venne soprannominato Bruto, "lo stupido" e, poiché i suoi cugini Tito e Arrunte si erano molto divertiti a canzonarlo, Tarquinio pensò di "regalarlo" loro, accogliendolo in casa e trasformandolo nel compagno di giochi.

Le primavere trascorsero.
Quando i ragazzi furono abbastanza grandi da ricoprire incarichi di tutto rispetto, il Superbo pensò di affidare a Tito il governatorato della nuova colonia di Segni, posta al confine col dominio dei Volsci e ad Arrunte quello della colonia di Circei, nuova postazione, dopo Ostia, sul mare.
- Padre! E Bruto? A lui niente? -
L'ennesima presa in giro del giovane.
Il Superbo evidentemente non attendeva altro perché non mancò di raccogliere la provocazione e attribuì al nipote quello che in circostanze ordinarie, durante i precedenti regni, sarebbe stato un grande onore.
- Hai ragione! Dunque, fammi pensare…
Ecco sì… io, Lucio Tarquinio, settimo re di Roma, erede del fondatore Romolo Quirino, primo dei Romani, eccettera eccetera, considerati gli alti meriti e soprattutto le rinomate doti fisiche oltre che intellettive, nomino il qui presente Lucio Giunio Bruto… vediamo… cosa diamo a Bruto? Ah ecco! Lo nomino comandante dello speciale corpo militare dei celeri[118]! –
La sala riunioni della reggia si riempì di risate.
Anche quel giorno il figlio di Marco Giunio sopportò in silenzio.
In cuor suo sentiva che il momento della vendetta sarebbe presto giunto e chissà, forse sarebbe riuscito a trasformare quell'ennesima umiliazione in un'opportunità.

---

[118] La speciale guardia militare fondata da Romolo e abolita da Numa Pompilio come segnale di pace fu poi ricostituita probabilmente già da Tullo Ostilio. Tuttavia, è probabile che divenne solo un corpo di prestigio simbolico all'interno dell'esercito romano, tanto che quando Anco Marzio dovette affidare l'incarico più importante a Tarquinio l'Etrusco lo nominò capo della cavalleria e non dei celeri. Sotto il regno del Superbo possiamo immaginare che il corpo fosse stato svuotato di qualsiasi reale prestigio, come tutte le altre cariche istituzionali: il re lo affidò a Bruto in un momento di ilarità.

Libri, aquile e serpenti

227° - 243° ab Urbe condita

Il potere del Superbo aveva raggiunto l'apice.
Chi avrebbe potuto più fermarlo?
Nessuno.
- Neppure gli dèi! –
Scherzò una sera durante un banchetto a Gabi, ospite del figlio Sesto.
Si sbagliava.
Rientrato a Roma, Tarquinio ricevette una curiosa visita.
Un'anziana vestita di stracci, presentatasi come Amaltea, si era fatta annunciare alla reggia e aveva insistito così tanto per poter parlare col monarca che alla fine due littori l'avevano fatta accedere al cortile.
Sembrava una mendicante ma diceva di avere qualcosa che il re avrebbe assolutamente dovuto vedere.
- Questi nove testi possono essere tuoi, mio signore. -
- Mi hai disturbato per vendermi i tuoi stupidi libri? -
- Trecento monete e sono tuoi. Un vero affare, non te ne pentirai! -
- Non voglio nulla, vecchia! Vattene via! Cacciatela, ho perso già troppo tempo. –

La mattina successiva Amaltea si presentò di nuovo e ancora una volta riuscì a ottenere un colloquio con Tarquinio.
- Ancora tu? Non li voglio i tuoi dannati libri. -
- O grande re, non posso più venderti tutti e nove i testi, poiché in seguito al tuo rifiuto ne ho bruciati tre. Ne rimangono sei, e sono ancora disposta a darteli. Trecento monete e sono tuoi. -
- Vecchia pazza! Non ne volevo ieri nove, figurati se ne voglio oggi tre di meno allo stesso prezzo.
Littori! Portatela via dalla mia vista o la faccio fustigare, quanto è vero che Roma è stata fondata da Quirino! -

Quella notte, il Superbo non riuscì a riposare.
Il suo sonno era agitato a causa di terribili incubi.
Nei sogni era in piedi, su un colle, e ammirava Roma.
Poi l'Urbe si allontanava da lui, in un gioco di prospettiva.

Si faceva sempre più piccola, fino a sparire all'orizzonte.

Tarquinio si trovava così a osservare disperato soltanto un'area desolata, boschi e pietre, mentre sulla sua testa incombeva sempre più minaccioso un cielo rosso fuoco.

Apparivano infine due grandi dimore.

Bruciavano, circondate dai fulmini... erano i palazzi di Alladio e di Tullo Ostilio!

Anche lui, dunque, come loro, sarebbe stato punito dagli dèi?

Una risata echeggiava tutt'intorno, il ghigno di una donna anziana.

- Soltanto tre! Ne sono rimasti solo tre! -

Per il terzo giorno consecutivo Amaltea tornò alla reggia.

Stringeva al petto tre libri, gli ultimi rimasti, poiché aveva bruciato gli altri.

Si dichiarò disposta a venderli al solito prezzo di trecento monete.

Questa volta, Tarquinio, inquietato da tutta la strana vicenda, assecondò la donna.

L'anziana ricevette i soldi e rivelò la sua identità: si trattava niente meno che della Sibilla Cumana.

Spiegò al Superbo che i nove tomi altro non erano che i "libri sibillini", raccolte di importanti profezie sul futuro di Roma.

Amaltea aggiunse che bene avrebbe fatto a comprarli tutti e nove, per evitare a sé sciagure imminenti, ma ormai era tardi: poteva solo conservare con cura i tre che aveva acquistato e cercare di imparare qualcosa studiandoli attentamente.

Tarquinio, atterrito da quelle parole, ordinò che i libri sibillini fossero conservati presso il tempio di Apollo[119].

Arrivò un'altra primavera per l'Urbe.

---

[119] L'aneddoto è riportato delle fonti, ma mi sono permesso di arricchirlo aggiungendo il discorso diretto e il sogno del Superbo, entrambi di mia invenzione.
A ogni modo, i libri originari andarono perduti nell'anno 83 a. C. a causa di un incendio. Augusto, quasi un secolo più tardi, riuscì a ricostruirli e farne ricollocare delle copie sempre presso il tempio di Apollo. Purtroppo, anche queste copie andarono perdute: nel V secolo, per ordine di Stilicone, vennero definitivamente distrutte e cancellate.

Gli alberi iniziavano timidamente a colorarsi di nuova vita quando due aquile fecero il loro nido tra i rami ancora spogli del grande pioppo adiacente al muro del cortile della reggia.

Tarquinio notò le creature e, affascinato dalla loro maestosità le prese in simpatia.

Uno di quegli straordinari volatili, molti anni prima, aveva predetto a suo nonno il grande destino della loro stirpe e ora a lui stava accadendo qualcosa di simile.

Alla faccia di quella menagramo della Sibilla!

Quando si accorse che i due uccelli avevano deposto le uova andò in estasi: una benedizione!

Tre uova!

Sesto, Tito e Arrunte!

L'aquila di Roma, l'aquila della *gens Tarquinia*.

Un pomeriggio però, mentre i volatili adulti erano probabilmente a caccia per nutrire i piccoli ancora senza piume e incapaci di volare, il nido venne attaccato e distrutto da uno stormo di avvoltoi.

Tarquinio assistette impotente al fatto.

Avrebbe voluto chiedere un parere agli àuguri in merito, ma non lo fece: cos'altro poteva significare il presagio, se non la morte dei suoi figlioletti e la presa di Roma da parte di "avvoltoi"?

L'episodio presto venne cancellato dalla mente del re, occupata dalle faccende militari, politiche e amministrative.

Durante l'estate accadde però un terzo fatto curioso, sempre alla reggia. Tito e Arrunte sedevano intorno a un tavolo insieme al padre, impegnati in una riunione relativa all'inaugurazione dei nuovi siti, ormai completati, di Segni e Circei.

Mentre Tarquinio stava impartendo alcune direttive, qualcuno lo interruppe involontariamente, lanciando un urlo di terrore: all'ingresso della sala, attorcigliato a una colonna, un grosso serpente osservava, minaccioso, i presenti.

Il re ordinò ai littori di catturarlo, ma la bestia, mostrando una rapidità inaspettata, strisciò sul pavimento e uscì dalla stanza.

Bastò seguire le grida impressionate dei domestici per rintracciare il rettile e ucciderlo, sotto gli occhi spiritati del Superbo.

Esistevano serpenti di quella dimensione?

Aveva forse appena assistito a un ennesimo segnale divino?

Stavolta Lucio convocò degli indovini etruschi.

Quando furono presso la reggia, mostrò loro ciò che rimaneva dello sgradito ospite.

- Avete mai visto una bestia simile? Ditemi, vi prego, se questo segno è infausto, come io stesso percepisco!

Pensieri funesti si affollano nella mia mente, e mi sento come Laocoonte mentre osserva Porcete e Caribea, i terribili mostri marini emersi all'improvviso dai flutti, stritolare i suoi figlioletti!

Rivelatemi, presto: il dio dei mari è forse irato con me per la fondazione della nuova colonia di Circei? -

Poiché Tarquinio si era già risposto da solo, gli indovini ebbero facile gioco nell'inventarsi una soluzione.

- Grande signore, hai parlato di Laocoonte.

In quel caso, fu davvero Nettuno o fu piuttosto Atena a mandare i mostri? No, la fondazione del porto nulla ha a che fare con il prodigio accaduto.

Temi i Greci, anche quando portano doni!

Il cavallo di legno!

Esiste un qualcosa di equivalente oggi, qui a Roma, che possa insidiare il tuo potere?

Non abbiamo risposte precise e non le troverai in queste terre. Nessun indovino etrusco, latino o sabino potrà sbrogliare l'enigma. Se davvero vuoi andare fino in fondo, non ti resta che interrogare l'oracolo di Delfi. Soltanto la Pizia, colei che nacque dallo scontro tra Apollo e il Serpente della Terra, potrà darti delle risposte[120]. -

Il Superbo, memore dell'errore commesso con Amaltea, non sottovalutò l'avvertimento e organizzò una spedizione in Grecia,

---

[120] In Dionigi di Alicarnasso il motivo che spinse il Superbo a consultare l'Oracolo di Delfi fu una pestilenza, non l'apparizione di un serpente.

Ho scelto di raccontare la versione di Tito Livio a causa dell'elemento, comune alle fonti, del "viaggio in Grecia".

Una tale spedizione era sicuramente molto impegnativa e richiedeva varie settimane. Già nei secoli precedenti l'Urbe era stata a più riprese sconvolta dalle epidemie: perché nessuno mai, prima di Tarquinio, aveva pensato di consultare la Pizia? Evidentemente il motivo questa volta doveva essere diverso.

incaricando proprio i figli Tito e Arrunte, i quali chiesero di portare con loro anche il cugino Giunio Bruto.

Il viaggio era piuttosto impegnativo, i due fratelli desideravano qualcuno da prendere in giro durante il lungo tragitto in nave, per annoiarsi un po' meno.

Giunti a destinazione, i Tarquini formularono la domanda che più stava a cuore al padre, oltre che a loro stessi: che ne sarebbe stato del regno? Chi sarebbe salito sul trono in futuro?

La risposta della Pizia fu enigmatica: il potere sarebbe spettato a uno dei presenti, in particolare a chi per primo, tornato a casa, avesse dato un bacio alla madre.

Il viaggio di ritorno fu piuttosto burrascoso, nonostante il mare piatto: Tito e Arrunte più volte si accapigliarono, venendo anche alle mani. Chi dei due, per primo, sarebbe riuscito a posare le labbra sul viso della madre, la spietata Tullia?

Su una sola cosa concordarono i fratelli: il maggiore, Sesto, a Gabi, non sarebbe stato informato del responso, almeno sino a che entrambi avessero baciato la mamma.

Al termine della traversata, quando l'imbarcazione attraccò, Bruto, fingendo puerile entusiasmo per essere tornato a casa, saltò sulla terraferma in modo tanto goffo che rovinò a terra, tra le risate dei cugini.

Ancora una volta si trattava di una recita: Lucio Giunio, per primo, si era gettato al suolo e l'aveva baciato.

Anche lui era presente quando la Pizia aveva profetizzato e, poiché Tullia non era sua madre, ne aveva dedotto che l'unica genitrice comune ai tre cugini poteva essere soltanto la madrepatria, Roma.

Forse fu proprio a Delfi che Bruto si sentì predestinato per un ruolo chiave nella storia: l'odio che da anni mascherava nei confronti della famiglia regnante, responsabile della morte, tra gli altri, anche di suo padre, l'aveva convinto a studiare un modo per liberare il suo popolo dalla tirannia.

Bruto, l'avvoltoio che avrebbe cacciato le aquile dal nido.

L'uccello sacro di Quirino, il simbolo della fondazione.

Bruto come Romolo, fautore di un nuovo inizio.

L'onore di Lucrezia

Stipulato un trattato di non belligeranza con gli Equi e rinnovati i buoni rapporti con gli Etruschi, Tarquinio dedicò la sua attenzione alla conquista di Ardea, antica capitale del regno dei Rutuli.

La città resse bene al primo attacco e costrinse i Romani a cingerla d'assedio: si preparava una guerra piuttosto impegnativa.

Il Superbo pensò di affidare il comando supremo delle operazioni a suo figlio Sesto e a un altro abile comandante, imparentato con la famiglia: Tarquinio Collatino, nipote di quel celebre Egerio che, orfano di padre, ancora fanciullo era arrivato nell'Urbe al seguito dello zio Lucumone e della zia Tanaquil.

In una delle interminabili nottate trascorse fuori Ardea, nella tenda del comandante Sesto, a causa del troppo vino, scoppiò una diatriba.

Quanto sarebbe stato bello giacere con una fanciulla in quella gelida notte! Chi avrebbero scelto, se avessero potuto esprimere un desiderio? Chi era la più bella di Roma?

Collatino non aveva dubbi: non c'era proprio storia, sua moglie Lucrezia era inarrivabile.

I commensali urlarono ciascuno il nome di una patrizia, e qualcuno portò a termine di paragone anche delle celebri prostitute.

Collatino insisteva: altro che donne che vendono il corpo per soldi! La sua Lucrezia non solo era più graziosa di Venere, ma era anche la più devota delle consorti.

Sesto, ubriaco, si alzò in piedi e dichiarò che, se la ragazza era tanto bella forse proprio in quel momento, assente il marito, se la stava spassando con qualche giovanotto o con uno schiavo aitante e muscoloso.

L'affronto era intollerabile, così Collatino pensò di mettere a tacere il principe, invitando tutti a montare sul proprio cavallo per recarsi immediatamente a Roma: sarebbero arrivati a casa sua nel cuore della notte e avrebbero potuto constatare sia la bellezza che la serietà della sua Lucrezia.

Quando la compagnia giunse in città, smaltiti, almeno in parte, i fumi dell'alcol, trovò la donna nelle proprie stanze intenta a tessere.

Sesto poté verificare con i suoi occhi come Collatino dicesse il vero: era sposato con la più desiderabile delle fanciulle romane.

La vittoria era decretata e tutti rientrarono all'accampamento con la mente rivolta altrove: chi alla battaglia dell'indomani, chi alla propria compagna, chi alla prostituta preferita e chi agli ultimi bicchieri di vino, che si sarebbe scolato prima di coricarsi.

La questione era chiusa per tutti, dunque, ma non per Sesto.

Il figlio del Superbo si era invaghito della fanciulla e desiderava possederla e infangarne l'onorabilità.

Pochi giorni dopo, approfittando dell'assenza di Collatino, impegnato in un'operazione di ricognizione, il governatore di Gabi lasciò l'accampamento insieme a un compagno fidato e si diresse a Roma, da Lucrezia.

Entrato nella sua dimora, sorprese la fanciulla da sola.

Le intimò di restare in silenzio, spada alla mano, e le confessò di essersi infatuato di lei. Sesto aveva un concetto strano di dichiarazione d'amore: non terminò il suo corteggiamento con sospiri e dolci promesse ma con la minaccia.

Lucrezia non cedette: preferiva la morte al disonore.

A quel punto, il Tarquinio, senza risorse, fece portare dal suo soldato di scorta uno dei servi della donna e urlò che, se non avesse obbedito ai suoi ordini, avrebbe prima sgozzato lei e il suo schiavo e poi sistemato i corpi nudi e abbracciati. Aggiunse che in quel modo Collatino, non solo non avrebbe sospettato nulla relativamente all'omicidio, ma l'avrebbe persino ringraziato per aver punito i due "amanti" colti sul fatto! La sua Lucrezia, la cui virtù è ormai sulla bocca di tutti, beccata a letto con un servo!

La povera fanciulla, davanti alla minaccia di perdere non solo la vita ma anche l'onore, non ebbe scelta e accontentò le lascive richieste del figlio del re.

Una volta che l'ebbe posseduta, Sesto riprese il suo cavallo per tornare ad Ardea: la sua mente era libera, la passione per quella bellissima fanciulla come era arrivata, così se ne era andata.

Lucrezia pianse disperata per ore. Infine, si risolse a inviare un messaggero al padre e uno al marito, perché comunicasse loro di tornare a casa con somma urgenza[121].

Genitore della ragazza era un patrizio molto influente: Spurio Lucrezio. Egli accorse subito, insieme all'amico Publio Valerio.

Anche Collatino si fiondò all'istante a Roma: sapeva che la moglie non era persona da mandarlo a chiamare per futili motivi.

Sulla via del ritorno, Collatino incontrò l'amico Giunio Bruto, il quale chiese di poter essere presente.

Quando tutti e quattro furono arrivati, Lucrezia, in lacrime, raccontò la violenza.

Era tanto candida da sentirsi addirittura in dovere di scusarsi col marito e il padre per non essere riuscita a sottrarsi al suo violentatore!

Come se avesse potuto fare qualcosa in un corpo a corpo contro un guerriero come Sesto...

Lucrezia pianse, si sfogò, urlò tutta la sua rabbia.

Era stata violata nel corpo e nell'onore, ma il suo animo era rimasto saldo. Amava soltanto Collatino e lui solo avrebbe continuato ad amare, per l'eternità.

Tutti, a turno, tentarono di consolarla ma la fanciulla non voleva sentire ragioni: si sentiva finita.

Sfoderò un pugnale che teneva nascosto sotto la veste e se lo conficcò nel cuore.

Spurio e Collatino si lanciarono verso di lei ma ormai era troppo tardi: stava morendo.

I due si abbracciarono, travolti da un dolore incommensurabile.

---

[121] La versione dell'episodio è raccontata in modo molto differente da Dionigi di Alicarnasso.

Egli presenta l'incontro tra violentata e violentatore in modo casuale: Sesto si era infatti recato a Collazia (non a Roma, quindi) per parlare con Collatino di questioni militari relative all'assedio di Ardea. Ma il nipote di Egerio non era a casa, così il principe era stato fatto accomodare da Lucrezia, padrona di casa in assenza del marito. La violenza, per Dionigi, era stata istantanea: Sesto aveva voluto possedere quella fanciulla stupenda e l'aveva costretta al rapporto.

Ho preferito riportare questa volta, nel mio racconto, la versione di Tito Livio perché a mio avviso più verosimile e anche avvincente.

Bruto si chinò su Lucrezia, estrasse il pugnale dal suo petto e, mentre un liquido rossastro gocciolava sul pavimento, puntò due occhi inaspettatamente profondi e intelligenti sui presenti.

- Sofferenza e morte!
Non vedo altro sin da quando sono bambino.
Guardate questo sangue correre lungo la lama.
Su questo sangue innocente io, Lucio Giunio Bruto, figlio di Marco Giunio, uomo ingiustamente messo a morte anni fa, giuro che perseguiterò il mio nemico, Tarquinio il Superbo e tutta la sua stirpe, finché avrò vita.
Non stupitevi delle mie parole, amici.
Non sono più l'uomo che avete imparato a conoscere.
Ho recitato, per anni, la parte dello stupido, solo per salvarmi e per potermi vendicare a tempo debito.
Finalmente, quel tempo è giunto: Roma ha bisogno di me e io voglio consacrarmi a lei.
Combatterò contro il Superbo, contro Sesto, contro Tito e Arrunte, trasformando le loro risate di scherno nei miei confronti in singhiozzi disperati di supplica.
Lì perseguiterò a piedi, a cavallo, sul carro.
Li affronterò con la spada, la lancia e persino a mani nude.
Li batterò col ferro, col fuoco e con qualsiasi altro mezzo sarà a mia disposizione.
Chiamo a testimoni tutti quanti gli dèi: il sangue di Lucrezia, oggi, è il sangue di tutta Roma. La nostra città non ha più bisogno di re e principi, non permetterò che nessuno salga più su quel trono maledetto! -

Gli altri tre, per un attimo, dimenticarono il dolore e, increduli davanti a questa nuova versione di colui che credevano un sempliciotto, giurarono che avrebbero consacrato anche le loro vite nella battaglia per la liberazione dell'Urbe dal giogo della tirannide.

CAPITOLO XI
DALLA MONARCHIA ALLA REPUBBLICA

Roma regina!

244° ab Urbe condita

Bruto, Collatino, Publio Valerio e Lucrezio approfittarono dell'assenza dei Tarquini, quel giorno tutti all'accampamento di Ardea, per convocare i senatori e le principali famiglie patrizie.

Davanti a una folla sempre più numerosa, nel Foro, Bruto raccontò ciò che aveva dovuto subìre a causa del tiranno e il motivo per il quale aveva finto di essere la persona che non era.

Più la gente si ammassava per ascoltare, più il discorso si tramutava in invettiva verso il monarca: i quattro amici elencarono tutti gli omicidi compiuti dai Tarquini, i soprusi perpetrati, le libertà negate.

Quando l'uditorio fu infiammato, Collatino fece portare il cadavere di Lucrezia e narrò, con dovizia di particolari, la violenza, fisica e morale, che la moglie aveva dovuto sopportare, sino all'estrema conseguenza del suicidio.

Publio Valerio ricordò a tutti i presenti, ormai riuniti a migliaia, quanto avevano patito negli ultimi anni, costretti a lavorare senza sosta in tempo di pace e a combattere, per cause estranee al bene comune, in tempo di guerra.

Bruto ripeté il suo giuramento, tra le urla di giubilo dei cittadini: Roma non avrebbe mai più avuto un re ma sarebbe tornata al popolo.

Era necessario, dichiarò, iniziare una nuova era all'insegna della legalità ma si rendeva altresì opportuno che il regno non fosse travolto da un ennesimo colpo armato organizzato da pochi.

Permettere a nuovi soggetti di accentrare il potere avrebbe soltanto significato eliminare un tiranno per crearne un altro.

Il popolo avrebbe dovuto scegliere: voleva ancora la monarchia? Desiderava stare sotto il giogo dei Tarquini?

O preferiva forse un nuovo ordine, qualcosa che trasformasse l'ambizioso progetto di Bruto, Publio Valerio, Collatino e Lucrezio in realtà?

- Chi sei tu, per convocare i Comizi e per indire votazioni popolari? - Urlò un detrattore, nascosto tra la folla.
- Io sono Lucio Giunio Bruto, tribuno comandante del prestigioso corpo militare dei celeri.
Re Tarquinio stesso mi ha nominato, conferendomi tutti i poteri tipici della carica, tra cui questo.
Ordino, perché è mia facoltà farlo, che i comizi si riuniscano e che si proceda con le votazioni! –

Il risultato fu pienamente raggiunto, con maggioranza schiacciante.
Il re e la sua famiglia venivano all'istante esiliati e i loro beni confiscati; il senato tornava nei suoi pieni poteri e da lì a pochi giorni sarebbe stato integrato di ulteriori membri (i *"Conscripti"*, che avrebbero affiancato i *"Patres"*).
Lucrezio era nominato interré, Manio Papirio capo delle questioni sacre insieme con il pontefice massimo già in carica.
Infine, Giunio Bruto e Tarquinio Collatino ricoprirono il primo consolato della storia di Roma.
I consoli esercitarono subito il potere di comandare l'esercito radunando tutti gli uomini rimasti a difesa dei confini dell'Urbe e ordinando loro di sbarrare le porte della città: il Superbo e la sua famiglia non dovevano mai più varcare il *pomerium*.
Collatino si schierò a difesa delle mura, mentre Bruto si recò a portare i nuovi ordini all'altra metà dell'esercito, impegnato nell'assedio di Ardea.

Nel frattempo, Tarquinio, venuto a sapere di quanto stava accadendo, montò a cavallo con i figli e la sua guardia privata e raggiunse l'Urbe, dove ad attenderlo trovò l'amara sorpresa: Collatino non aveva nessuna intenzione di lasciarlo passare!
Il settimo re ebbe una vera e propria crisi di panico e scoppiò in un pianto collerico.
Poi voltò il cavallo e tornò ad Ardea: avrebbe comandato a tutti i soldati là stanziati di spostare l'assedio… a Roma!

Galoppando a più non posso sulla strada diretta all'accampamento incontrò Bruto, che si dirigeva, terminato il suo compito, dalla parte opposta, di nuovo verso l'Urbe.
Zio e nipote incrociarono lo sguardo per un istante.
Cosa c'era negli occhi di Bruto?
Sembrava… odio.
Bruto stava sfidando Lucio Tarquinio?
Come osava, quell'idiota, atteggiarsi tanto?

Il re dovette comprendere una volta per tutte di non essere più considerato tale nel momento in cui arrivò presso Ardea.
Ad attenderlo trovò infatti una seconda porta d'ingresso sbarrata e l'altra metà dell'esercito romano in formazione contro di lui, con alla testa i comandanti Tito Erminio e Publio Orazio Pulvillo.
Entrambi erano stati avvisati della volontà del popolo e del risultato delle votazioni proprio poco prima, dal console Bruto.
Il Superbo non poté fare altro che tornare al galoppo e seguire il figlio Sesto presso Gabi, unica città ancora sotto il controllo dei Tarquini.

La virtù di un vero romano

Nelle settimane che seguirono, Sesto Tarquinio fu assassinato nella sua città. Le fazioni a lui avverse, guidate dai simpatizzanti di quel Petrone messo a morte con l'inganno, avevano finalmente trovato il coraggio di vendicarsi.

La cittadinanza fu messa davanti a un bivio: Gabi doveva ritenersi amica di Roma o alleata dei Tarquini?

Le due situazioni erano incompatibili tra loro.

Venuto a mancare Sesto, il Superbo, Tito e Arrunte riuscirono comunque a mettersi in salvo, fuggendo e rifugiandosi in Etruria, terra originaria dei loro avi.

Soltanto due città si schierarono con l'ex monarca: la "sua" Tarquinia e Veio, desiderosa di riprendersi i territori perduti negli anni passati e sempre pronta a infastidire i Romani.

Forte di nuove alleanze, Tarquinio avanzò una richiesta ufficiale all'Urbe: pretendeva la restituzione dei suoi beni, a suo parere illegittimamente confiscati.

Il senato si prese del tempo prima di fornire una risposta.

La volontà era quella di opporre un secco rifiuto, ma c'era chi temeva che ciò avrebbe potuto offrire un pretesto per una guerra contro gli Etruschi.

In quei giorni di incertezza alcuni giovani nobili romani, amici dei rampolli della famiglia reale, che tanto avevano gozzovigliato fino a che i Tarquini erano rimasti al potere, si fecero promotori di episodi di protesta.

Essi difendevano le ragioni del Superbo, sostenevano che fosse giusto aprire una linea di dialogo con l'ex monarca, partendo dalla restituzione delle sue ricchezze.

Vennero intercettate alcune lettere, nelle quali si poteva chiaramente leggere come alcuni di questi giovani fossero a capo di un movimento che tramava per il rientro del Superbo a Roma.

Tra i firmatari di queste missive risultavano anche Tiberio e Tito, niente meno che i figli del console Bruto.

Le prove erano schiaccianti e i due ragazzi, così come gli altri congiurati, vennero catturati, processati e condannati a morte.

Bruto, incarnazione di una repubblica fondata sulla rettitudine e fondatore di un ordine che anteponeva il bene pubblico a quello personale, presenziò all'esecuzione della pena, senza battere ciglio, sordo alle suppliche e ai pianti disperati dei figli.

Tiberio e Tito, così come gli altri condannati, prima vennero frustati a lungo con le verghe poi, le carni della schiena straziate, privi anche della forza di implorare pietà, furono decapitati con un colpo di scure.

Il comportamento austero e irreprensibile del console fu di ispirazione per tutti: nonostante da più parti gli fosse stato consigliato di rimanere a casa per evitarsi un tale spettacolo, egli aveva dichiarato che era giusto che assistesse alla morte dei figli, perché doveva punire loro ma anche se stesso.

Il giorno successivo, il senato sciolse ogni dubbio e votò all'unanimità la risposta da formulare al Superbo riguardo alla restituzione delle sue sostanze.

Un netto rifiuto.

Roma non avrebbe restituito nulla al suo vecchio re: la sua enorme fortuna apparteneva ormai alla repubblica.

Il popolo si sentiva unito in una sola ferrea volontà, ma tutti sapevano che un uomo come Tarquinio non si sarebbe fermato davanti a niente.

Questo timore, insieme con l'irreprensibilità di Bruto e con la congiura appena sventata, portarono a sollevare molti dubbi sull'opportunità che Collatino continuasse a ricoprire il suo incarico.

Il membro della *gens Tarquinia*, eletto sull'onda dell'entusiasmo anche a seguito della disgrazia che gli era capitata, fu messo in discussione da patrizi e senatori. La nuova magistratura suprema era una questione seria e non poteva essere affidata a qualcuno che portasse nel proprio nome il marchio della tirannide.

Nessuno doveva neppure avere un minimo e infondato dubbio sul fatto che la famiglia regnante era stata esiliata per sempre e che il potere era ormai affidato alle mani dei cittadini.

Roma non poteva tollerare che colui che era stato amico (almeno sino al giorno dello stupro della moglie) dello spietato Sesto, fosse dotato di *imperium*, il potere di comandare l'esercito.

Così, sia il collega Bruto sia l'interré Lucrezio convinsero Collatino a rassegnare le dimissioni.

Al suo posto venne nominato Publio Valerio, che presto guadagnò il soprannome di Publicola, "l'amico del popolo".

Mai scelta si sarebbe rivelata più azzeccata: il subentrato si fece promotore di iniziative legislative di grande rilievo come, per esempio, l'applicazione della pena di morte per chiunque avesse tentato di impadronirsi del potere senza un'investitura ufficiale e nel rispetto delle procedure, e la possibilità che qualsisi cittadino potesse impunemente uccidere colui che si fosse proclamato re.

L'ennesimo sacrificio di Bruto non doveva passare inosservato ed era necessario adottare provvedimenti della massima severità affinché fosse chiaro che qualsiasi potere personale era per sempre bandito.

La repubblica ha bisogno di eroi

245° ab Urbe condita

Veio e Tarquinia, nel frattempo, si stavano preparando all'attacco.

I Romani non avevano nessuna intenzione di subire un assedio, né di vedere le proprie coltivazioni per l'ennesima volta devastate.

I contendenti si incontrarono nei pressi della Selva Arsia, bosco che delimitava i confini tra Veio e Roma.

Nel primo giorno di battaglia le forze parevano equivalersi, così i consoli divisero in due gli uomini: Publicola avrebbe tenuto a bada i Veienti, mentre Bruto si sarebbe occupato della ex famiglia reale, che si era posta alla testa dei guerrieri di Tarquinia.

Non appena Arrunte riuscì a scorgere il cugino, colui che per anni aveva canzonato, si infiammò di rabbia.

Non poteva esserci beffa più grande che vedere il suo zimbello personale divenuto l'uomo più temuto e potente di Roma.

Il figlio del Superbo spronò il cavallo e si pose alla testa della colonna di soldati ma ben presto la distanziò.

Era diretto verso Lucio Giunio, la spada tesa in avanti, pronta a ingaggiare il duello. Si trattava di una questione personale.

Bruto si accorse che Arrunte lo stava puntando.

In quell'attimo egli ricordò suo padre, i suoi figli, la sua giovinezza sfortunata. Gli tornò alla mente il viaggio a Delfi: in fondo la Pizia ci aveva visto giusto, in qualche modo era divenuto davvero il nuovo padrone di Roma.

Si sarebbe battuto ancora e ancora: per la patria, per il popolo.

Del resto, non aveva vissuto ogni singolo istante della sua esistenza per poter versare, un giorno, il sangue dei tiranni?

Il momento, almeno quello di Arrunte, era finalmente arrivato.

Lucio Giunio, nonostante avesse l'animo in subbuglio, mantenne l'ormai sua tipica espressione impassibile, gli occhi glaciali.

Si limitò a un lieve cenno con la mano in direzione dei suoi comandanti come per dire "lasciatemi andare, so cosa faccio".

Partì al galoppo.

Uno contro uno.

Monarchia contro repubblica.

Vizio contro virtù.

L'impatto fu frontale, tremendo.

I cavalli ruzzolarono nella polvere, entrambi i cavalieri vennero scaraventati al suolo.

Un unico doppio colpo fatale e i due avversari perirono, intrecciati, macabra scultura di morte.

Bruto trafitto al costato, Arrunte allo stomaco, le viscere per metà fuoriuscite.

Il console era morto nell'atto di uccidere il figlio del tiranno. Ancora una volta aveva dimostrato il suo eroismo.

L'animo dei Romani si accese e al grido di "Marte Vendicatore!" e la battaglia divenne totale, prima tra cavalieri e poi, sopraggiunta la fanteria, anche tra uomini appiedati.

I Veienti furono sconfitti da Publicola ma i Tarquiniesi, guidati con grande maestria dal Superbo e dall'unico figlio sopravvissuto Tito, riuscirono ad avere la meglio sull'ala sinistra dell'esercito di Roma.

Il bilancio della giornata testimoniava che le perdite umane tra gli schieramenti erano equivalenti.

La mattina del secondo giorno, i Romani, presentandosi sul campo, non trovarono sfidanti.

Gli Etruschi avevano infatti lasciato gli accampamenti prima dell'alba, e marciavano verso le rispettive città.

Evidentemente non erano disposti a subire ulteriori perdite.

Publicola tornò a Roma vittorioso, con le spoglie del collega ucciso, pronto a festeggiare il trionfo e a dare omaggio, con un grande funerale, ai resti di Bruto.

Raccontò che, nella notte, dalla selva poco distante, era riecheggiata niente meno che la voce di Fauno, antichissimo dio aborigeno e padre del mitico Latino.

La divinità dei boschi aveva sussurrato che la vittoria era stata di Roma, poiché sul campo di battaglia giaceva un morto etrusco in più.

Publicola, per rafforzare il risultato conseguito, si spinse oltre nel suo racconto.

Riportò che, udito il prodigioso annuncio, si era recato con pochi fidati uomini presso l'accampamento nemico e aveva ucciso nel sonno un gran numero di Tirreni, per aumentare il vantaggio nel bilancio dei caduti, così che nessuno potesse mettere in dubbio la sua vittoria[122].

Bugie, storielle inventate per il popolo.

Vani tentativi di esorcizzare la paura che serpeggiava in città.

Fino a che il Superbo fosse rimasto in vita, nessuno avrebbe potuto dormire sonni tranquilli.

Erano tutti sicuri che il tiranno presto sarebbe tornato a reclamare, ancora una volta, la sua corona.

Avevano ragione.

---

[122] Ancora una volta è facile ipotizzare cosa accadde davvero e cosa il mito abbia cercato di celare.

Come già ripetuto più volte, dobbiamo guardare al modo di fare guerra come a una sorta di competizione sportiva. La vittoria sugli Etruschi, a mio parere, non ci fu affatto, tanto meno per la differenza di un solo caduto. Penso che in realtà, dopo un primo giorno di scontri senza né vincitori né vinti, i comandanti tirreni abbiano deciso di tornare a Veio e a Tarquinia in seguito alle troppe perdite subìte: in fondo stavano combattendo la guerra del Superbo, non la loro.

Valeva la pena perdere tante vite per rimettere sul trono di Roma l'alleato? Publicola, dal canto suo, non poteva certo tornare a casa raccontando che gli avversari non avevano "avuto più voglia di combattere".

Entrambi gli schieramenti avevano subìto pari perdite, il fondatore della repubblica e console Bruto era stato ucciso mentre Tarquinio e Tito erano ancora vivi e pronti a tornare all'attacco. Che razza di vittoria fu?

Si trattò di una semplice giornata di battaglia, tanto che, come era prevedibile, da lì a poco il Superbo si sarebbe di nuovo fatto vivo.

Orazio Coclite, il campione

246° ab Urbe condita

Publicola rimase per alcune settimane l'unico console in carica, fatto che indispettì la cittadinanza.

Quando egli si accorse che stava attirando su di sé più di un sospetto di voler accentrare il potere, si affrettò affinché venisse nominato un collega al posto del defunto Bruto.

La scelta ricadde sull'interré Lucrezio, ma il padre della sfortunata moglie di Collatino era in là con gli anni e dopo pochi giorni dalla nomina spirò per cause naturali.

La scelta si era rivelata poco pragmatica, così venne nominato Publio Orazio Pulvillo, uno dei comandanti che si era preso la briga di chiudere le porte dell'accampamento di Ardea in faccia ai Tarquini il giorno della cacciata.

Nel frattempo, il Superbo, infuriato con Veio e Tarquinia, a suo dire colpevoli di aver rinunciato a priori alla guerra per la restaurazione del suo potere, era riuscito a trovare riparo presso Chiusi.

La città tirrena era governata dall'uomo in quel momento più influente tra gli Etruschi: Porsenna.

Personaggio ambizioso, egli aveva in progetto di unire tutte le comunità sotto il suo comando.

Quando il Superbo bussò alla sua porta in cerca di aiuto, Porsenna capì subito l'importanza che avrebbe avuto, in quel preciso momento storico, una vittoria su Roma.

Quale migliore pretesto per unire la Dodecapoli se non quello di neutralizzare la potenza avversaria che più negli ultimi secoli aveva eroso risorse e territori proprio agli Etruschi?

Il senato romano passò una pessima giornata quando venne avvisato del fatto che la neonata repubblica rischiava già di vedere la sua fine appena al secondo anno di vita: era in arrivo un esercito composto dalle eccellenze delle dodici più influenti città tirrene.

Come se non bastasse, l'incredibile armata poteva anche contare sull'appoggio di alcuni villaggi latini, capeggiati da Ottavio Mamilio, rimasto sempre fedele al Superbo.

I Romani abbandonarono le campagne per trasferirsi in massa, provvisoriamente, entro le mura.

I consoli prepararono l'occorrente per resistere, aggiungendo alle difese naturali come il Tevere, anche fortificazioni e avamposti.

Tutti, nell'Urbe, sapevano che Tarquinio era in marcia per riprendersi quanto riteneva suo di diritto e non avrebbe fatto prigionieri.

Non si sarebbe limitato a incendiare i campi per provocare uno scontro leale in campo aperto, il folle.

Avrebbe preso la città, ucciso tutti i suoi oppositori, ordinato saccheggi e massacri.

Il grande esercito arrivò, superando ogni avamposto e barriera difensiva. In una sola giornata marciò indisturbato entrando nel Gianicolo, dove si accampò in attesa di studiare un modo per superare il Tevere.

La via d'ingresso più semplice era attraverso il Sublicio, il ponte più antico, quello fatto realizzare da Anco Marzio molti decenni prima.

Il Superbo lo sapeva bene.

Porsenna si fidò del parere dell'alleato.

Roma sembrava in preda al panico: perché dunque cercare complesse manovre di aggiramento quando avrebbe potuto far passare l'intera sua forza, in ordinata fila, attraverso lo stretto ponte di legno?

Il mattino seguente il capo della Dodecapoli dette l'ordine e gli Etruschi iniziarono a disporsi a file di quattro, creando il più grande serpente umano che si fosse mai visto.

Marciavano e cantavano, gli invasori, sicuri che nessuno si sarebbe messo tra loro e l'altra riva.

Marciavano e ridevano, i nemici, attratti dalle grazie delle donne romane e dai vini delle cantine patrizie.

Marciavano e scherzavano tra loro, i Tirreni, fino a che la prima fila di quell'immenso gruppo si bloccò.

- C'è qualcuno, là, davanti! -

Tre Romani.
Soltanto tre.

Muscoli sudati per la tensione, spada e scudo stretti in pugno, gambe piantate al suolo come querce secolari.

In attesa di reggere l'urto del nemico.

Ventotto anni prima che alle Termopoli trecento fieri Spartani, guidati da Leonida, si opponessero all'immensa potenza persiana del gran re Serse, tre soli Romani bloccavano la strada a Porsenna, Tarquinio, Tito e Mamilio, opponendosi alla potenza etrusca.

Si trattava di Spurio Larcio, che presto sarebbe diventato console e di Tito Erminio, che già si era opposto al Superbo, insieme a Pulvillo, ad Ardea.

Un passo avanti, possente come Marte Vendicatore, si era posizionato colui che veniva considerato il più forte combattente del suo tempo, il fratello del console in carica, Publio Orazio, della famiglia degli Orazi, i discendenti di quel mitico Marco Orazio che da solo aveva sconfitto i tre Curiazi e raso al suolo Alba Longa.

Era soprannominato Coclite, il prode, poiché aveva perso un occhio tempo prima, naturalmente in combattimento.

Per quanto abili e forti, i tre non erano così folli da pensare di poter affrontare migliaia di uomini.

Certo, poiché il ponte non permetteva al nemico di schierarsi in file più numerose di quattro unità, essi avrebbero potuto facilmente aver ragione, con un solo uomo in meno, degli avversari. Ma su quanti avrebbero potuto avere la meglio? Forse cinque, forse dieci, oppure anche venti file. Alla fine, inevitabilmente, sarebbero caduti esausti e si sarebbe compiuto l'inevitabile: gli Etruschi avrebbero attraversato il Tevere.

No, la strategia dei Romani era un'altra, e prevedeva il contenimento. Sul Sublicio i tre eroi avrebbero dovuto soltanto guadagnare il tempo sufficiente affinché i loro compagni, sulla sponda opposta, distruggessero il passaggio facendo precipitare i nemici nel fiume.

Anche i tre sarebbero precipitati.

Forse sarebbero morti, era una possibilità.

Ma sarebbero stati cantati dai poeti e si sarebbero immolati per Roma: esisteva forse una fine migliore?

Porsenna, ancora sulla riva opposta insieme con gli altri comandanti, non poté neppure rendersi conto che i suoi uomini stavano finendo in trappola.
Spurio Larcio, Tito Erminio e Orazio Coclite si dimostrarono degni della loro fama.
Paravano con lo scudo, respingevano con i calci, uccidevano affondando le lame nel petto.
E i nemici crollavano a terra, mutilati, sotto i loro colpi.
Scoppiò il panico tra i Tirreni: coloro che seguivano calpestavano i corpi di quelli che stavano davanti, già morti.
Si innalzava da sola una barriera, invalicabile, di carne umana.
Presto si presentò il momento ideale: il ponte era zeppo di nemici.
Orazio Coclite urlò ai due compagni di correre all'indietro, mettersi in salvo e dare il segnale: bisognava far crollare il Sublicio.
Egli sarebbe rimasto in postazione: non poteva andare con loro, serviva qualcuno che continuasse a contenere l'impeto etrusco.
Nonostante la ferita alla coscia, quella alla testa e quella più dolorosa al femore, che gli impediva di camminare, continuò a combattere.
A uccidere.
Quando il ponte fu sul punto di crollare, Orazio urlò al cielo una preghiera e invocò su di sé la protezione di Tiberino, antico monarca di Alba Longa, divenuto divinità personificatrice del fiume.
In un attimo il ponte crollò, scaraventando nella corrente centinaia di invasori oltre che lo stesso Coclite.
Il grande Porsenna non poté fare altro che starsene a osservare una parte del suo esercito annegare.
Quando il signore della Dodecapoli scorse tra i flutti anche colui che l'aveva beffato, ordinò ai suoi arcieri di mirarlo, promettendo immense ricchezze come premio per chi l'avesse trafitto.
Nessuna freccia arrivò a bersaglio: Orazio poté nuotare verso la riva e ricongiungersi ai suoi commilitoni.

Le ferite erano troppo gravi per poter continuare a essere utile alla causa di Roma: l'eroe dovette ritirarsi dai combattimenti.
Il senato, come ricompensa, decretò che gli fosse dedicata una magnifica statua e che gli venisse donata terra da coltivare in enorme quantità.

Muzio Scevola, l'assassino inviato dal senato

Porsenna decise di cambiare tattica.

Poiché non era riuscito a entrare in città grazie alla superiorità dei numeri, ritenne fosse opportuno cingerla d'assedio.

Orazio Coclite gli aveva mostrato la forza del soldato romano, pertanto, egli pensò di sfiancare il nemico, circondandolo e bloccandolo all'interno delle mura, così da prenderlo per fame.

Il Tevere si riempì di imbarcazioni tirrene e fu predisposto un cordone di postazioni sulle principali vie di rifornimento.

Per alcuni giorni, Roma fu incerta sul da farsi: vi era necessità di recuperare scorte e bestiame dalle campagne, ma ogni volta che qualcuno tentava una sortita veniva intercettato dagli Etruschi e catturato.

Publicola studiò una contromossa per mettere in difficoltà il nemico: ordinò a un gruppo di soldati di uscire dalla porta Esquilina, con molto bestiame al seguito, per simulare un trasferimento di cibo.

Poi chiese ai due eroi del ponte Sublicio, Tito Erminio e Spurio Larcio, di disporsi, con un gruppo di guerrieri, il primo sulla via Gabinia e il secondo presso la porta Collina.

Infine, il console si accordò con il collega affinché uno si posizionasse alla porta Nevia e l'altro ai piedi del monte Celio, con i soldati migliori di tutto l'esercito.

Quando gli Etruschi intercettarono il bestiame, si trovarono dapprima a dover affrontare gli uomini di Tito Erminio e, nel giro di pochissimo tempo, vennero circondati da quelli di Larcio e dei due consoli.

I corvi ebbero di che banchettare quella sera.

Porsenna aveva subìto un secondo duro colpo, certo, ma vantava ancora superiorità numerica.

Nonostante Tarquinio fremesse incitandolo a un nuovo attacco diretto, egli mantenne i nervi saldi e non modificò i suoi piani: Roma doveva arrendersi da sola, una volta che fosse stata privata degli approvvigionamenti.

Trascorsero altri giorni e in città l'entusiasmo portato dall'imboscata organizzata da Publicola si spegneva man mano che cresceva la fame.

Serviva una soluzione, e alla svelta.

Il senato escogitò un modo per assassinare Porsenna: l'uomo giusto sembrava un Romano di origini tirrene, Gaio Muzio.

Il giovane si era presentato di sua spontanea volontà: aveva detto di sentirsi animato da una grande desiderio di ottenere gloria.

I *Patres* e i *Conscripti* avevano colto l'opportunità: il ragazzo parlava perfettamente la lingua etrusca e conservava i tratti somatici tipici del suo popolo.

Non gli sarebbe stato difficile avvicinarsi al capo della Dodecapoli.

Nella notte, Muzio si introdusse nel campo dove era acquartierato Porsenna, riuscendo a portare con sé, sotto la veste, un pugnale.

Il mattino seguente si aggirò tra gli alloggi nemici con aria insospettabile, fin che vide un uomo imponente e riccamente abbigliato, il busto protetto da una magnifica corazza, gioiello d'artigianato di Chiusi.

Si trattava di Porsenna?

Muzio non l'aveva mai visto, ne aveva solo sentito parlare.

Il capo dei nemici era sempre rimasto nelle retrovie e l'unica sua descrizione era stata fornita da Orazio Coclide, che era riuscito a scorgerlo in lontananza.

Ma certo, perché tanti dubbi?

Quell'uomo non poteva che essere Porsenna!

Chi altri?

Sembrava ricco, potente, temuto. Stava dando disposizioni a dei guerrieri, tutti molto rispettosi al suo cospetto.

Doveva essere proprio lui.

Gaio Muzio gli si fece vicino.

Si infilò tra due soldati farfugliando qualcosa.

- Fatemi passare, porto un messaggio urgente al gran re! -

Nella sorpresa generale egli cinse per la vita la sua preda con la sinistra e sferrò il colpo fatale con la destra, là dove la corazza lasciava scoperto un punto vitale, tra stomaco e fianco.

La lama penetrò nelle carni.

Tagliò, lacerò, strappò i tessuti.

Muzio non poteva fallire, l'affondo doveva risultare mortale.
Il giovane, prima di venire tempestato di pugni, legato e imprigionato, riuscì solo a udire qualcuno dare l'allarme.
- Lo scrivano! Ha ucciso lo scrivano! –
Aveva clamorosamente fallito il bersaglio.

Muzio poté finalmente vedere di persona "il vero" Porsenna quel pomeriggio.
Condotto davanti al monarca, il prigioniero venne interrogato sulle ragioni del suo gesto.
Egli non si vergognò di raccontare dello scambio di persona, perché, disse, il capo della Dodecapoli aveva comunque i giorni contati: il senato stava organizzando di ucciderlo e prima o poi ci sarebbe riuscito.
Porsenna, atterrito dalla possibilità che la sua vita fosse in pericolo non solo sul campo di battaglia ma addirittura all'interno della sua tenda, si infiammò d'ira e ordinò che gli fosse portato un braciere, così da estorcere con la tortura tutte le informazioni possibili.

- Vivrai nel terrore di chi sfida Roma, o grande signore dei Tirreni. Io ho fallito, ma non saprai niente da me! Parlo la tua lingua e ho le tue stesse origini per parte di madre, ma il mio animo è romano. Aspiro alla gloria e per quelli come me il corpo vale poco. Osserva, guarda bene tu stesso come mi punisco per il mio errore! -
Pronunciate queste parole, Muzio poggiò la mano destra sul braciere fino a ridurla a un moncherino abbrustolito e divenne Scevola, ovvero "il mancino".
Porsenna, sbigottito dal coraggio del prigioniero, decise che quell'uomo meritava di essere rilasciato: il suo valore era tanto grande che non se la sentiva di porre fine alla sua esistenza con un'esecuzione.
Gaio Muzio Scevola a sua volta rimase ammirato dalla clemenza del suo carceriere e decise che, da libero e di sua iniziativa, avrebbe ricambiato la fiducia svelando il piano del senato.
Altri duecentonovantanove assassini come lui erano pronti a studiare altrettanti piani per riuscire a uccidere Porsenna.
Dopo Orazio Coclite, un nuovo eroe stava dimostrando quanto i Romani tenessero alla libertà.

Un'altra giornata di guerra stava terminando e mentre Muzio, balzato su un cavallo, si apprestava a tornare a Roma, il signore della Dodecapoli osservava il sole calare e meditava di togliere l'assedio.

Clelia, la fanciulla che sconfisse Porsenna

Il signore di Chiusi si risolse a fissare un incontro tra i suoi delegati (si guardava bene, dopo l'avvertimento di Muzio Scevola, dal comparire personalmente) e quelli dell'Urbe.

Alla riunione dettò le sue condizioni: era disposto a togliere l'assedio e stipulare un trattato di pace a patto che Tarquinio fosse rimesso al suo posto, sul trono.

Egli inoltre pretendeva che i territori sottratti in passato a Veio fossero restituiti.

I Romani accettavano di perdere le conquiste fatte ma chiedevano un ristoro per le devastazioni subìte, specialmente per le scorte alimentari perdute, oltre alla restituzione dei soldati catturati.

In nessun modo però erano disposti a trattare su Tarquinio: Roma era rinata dalle proprie ceneri sul principio cardine della repubblica e preferiva perire combattendo piuttosto che riaprire le porte al Superbo.

La trattativa si interruppe bruscamente, ma fu solo rinviata.

Nessuno aveva convenienza a continuare il conflitto.

Una mattina gli ambasciatori tirreni si ripresentarono: Porsenna accettava, a grandi linee, la controproposta romana.

Non era disposto a pagare risarcimenti: i Romani potevano rifarsi, se credevano, saccheggiando gli accampamenti etruschi, una volta che questi fossero stati abbandonati.

Anche sui prigionieri rimaneva irremovibile, anzi pretendeva, come simbolo di sottomissione, che gli fossero consegnati "spontaneamente" ulteriori ostaggi.

Giusto qualche bella fanciulla e qualche vigoroso giovane da ridurre in schiavitù, per il piacere dei suoi comandanti e per dimostrare che il grande Porsenna tornava in patria con dei cittadini romani, campioni del valore della libertà, ridotti a degli oggetti a uso e consumo degli Etruschi.

Su Tarquinio, invece, era disposto a cedere.

I Romani comprendevano le ragioni del rivale: il signore della Dodecapoli, per ritirarsi senza ledere ulteriormente il proprio prestigio, aveva bisogno di un'ultima dimostrazione di superiorità.

Egli sarebbe rientrato potendosi vantare di aver tolto l'assedio per "gentile concessione", non certo per timore.

I consoli diedero l'esempio e offrirono, come prigioniere, una figlia ciascuno.

Del resto, Bruto non aveva battuto ciglio davanti all'esecuzione dei propri ragazzi ed essi non potevano dimostrarsi meno innamorati di lui di Roma.

Quando il prezzo umano venne pagato, i nemici si misero in marcia. Clelia, una delle sacrificate, approfittando di un momento di distrazione del sorvegliante e della vicinanza, in quel tratto di strada, del Tevere, riuscì a uscire dalla colonna dei prigionieri e a gettarsi nel fiume.

Come Orazio Coclite, anche lei si mise in salvo nuotando fino a riva, nonostante la pioggia di frecce scagliate per fermarla.

L'episodio fece infuriare Porsenna che ordinò ai suoi uomini di interrompere la marcia: egli non avrebbe lasciato Roma sino a che Clelia non gli fosse stata riportata.

Tarquinio, Tito e Mamilio approfittarono del momento di rabbia del potente alleato per iniziare una caccia all'uomo: con alcuni cavalieri latini percorsero tutta la riva opposta del fiume, in cerca della preda.

Nel frattempo, un messaggero aveva informato il senato dell'episodio: il re di Chiusi pretendeva che la ragazza gli fosse riconsegnata in giornata. In caso contrario, avrebbe ritenuto i Romani responsabili di frode nei suoi confronti e rimesso l'assedio.

I consoli partirono personalmente alla ricerca della fuggitiva.

Fu Publicola a trovarla.

Suo malgrado la catturò e, scortato dai suoi uomini, si avviò verso l'accampamento nemico.

Tarquinio e Mamilio, che nel frattempo stavano rientrando alle tende dei Latini, avvistarono il drappello romano e si gettarono all'attacco.

Quale migliore occasione per uccidere uno dei due sommi magistrati romani, far sparire nel nulla la fanciulla e far in modo così che il conflitto tornasse a infuriare?

Publicola e i suoi, accortisi del pericolo, spronando i cavalli, riuscirono a sfuggire all'inseguimento e giungere alle porte del campo etrusco: vennero accolti da alcuni cavalieri di Porsenna, fuoriusciti dai cancelli proprio nel momento in cui Mamilio e il suo seguito stava ingaggiando il combattimento.

Sopraggiunse lo stesso re di Chiusi, la spada sguainata, e si schierò al fianco di Publicola: il Romano aveva riportato la fanciulla, non vi era nessuna ragione di attaccarlo.

Il Superbo aveva ancora una volta rivelato la sua natura e il suo comportamento sleale sortì l'esito opposto a quello sperato.

Clelia fu interrogata da Porsenna.

La ragazza confermò di aver sempre agito di testa propria.

Precisò di essere fuggita non solo per salvarsi ma anche per dimostrare che le donne romane erano valorose almeno tanto quanto Coclite e Scevola.

Il signore della Dodecapoli dovette ancora una volta cedere davanti al coraggio e all'onore[123].

Non solo liberò la giovane, ma le chiese di indicargli quali prigionieri avrebbe desiderato salvare.

I prescelti sarebbero potuti tornare a Roma dalle proprie famiglie.

Terminata la cernita, l'assedio fu tolto.

Gli Etruschi si misero in cammino verso Chiusi e le altre città.

Quanto al Superbo, Tito e Mamilio, essi cercarono di spiegare le proprie ragioni a Porsenna ma questi non ne volle più sapere.

Il rapporto di fiducia era ormai compromesso, per sempre[124].

---

[123] Questi aneddoti, così come la conduzione della guerra, presentano episodi di estremo eroismo da parte dei Romani e di grande valore e magnanimità da parte di Porsenna: non a caso alcuni storici vedono dietro la narrazione una clamorosa resa della città al nemico etrusco, che l'avrebbe conquistata e invasa.

Altri però sono più propensi a ritenere che le fonti abbiano dipinto entrambi gli schieramenti in modo valoroso perché effettivamente, dopo i Tarquini, il dominio etrusco a Roma era proseguito, rendendo l'Urbe un miscuglio delle caratteristiche migliori dei due popoli. Un po' come era avvenuto, un paio di secolo prima, con i Sabini di Tito Tazio.

La verità forse non verrà mai a galla, tanto che non si conosce nulla di un eventuale regno etrusco a Roma di quegli anni. Insomma, a meno di clamorosi quanto improbabili ritrovamenti, rimarremo sempre con questo dubbio: fu Porsenna il vero ultimo re di Roma?

[124] L'episodio è riportato da Dionigi di Alicarnasso.

Tito Livio dà una versione diversa del "divorzio" di Porsenna da Tarquinio.

Tarquinio, se avesse voluto tentare ancora di riprendersi il suo potere e Roma, avrebbe dovuto cercarsi un nuovo alleato sul quale contare.

Egli infatti narra che, due anni dopo che gli Etruschi si furono ritirati, intorno al 506 a. C., il re di Chiusi mandò una delegazione di ambasciatori a Roma per chiedere ancora una volta che riflettessero sull'opportunità di restituire il trono al Superbo.
Il senato in quell'occasione gli fece sapere che mai avrebbero consegnato la città a un re, chiunque egli fosse stato. Piuttosto preferivano lasciarla in mano nemica, dopo aver combattuto a prezzo della vita. Ottenuta questa risposta, Porsenna comunicò a Tarquinio che altro per lui non poteva fare: Roma era irremovibile e lui non aveva certo intenzione di riaprire le ostilità. Il Superbo, quindi, abbandonò Chiusi in cerca di un ennesimo modo per ottenere la sua rivincita.

Ancora vivo

Il Superbo non era più quello di un tempo: gli anni sulle sue spalle erano tanti, pesavano almeno quanto la volta celeste per Atlante.

Ma colui che era stato l'ultimo monarca dell'Urbe era aggrappato alla vita grazie alla determinazione e al desiderio di tornare sul trono.

Non poteva morire, Lucio.

Non ancora.

Non prima di aver sconfitto i suoi nemici.

Non prima di essersi ripreso il "suo" regno.

Era rimasto solo, Tarquinio.

Gli Etruschi si erano dimostrati dei traditori.

Tarquinia, Veio, Chiusi… che venissero rase al suolo dagli dèi romani insieme alle altre città della Dodecapoli!

Chi gli rimaneva, ora?

Chi avrebbe potuto aiutarlo?

Non certo i Volsci: troppo selvaggi, non ci si poteva fidare.

Forse i Sabini?

Sicuramente una parte di essi.

Roma ancora una volta stava tentando un'operazione di conquista, stavolta per "incorporazione volontaria", che aveva creato forti contrasti tra i villaggi.

Publicola, da almeno un decennio, era in trattative con Atto Clauso, il personaggio più in vista del suo popolo, che vantava di discendere addirittura dal mitico re giunto dagli Appennini secoli prima.

Clauso si fece promotore, in cambio di vantaggi personali, di una migrazione di massa di Sabini dai propri villaggi nell'Urbe.

Forse Atto aveva capito come il tempo degli antichi popoli del Lazio fosse ormai terminato e come, con l'avvento della repubblica, il momento fosse ideale per "entrare a Roma" strappando qualche buona condizione.

Del resto, continuare a opporsi a una tale potenza era inutile.

Anche Publicola teneva molto a questo progetto e alla fine riuscì a vederlo realizzato.

Proprio pochi mesi prima della sua morte, nell'anno 249° dopo la fondazione, Clauso, con il suo seguito di circa cinquemila persone, finì per stabilirsi nell'Urbe in cambio di terre e della carica di senatore. Divenne così il capostipite della *gens Claudia*, tra le più note e longeve famiglie patrizie.

Alcune tribù sabine, tuttavia, continuarono a osteggiare il progetto.

In particolare, i conservatori ritenevano questa migrazione come la fine dell'identità e dell'indipendenza del proprio popolo.

Su questa fetta di scontenti tentò di fare leva il Superbo.

Ma i Romani conoscevano il loro vecchio re, ritiratosi a Tusculo presso Mamilio, e avevano previsto potesse tentare ancora una volta di fomentare una guerra.

I due nuovi consoli, Marco Valerio (fratello minore di Publicola) e Publio Postumio non gli lasciarono neppure il tempo di organizzarsi: piombarono sul nemico, uccidendo la gran parte degli oppositori di Clauso e facendo terminare il conflitto ancora prima che si allargasse.

Il Superbo incassò il colpo.

A quel punto non gli rimaneva che una possibilità: i Latini.

La città che lo ospitava, Tusculo, da sola, non aveva neppure lontanamente la forza militare per contrastare l'immenso potere di Roma.

Tarquinio fece allora pressione sul genero affinché convincesse la lega a organizzare un esercito.

Non avevano visto, i Latini, cosa era successo ai Sabini?

Non avevano capito che la repubblica romana fagocitava gli altri popoli con le armi o con l'inganno?

Mamilio, parlando ai capi delle altre città, disse che egli non sarebbe mai stato un Atto Clauso e non avrebbe mai venduto la sua gente in cambio di un posto in senato.

Contro ogni previsione, alla fine, l'anziano Tarquinio ottenne credito ed ebbe ancora una volta ciò che desiderava.

Ben trenta villaggi mandarono messaggeri a Roma per dichiarare la loro completa indipendenza dall'Urbe e la loro estraneità a qualsiasi politica della repubblica.

Non avrebbero accettato di sottostare a nessun tributo né in denaro, né in scorte alimentari o di bestiame, tanto meno di uomini da mandare a combattere sotto insegne straniere.

Il Superbo aveva finalmente trovato un nuovo potente alleato per sperare di poter tornare sul trono.[125]

Il senato, per far fronte alla nuova pericolosa situazione, si risolse ad attribuire, ancora una volta, il potere nelle mani di un'unica persona creando un *dictator*.

L'incarico, di breve durata, doveva essere inquadrato all'interno della cornice costituzionale repubblicana: erano i senatori ad attribuire una tale magistratura, di concerto con i consoli.

Inoltre, il *dictator* non avrebbe agito da solo ma sarebbe stato affiancato da un collega minore, il *magister equitum*.

Aulo Postumio fu scelto per la dittatura e Tito Ebuzio per il comando della cavalleria.

---

[125] La lega latina, all'epoca della sua fondazione guidata da Alba Longa, era nata con motivi religiosi, tanto che i rappresentanti dei popoli aderenti erano soliti riunirsi ad Ariccia, presso un noto santuario, per celebrare riti e onorare divinità comuni. Col passare dei decenni e con la continua espansione dell'Urbe, la lega mise da parte i riti religiosi e si concentrò maggiormente sulla politica, in funzione di contenimento dello strapotere romano.
Quando Alba Longa fu rasa al suolo, Ariccia rimase come punto di riferimento e capitale onoraria della lega, oltre che luogo di ritrovo dei comandanti, religiosi ma soprattutto militari. Forse presenziando ad alcune di queste cerimonie, l'ormai anziano Tarquinio, insieme con l'intraprendente Mamilio, convinse la lega ad abbandonare la strategia di contenimento per passare all'attacco.

Lago Regillo

257° ab Urbe condita

Quando fu chiaro che la via diplomatica non sarebbe servita a nulla, nell'anno 257° dopo la fondazione, i due eserciti, quello romano e quello latino, vennero schierati al gran completo presso il lago Regillo, bacino d'acqua di origine vulcanica situato in territorio latino.

In campo erano pronte a misurarsi forze equivalenti.

Ancora una volta c'era in gioco la sopravvivenza delle genti coinvolte e tutti erano pronti a scommettere la vita per la vittoria.

Tarquinio, nonostante l'età molto avanzata, volle partecipare agli scontri.

Quando l'anziano tiranno scorse da lontano il *dictator*, inaspettatamente, spronò il suo cavallo e uscì dalle retrovie.

Postumio, vedendosi addosso il Superbo, non poté che accettare la sfida: braccato, alzò lo scudo e fermò la lama dell'avversario.

La furia del settimo re era incredibile ma le sue braccia erano deboli, i muscoli avvizziti, le ossa fragili.

Il *dictator* con uno spintone sbilanciò il nemico e restituì il colpo con la lancia.

I riflessi dell'anziano erano ben lontani da quelli dell'uomo che aveva scaraventato dalle scale Servio Tullio: l'attacco andò a segno e la punta della lancia si conficcò nel fianco dell'ex tiranno.

I fedeli di Tarquinio sopraggiunsero di corsa appena in tempo per salvarlo: al prezzo della propria incolumità lo portarono lontano, ancora in vita, dal campo di battaglia. L'avevano seguito subito dopo che si era lanciato all'impazzata contro il Romano, le sue guardie del corpo, consapevoli del fatto che il loro capo si era gettato in uno scontro impari, accecato dalla collera.

Nel frattempo, la cavalleria guidata da Tito Ebuzio stava impegnando quella latina guidata da Mamilio.

I capitani si ritrovarono faccia a faccia.

Come anni prima Bruto e Arrunte, i due caricarono, pronti allo scontro frontale, senza curarsi dell'impatto.

I cavalli cozzarono e le lance si intrecciarono: Ebuzio venne ferito a un braccio ma ebbe la meglio, poiché un attimo primo di venire trafitto era riuscito a scagliare la propria arma nel petto di Mamilio, che era rovinato al suolo inzuppato del suo stesso sangue.

Nessuno dei due riuscì a finire l'avversario.

Ebuzio, capì di non essere più in grado di impugnare alcuna arma, con il braccio in quello stato, e si allontanò a piedi, di corsa. Mamilio, privo di sensi, fu trascinato via dai suoi.

Il comandante latino non volle ritirarsi: pochi minuti dopo, tornato in sé, si rigettò nella mischia, incurante del tremendo squarcio al petto.

Il figlio del Superbo, Tito, stava intanto avendo la meglio nel suo settore.

Provvidenziale fu l'intervento del console Marco Valerio e dei suoi guerrieri, tanto da riequilibrare le sorti del fronte.

Non solo: il fratello di Publicola, individuato il Tarquinio, ingaggiò il terzo duello epico della battaglia del lago Regillo, caricando il figlio del tiranno.

Tito, in evidente difficoltà, scelse di indietreggiare: i Romani poterono così, anche in quella parte dello schieramento, recuperare le forze e tornare in vantaggio.

Marco Valerio era inarrestabile e si mise all'inseguimento di Tito: voleva ucciderlo a ogni costo.

Il suo impeto eroico non gli permise di mantenere la mente lucida. Troppo concentrato a star dietro al comandante avversario, egli non si accorse che uno dei cavalieri latini l'aveva affiancato.

La distrazione gli fu fatale: venne preso al fianco dalla lancia del nemico e ruzzolò, privo di vita, nella polvere.

Aulo Postumio assistette alla scena da lontano.

Deciso a porre un punto fermo alla questione, radunò tutta la fanteria, incluso il corpo d'*élite* assegnato alla sua persona e corse verso i Romani che, salvati dall'azione di Valerio, si stavano ritirando, esausti.

Il *dictator* li esortò a tornare ai propri posti minacciando l'esecuzione capitale per chi fosse stato sorpreso a scappare.

Cos'era meglio, urlò, combattere per Roma con il rischio di venire sconfitti dal nemico e morire da eroi oppure fuggire, con il rischio di venire uccisi da lui e morire da traditori?
Tito Tarquinio si trovava di nuovo in difficoltà, ma questa volta in suo soccorso arrivò Mamilio, forte dei suoi uomini e di una riserva di guerrieri freschi, tenuti sino a quel momento ai margini.
I fanti romani ebbero un nuovo moto di sconforto: non combattevano più per la gloria di Roma ma solo per aver salva la vita, sotto la minaccia di Postumio.

Colpo di scena, dalle retrovie arrivò al galoppo, con svariate decine di cavalieri al seguito, Erminio.
Il console puntava direttamente Mamilio.
Si trattava ormai di una questione di massima importanza, il genero del Superbo era il vero comandante della lega e doveva morire.
Erminio continuò la sua folle cavalcata in direzione del Latino, finché i due si scontrarono.
Mamilio, già gravemente ferito, non poté fare molto per difendersi e questa volta trovò la sua fine.
Il console, colpito da un guerriero nella mischia, raggiunse il collega nel regno delle ombre poche ore più tardi, nonostante le cure dei medici.

Aulo Postumio, testimone del secondo sacrificio eccellente, chiamò a sé la cavalleria, rimasta senza comandante, e chiese a tutti di scendere a piedi, a protezione dei fanti ormai sfiniti.
Se i cittadini delle classi meno abbienti avessero visto che i patrizi facevano scudo con il proprio corpo ai compagni d'arme, senza badare al censo, avrebbero probabilmente reagito con l'orgoglio.
L'idea del *dictator* funzionò: l'esercito romano, ora completamente composto da combattenti appiedati, sbaragliò i nemici.
I Latini sopravvissuti, privi di guida, corsero all'indietro verso l'accampamento, sperando di trovarvi riparo.
Aulo Postumio non voleva lasciare nulla al caso: era determinato a chiudere la battaglia con una vittoria schiacciante.
Alzò le braccia al cielo e fece voto solenne di edificare un tempio a Castore e Polluce se le divinità gli avessero concesso il loro favore.

Infine, si rivolse ai cavalieri privi di cavalcatura e ordinò loro di recuperare le proprie bestie per gettarsi all'inseguimento dei fuggiaschi, promettendo ricchissimi premi a chi fosse riuscito a introdursi nel campo nemico e a metterlo a ferro e fuoco.

In quel momento, due giovani di statura straordinaria e dall'aspetto meraviglioso si pararono dinnanzi al *dictator*.
Con toni gentili ma fermi gli comunicarono che avrebbero diretto loro l'assalto finale.
Aulo Postumio, sorpreso di non aver mai notato prima quei soldati fuori dal comune, ipnotizzato, acconsentì: la coppia gli infondeva una fiducia che mai aveva provato prima per nessun altro.
Entro sera, le forze latine furono completamente annientate.
Tutti i capi nemici vennero catturati e passati a fil di spada e persino Tito, il figlio del Superbo cadde.
Postumio poté tornare a Roma da vincitore e gli venne concesso l'onore supremo del trionfo.
In quell'occasione ringraziò personalmente tutti i suoi soldati, uno per uno.
Il *dictator* riconobbe molti volti, ma non trovò i due formidabili giovani che avevano guidato l'assalto finale della cavalleria.
Che fossero…
Aulo ricordò il suo voto: un tempio in onore di Castore e Polluce. Ma certo!
I Diòscuri avevano protetto l'Urbe e l'avevano condotta alla salvezza[126]!

---

[126] Il mito dell'intervento di Castore e Polluce nell'ultima fase della battaglia del lago Regillo è riportato sia da Livio sia da Dionigi, ma entrambi dedicano poche e misurate parole all'episodio. Si tratta anche, nella mia esposizione, dell'ultimo fatto soprannaturale e della fine del *climax* che aveva preso il via proprio dall'intervento delle divinità olimpiche in uno degli ultimi scontri tra Achei e Troiani, in particolare nel duello tra Enea e Achille.
La diceria della comparsa dei Diòscuri probabilmente non fu smentita da Aulo Postumio: nella confusione della battaglia nessuno si era reso conto di niente, e chi avrebbe mai messo in discussione la parola del *dictator* in trionfo? Il popolo aveva bisogno di credere nel soprannaturale e nell'intervento divino: si trattava della prova "tangibile" che gli dèi erano ancora dalla parte di Roma, anche con la repubblica.

Roma aveva dimostrato a tutto il Lazio che non aveva bisogno di essere retta da una monarchia per confermarsi la più forte.
I Latini accettarono la sconfitta, chiesero la pace e il reciproco sostegno in caso di attacco da parte degli Etruschi o dei Volsci.
Venne siglato il *Foedus Cassianum*, opera del lavoro di mediazione del nuovo console, Spurio Cassio.
Il patto rimase in vigore per oltre un secolo.

L'ultimo re

La vittoria sarebbe stata perfetta se Postumio avesse portato a Roma anche la testa di Tarquinio, ma il Superbo era riuscito incredibilmente a sopravvivere alla battaglia e a fuggire dall'accampamento prima dell'assalto guidato da Castore e Polluce.
Colui che era stato il signore indiscusso di Roma, ma anche il suo più acerrimo nemico, si ritrovò senza più porte a cui bussare.
Solo, ferito, anziano e senza l'aiuto né dei figli né del genero, tutti passati a miglior vita, non poté far altro che allontanarsi dal Lazio.
Romani, Etruschi, Latini e Sabini: aveva avuto a che fare con tutti i popoli e nessuno aveva più intenzione di dargli ascolto.

Il Superbo si diresse verso sud, fino a che trovò riparo presso Aristodemo,[127] nella città di Cuma, la patria di quella Sibilla che anni prima aveva tentato di vendergli i nove misteriosi libri.
Tarquinio ebbe modo di ripensare molto ad Amaltea.
Trascorse i suoi ultimi mesi di vita divorato dai dubbi e dalla superstizione.
Erano dunque Postumio, Publicola, Orazio Coclite, Muzio Scevola e tutti gli altri gli avvoltoi che avevano distrutto il nido sul grande pioppo accanto al muro della reggia?
E i piccoli delle aquile, così crudelmente uccisi e divorati?
Ma certo… si trattava dei suoi defunti figli Sesto, Tito e Arrunte!
E Bruto?
Non poteva essere altro che quel serpente enorme che era comparso nella sua dimora.
Lucio Giunio: altro che idiota, era uno degli uomini più ambiziosi e intelligenti dell'Urbe! L'aveva sempre giocato!
E ora, dove si trovava lui, il grande Lucio Tarquinio?
A Cuma, la città di Amaltea.

---

[127] Aristodemo, tiranno di Cuma, era soprannominato Malaco ovvero "effemminato". Fu alleato dei Latini contro gli Etruschi, tanto che riuscì a fermare le armate del figlio di Porsenna nel 506 a. C. nella battaglia di Ariccia.
I suoi buoni rapporti con i Latini dovettero averlo portato a una certa familiarità con Mamilio Tusculano e con i Tarquini, motivo per il quale fu l'unico a dare asilo al Superbo dopo la sconfitta del lago Regillo.

Che errore!
Avrebbe dovuto acquistare anche quei sei maledetti libri che furono bruciati dalla donna... forse avrebbe potuto comprendere tutte le profezie per tempo e salvare il suo regno!
Cos'altro potevano contenere quei testi ormai perduti?
Quante volte gli dèi avevano tentato di avvisarlo!
Gli dèi... esistevano veramente degli esseri del genere?
Tarquinio ne era sicuro: se non avesse scacciato la sacerdotessa come una mendicante qualsiasi, egli sarebbe morto sul suo trono, al comando, circondato da onori e con i suoi figli pronti a succedergli.
Amaltea!
Viveva ancora, la Sibilla?
Più volte aveva chiesto ad Aristodemo di convocarla, di metterlo in contatto con lei ma il tiranno aveva sorriso senza mai proferire una sola parola sul tema.
Si prendeva gioco di lui, Aristodemo?
Perché l'aveva ospitato, allora, quel presuntuoso damerino agghindato e profumato come una prostituta?

Perso nei suoi deliri e ormai con la mente totalmente disconnessa dalla realtà, il Superbo spirò, ormai novantenne, nell'anno 257° dopo la fondazione, 496 anni prima della nascita di Cristo.
Nel momento in cui si venne a sapere che l'acerrimo nemico della repubblica aveva finalmente cessato di vivere, tutti, non solo i Romani, tirarono un sospiro di sollievo.
L'ombra della monarchia, che aveva continuato ad allungarsi sull'Urbe anche dopo la cacciata dell'ultimo re, si dissolse all'improvviso.

Quando il soffio vitale abbandonò il petto del Superbo, la Grecia iniziava a respingere gli attacchi persiani, Socrate doveva ancora venire al mondo e Pericle era un tenero infante.
Mancavano ancora centocinquant'anni alle conquiste del grande Alessandro il Macedone, che si sarebbe impossessato dell'Ellade e dell'intero Oriente, spingendosi ai confini del mondo conosciuto.

Quando Tarquinio il Superbo chiuse i suoi crudeli occhi per sempre, l'Egitto era appena entrato nel suo periodo tardo e la potenza di

Cartagine stava rapidamente sorgendo, senza rivali, nel Mediterraneo.

L'Europa del nord era una terra ancora sconosciuta, fredda e misteriosa. Un'immensa macchia scura di foreste e popolazioni selvagge e fiere.

Quando Aristodemo Malaco organizzò il funerale del suo ospite la storia di Roma era soltanto all'inizio.

La repubblica avrebbe reso nei secoli a venire l'Urbe grande, potente e magnifica.

Tutti i regni rivali sarebbero presto stati conquistati: non solo gli Etruschi, i Sabini, i Volsci e i Latini ma anche i Cartaginesi, i Macedoni i Greci, gli Egizi.

Roma avrebbe completato il suo dominio sul mondo, arrivando a coprire un territorio di cinque milioni di chilometri quadrati e a contare una popolazione di sessanta milioni di abitanti.

La repubblica avrebbe lasciato spazio all'impero, mezzo millennio dopo la cacciata dei Tarquini.

Decemviri, dittatori, imperatori: quanti altri avrebbero concentrato nelle proprie mani il potere assoluto?

Roma, dopo la cacciata del Superbo, nonostante l'avvento della repubblica avrebbe avuto ancora molti padroni.

Ma non avrebbe mai più avuto un re.

SOMMARIO

9 788883 003108